断易の教科書

下巻

丹羽智保　著
（CHAZZ）

東洋書院

断易の教科書 下巻

目次

第三部　ケース別解説

吉凶簡易診断とケース別解説・占例について

第三部から具体的な占例や判断法を通して実践的な断易判断を学びます。

断易はケース（占的・占事）によって用神が判るため、最初は「この占事では何が用神になるのだろう?」と悩むことが多々あります。これは断易を学ぶ上で一度はぶつかる壁のようなものですし、一線で活躍している断易家といえどもレアな占事に当たれば当然悩むのです。

そのため、断易の基礎を学んだあとは様々なケース別占例を体験して用神選定がスムーズに行えるようにすることが大切になります。本書では、断易の主要ケース別の用神選定と占断のポイント、そして占例と解説を載せています。

また、上巻序章から述べているように占例の解説に関しては「**断**（吉凶占断）」と「**象**（事象説明や状況分析）」を分けて説明しています。本来、断易家はこのような区別をせずに解読していますが、入門者は混乱しやすい部分ですので、あえて「断」と「象」を区分して解説しています。

本書に載せていない「国防・政治占」などレアケースもありますが、実用性の薄い占的よりも結婚占・求財占・仕事占・疾病占など実用性の高い占的を修練することが大切です。レアケースはその後で十分です。まずは主要ケースを理解しましょう。

第十九章　吉凶簡易診断法

第三部では具体的ケース別占例解説に行く前に、吉凶判断についての復習もかねて簡易なシミュレーションパターンを紹介します。

初心者にとって断易は吉凶判断をする上で、吉凶が決めやすい場合もあれば、吉凶混在で判断に迷う場合も多々あります。例えば、月建から用神は死（剋）ですが、日辰から相生ならば凶と吉が混在しています。

このような複数の要因が対立する場合、順序だてて判断できるようになればそれほど難しい問題ではないのですが、慣れないと判断が難しいものです。

本章では、入門者が悩みやすそうな吉凶パターンを複数例題で解説します。

あるパターンでは通常は○○が勝り吉となる、別のパターンでは△△に勝てず凶となる。そんな複数の要因の優位性や順位性を大まかに解説しています。

もちろん例題と違い実際の立卦では、解説した問題点以外に、空亡や墓など複数の要因が加わってきます。その場合は当然のごとく吉凶判断が変化しますが、まずは基本的な吉凶判断の優先順位を感覚的に知るうえでも本章は参考になると思います。

本章では吉凶判断のために「原神独発」などの複数のパターンを紹介していますが、その後のケース別解説に入る前の準備にもなっています。

なお、本章の例題には「空亡」や「日破」など判りやすいものは省いています。あくまでも、吉凶が曖昧になりやすい複数要因の例を中心に載せていることをご了承ください。

1 原神独発《げんしんどくはつ》①（吉）

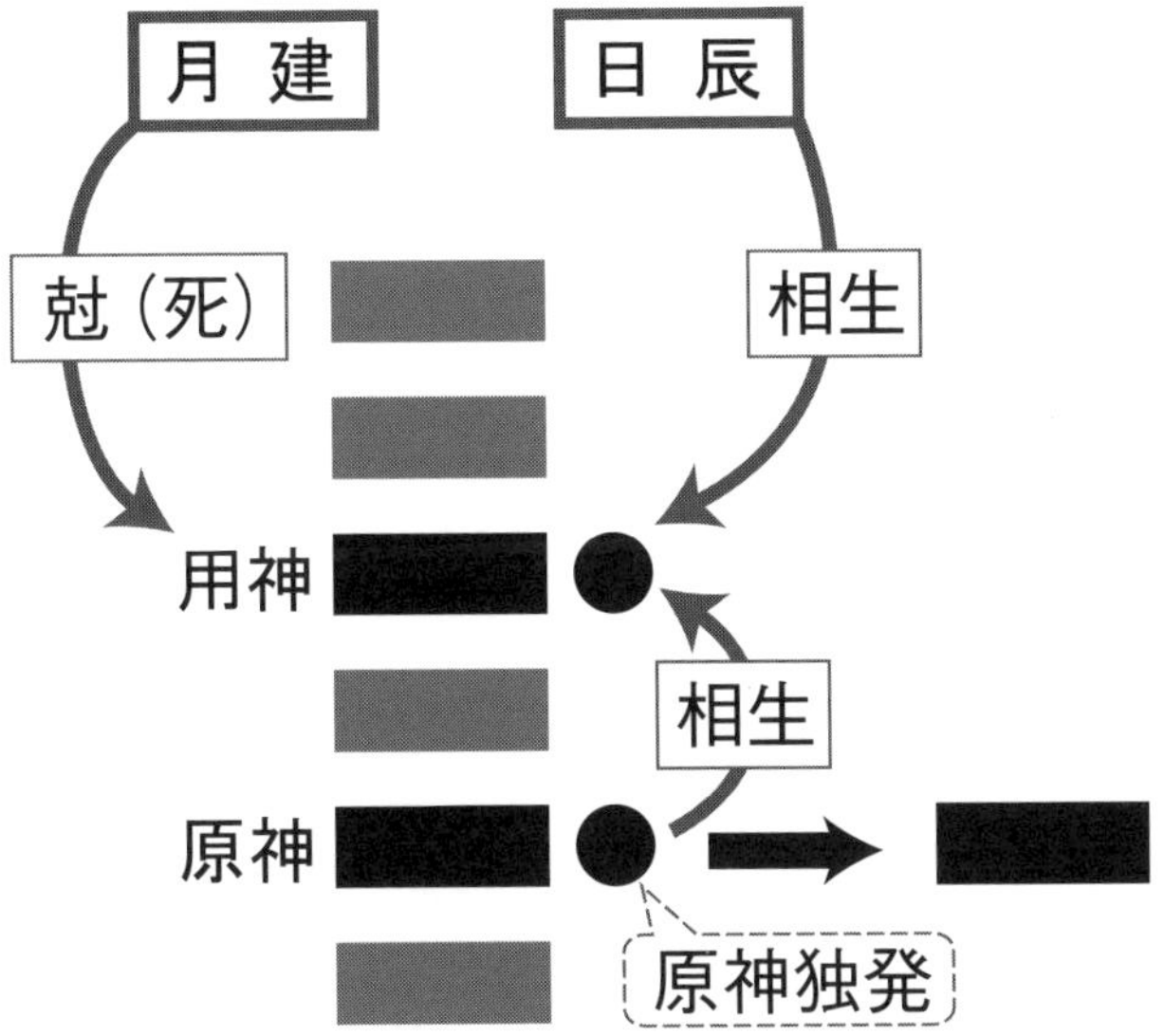

上図は原神が独発して用神を生じています。
用神は、

1 月建から剋されている
2 日辰から相生される
3 原神から生じられる

独発の動爻は非常に強力です。

月建から剋、日辰から相生。剋と生は本来甲乙つけがたい力量ですが、原神動爻となり用神を生じます。

「1つの剋は2つの生に勝てない」

強力な独発から生じられ日辰の相生をサポートすることで吉の結果となります。

2 原神独発《げんしんどくはつ》②（吉）

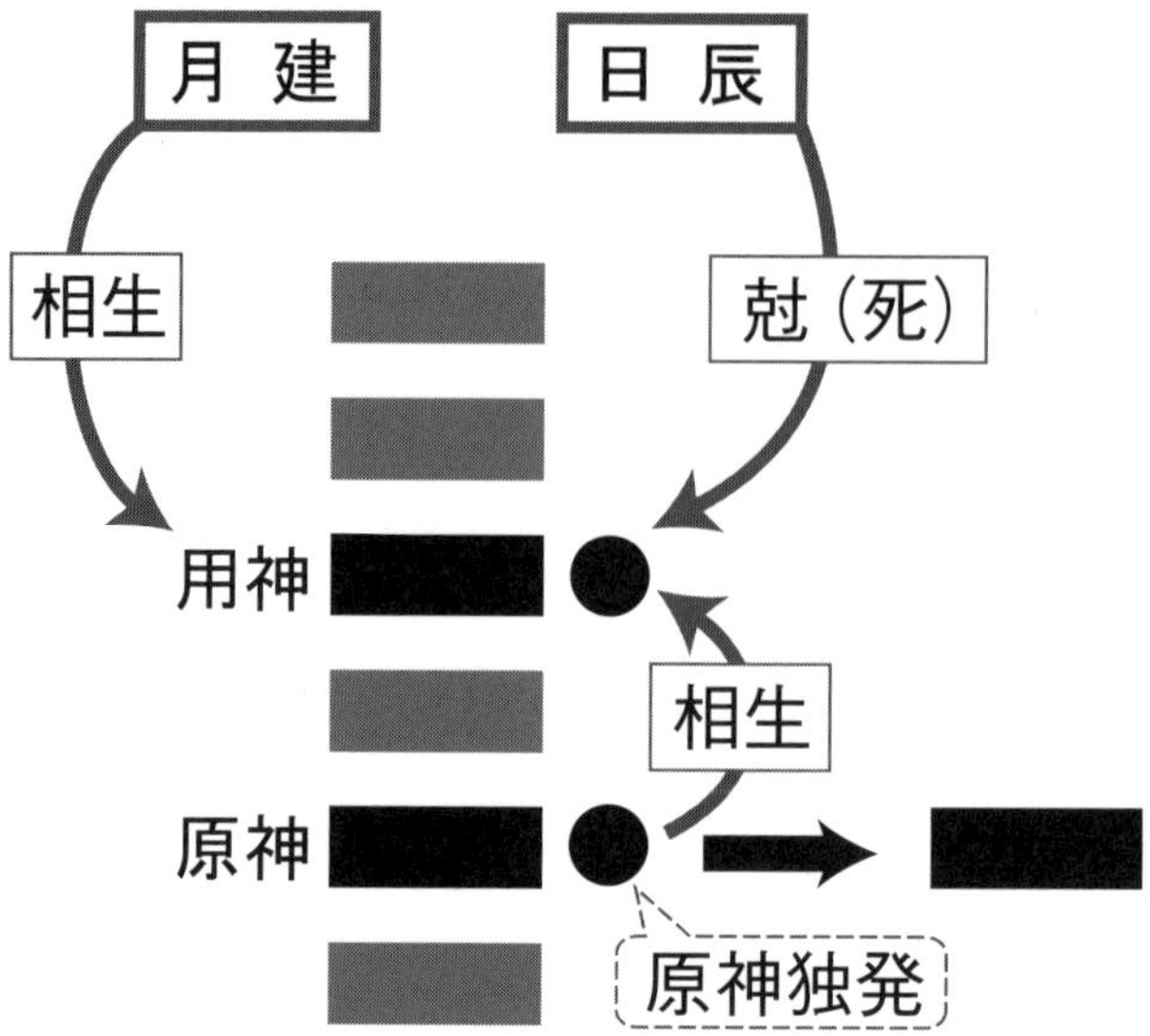

上図は原神が独発して用神を生じています。
用神は、

1 月建から相生される
2 日辰から尅されている
3 原神から生じられる

月建から相生ですが、日辰から尅されます。凶に偏りやすいですが、原神動爻となり用神を生じます。前頁の原神独発①と同じく、「1つの尅は2つの生に勝てない」日辰から尅されながらも強力な独発原神によって生じられ吉です。

独発の動爻は月建・日辰に迫る力量をもちますが、複数動爻では力が分散します。

3 原神独発《げんしんどくはつ》③（小吉）

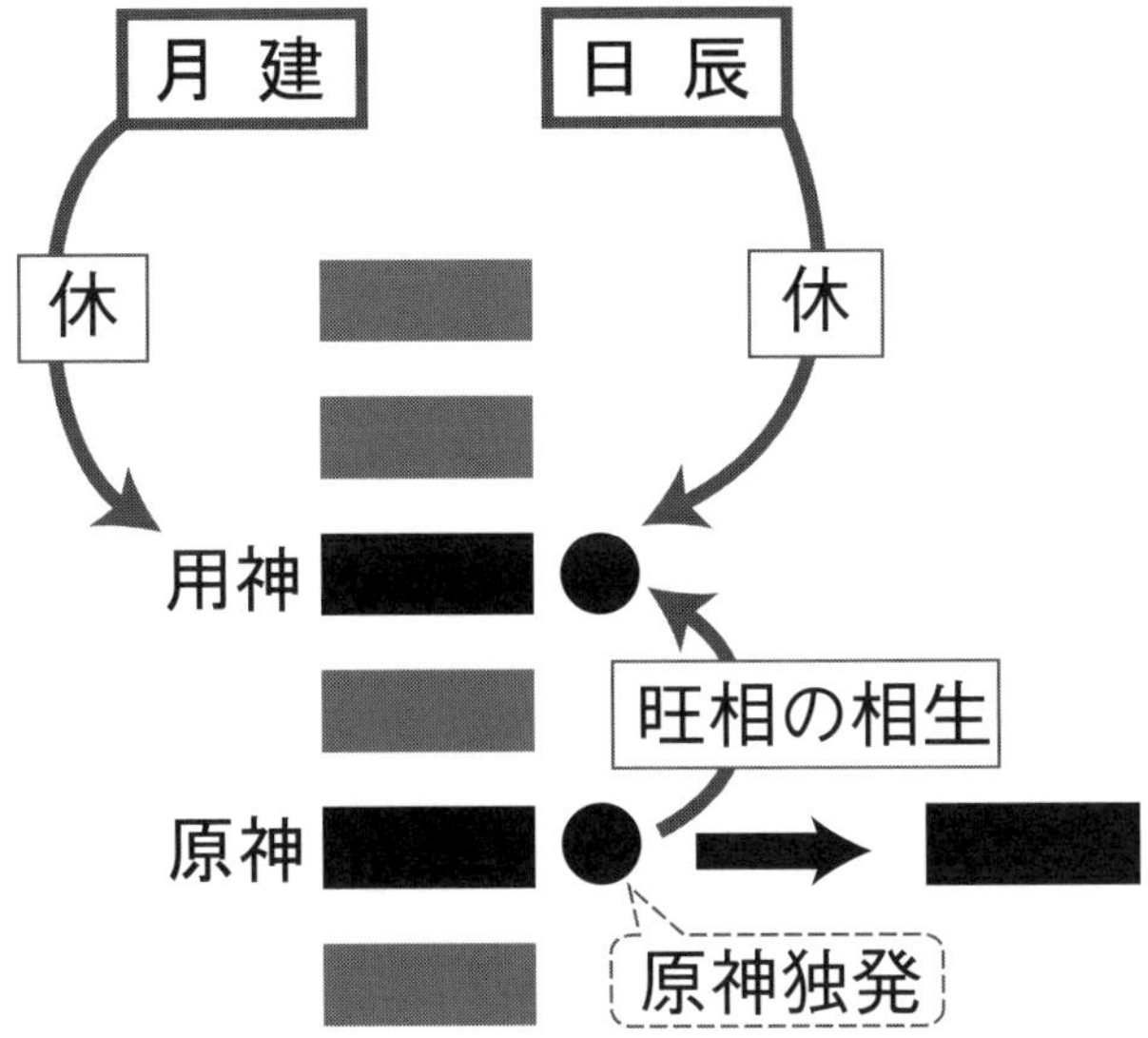

上図は原神が独発して用神を生じています。

用神は、

1　月建から休している
2　日辰から休している
3　旺相の原神から生じられる

月建から休、日辰から休と用神は力弱い状態です。これだけならば凶の卦ですが、旺相した原神から生じられています。

時の運は弱いですが、何とか環境的に良い状態で小吉の結果となります。

休は弱い凶で死（尅）や破ほどの威力はありません。

ただし月建・日辰の片方が死（尅）の場合や原神も休囚では全体的に小凶～中凶の卦となります。

4　忌神独発《いみがみどくはつ》（凶）

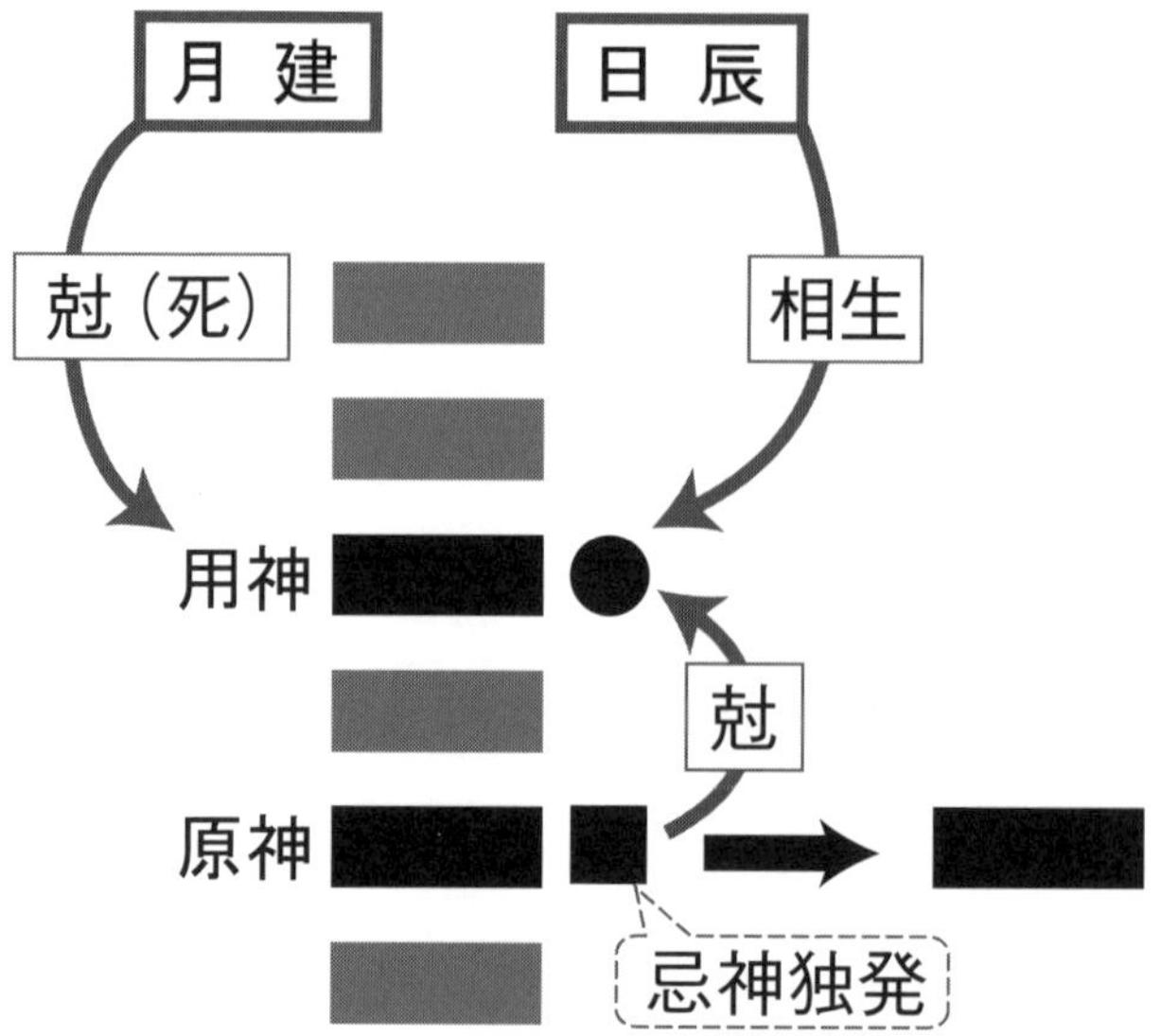

上図は忌神が独発して用神を生じています。

用神は、

1　月建から剋されている

2　日辰から相生される

3　忌神から剋されている

独発の動爻は非常に強力です。

月建から剋、日辰から相生。剋と生は本来甲乙つけがたい力量ですが、忌神動爻となり用神を剋します。

「1つの生は2つの剋に勝てない」

強力な独発忌神から剋され、日辰の相生も役に立たず、凶の結果となります。

5 不変卦《ふへんか》 尅処逢生《こくしょほうせい》（吉）

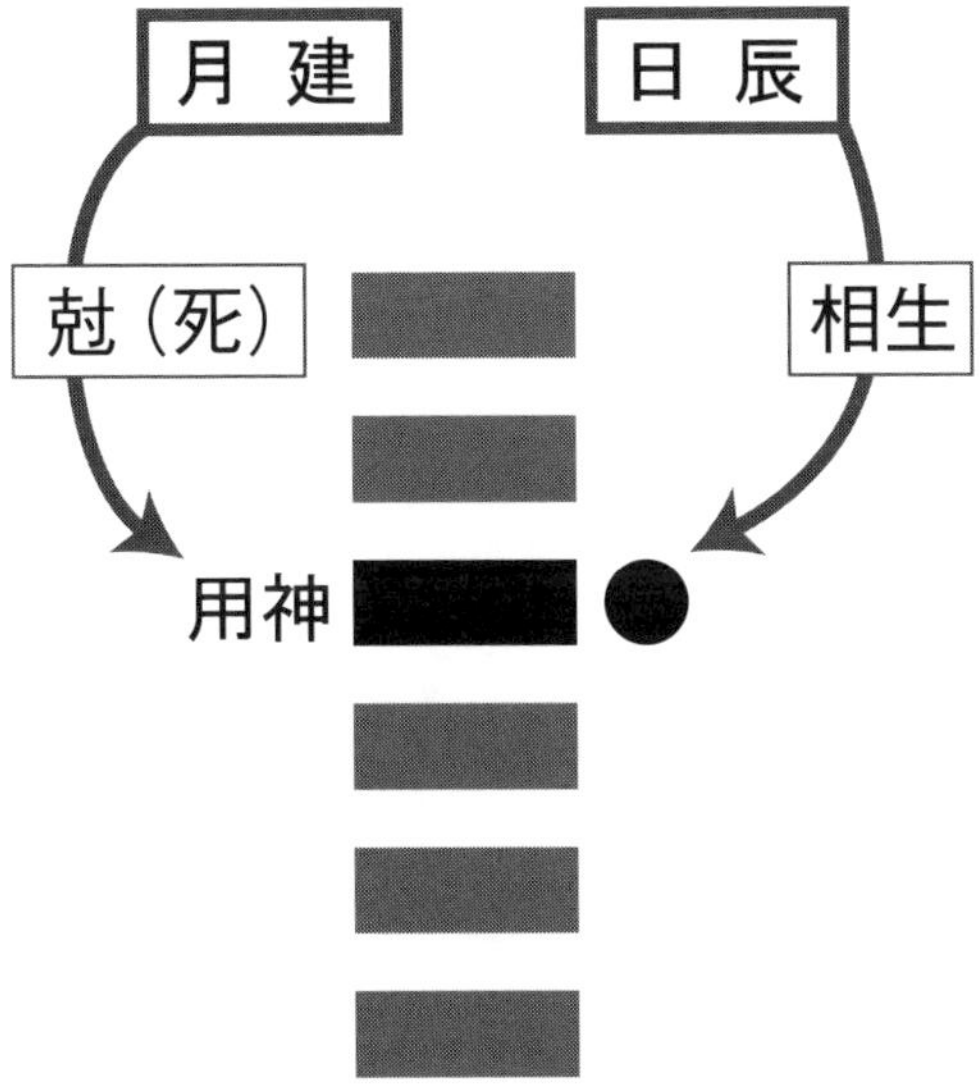

上図は不変卦です。

用神は、

1　月建から尅されている

2　日辰から相生される

相生と尅は甲乙つけがたい力量です。

不変卦の場合は、先に月建、後々まで影響がある日辰が後となり、

「先に尅があり、後に生が来る」

ため日辰の相生が残ります。

これを「尅処逢生」と呼び、逆転の生です。

ただし、月建内の決着する占事の場合は月建が優位になるなど、短期・長期によって優位さが変わります。

6 連続相生《れんぞくそうしょう》 貪生忘尅《どんしょうぼうこく》（小吉）

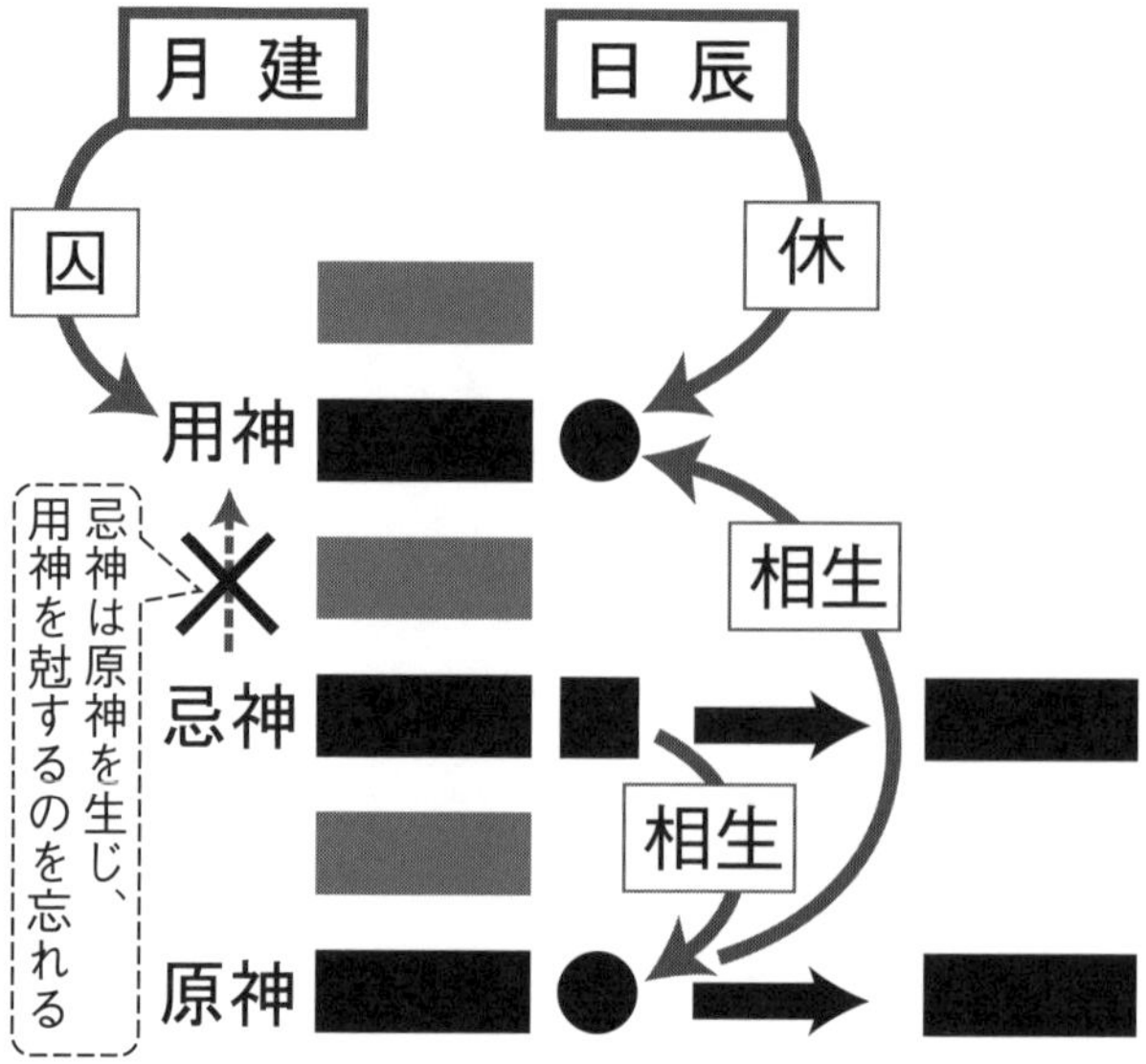

上図は忌神、原神が動爻となっています。

用神は、

1　月建から囚している
2　日辰から休している
3　旺相の原神から生じられる
4　忌神は原神を生じ、用神を尅するを忘れる

月建から囚、日辰から休と、用神は力弱い状態です。

さらに三爻忌神動爻で尅されているように見えます。しかし原神も動爻で忌神は原神を生じ助けるため、用神を尅するのを忘れます。連続相生となり、用神を原神・忌神両方で助けます。

全面的に吉にはなりませんが、吉寄りの結果になりえます。

7 忌神《いみがみ》退神《たいじん》（凶→小吉）

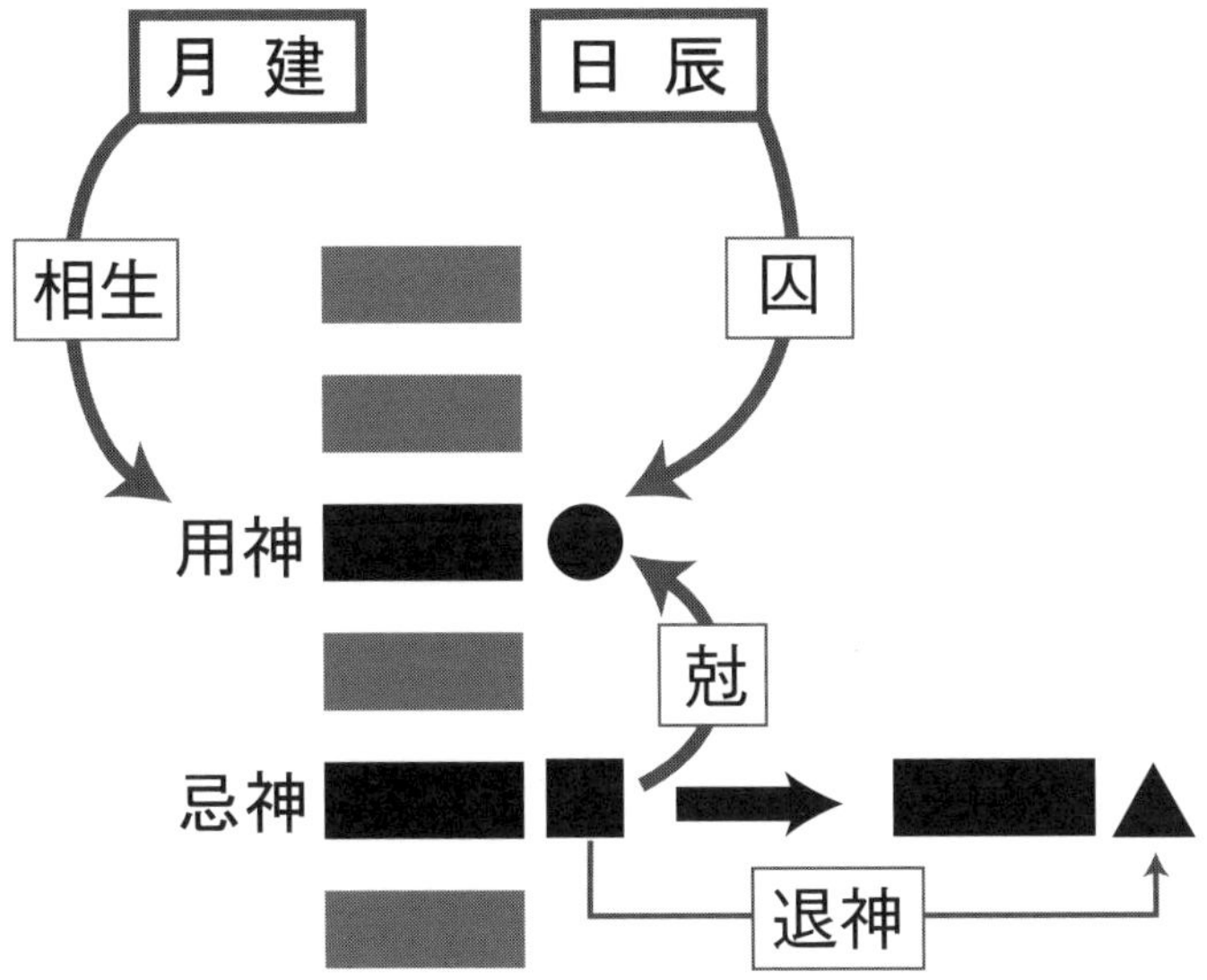

上図は忌神独発です。

用神は、

1 月建から相生している
2 日辰から囚している
3 忌神から尅されている
4 忌神は退神となっている

用神は月建から相生されるも、日辰から囚して、これだけならば小吉の力量です。

忌神が独発で尅するため本来ならば凶の卦となります。しかし忌神は退神となり段々力をだんだん失っていきます。

最初は忌神の尅が強く不利ですが、後に忌神の力が弱まり、小吉の卦です。

ただし日辰から尅ならば2つ尅で凶です。

8 忌神回頭生《いみがみかいとうせい》（凶）

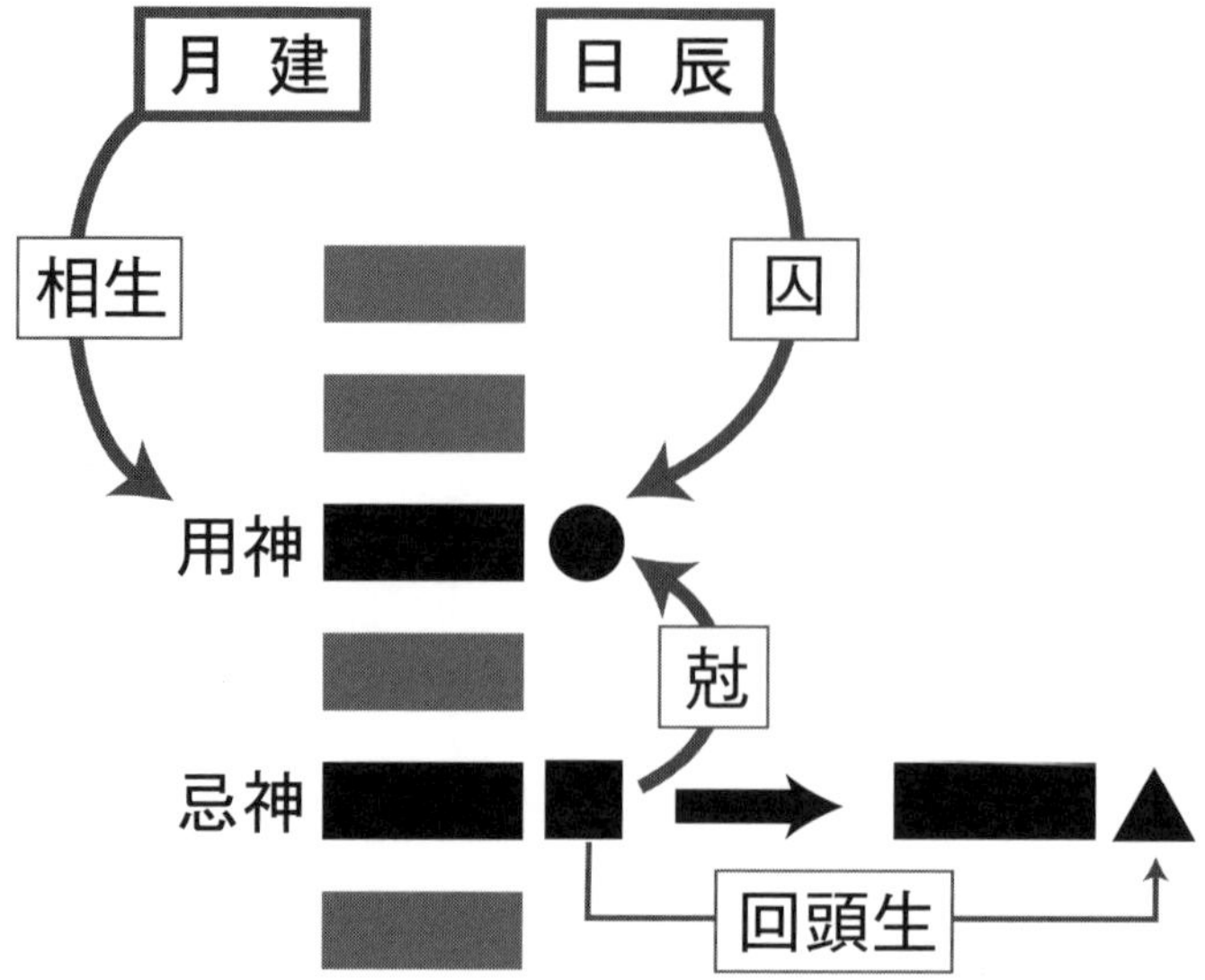

上図は忌神独発です。

用神は、

1 月建から相生である
2 日辰から囚している
3 忌神から剋されている
4 忌神は回頭生となっている

用神は月建から相生されるも、日辰から囚して、これだけならば小吉の力量です。

しかし、忌神が用神を剋します。さらに忌神は回頭生で威力が時間を経るごとに強くなります。

忌神の回頭生は凶意が増します。

月建が相生しても、日辰の囚に回頭生の忌神の剋が増していくため、結果として凶の卦となります。

9 用神回頭生《ようじんかいとうせい》①（凶→吉）

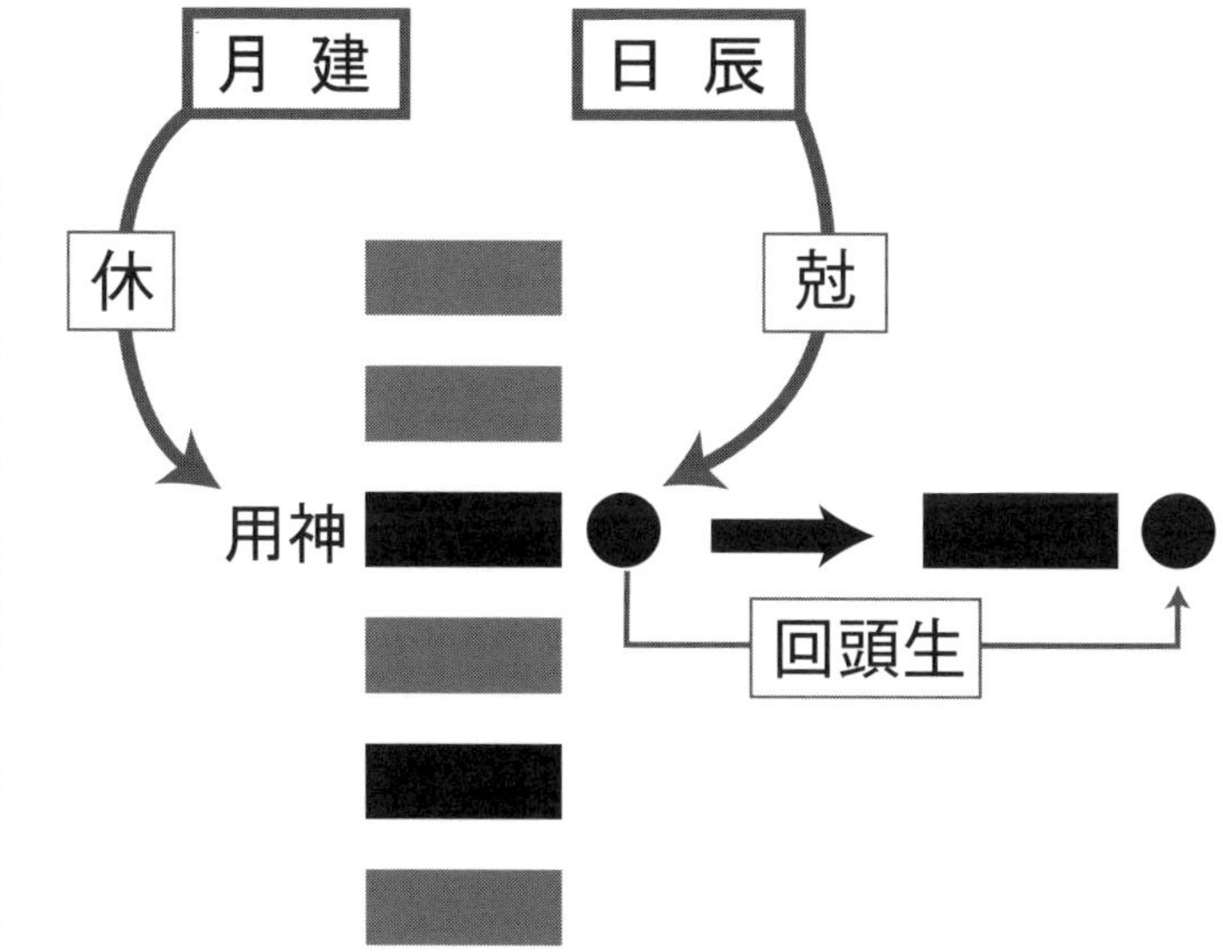

上図は用神動爻です。

用神は、

1 月建から休である
2 日辰から剋されている
3 用神自ら回頭生となっている

用神は月建から休していて、日辰から剋され、これだけならば凶の力量です。

しかし、用神は自ら回頭生で自力で自らを高め、力量が増します。

用神の化爻は最後まで影響するため日辰（剋）の後に回頭（生）なので「剋処逢生《こくしょほうせい》」です。

月建からも力を得てないため苦労の連続でしょうが、自力で開運するタイプの「逆転の吉の卦」です。

10 用神回頭生《ようじんかいとうせい》②（凶）

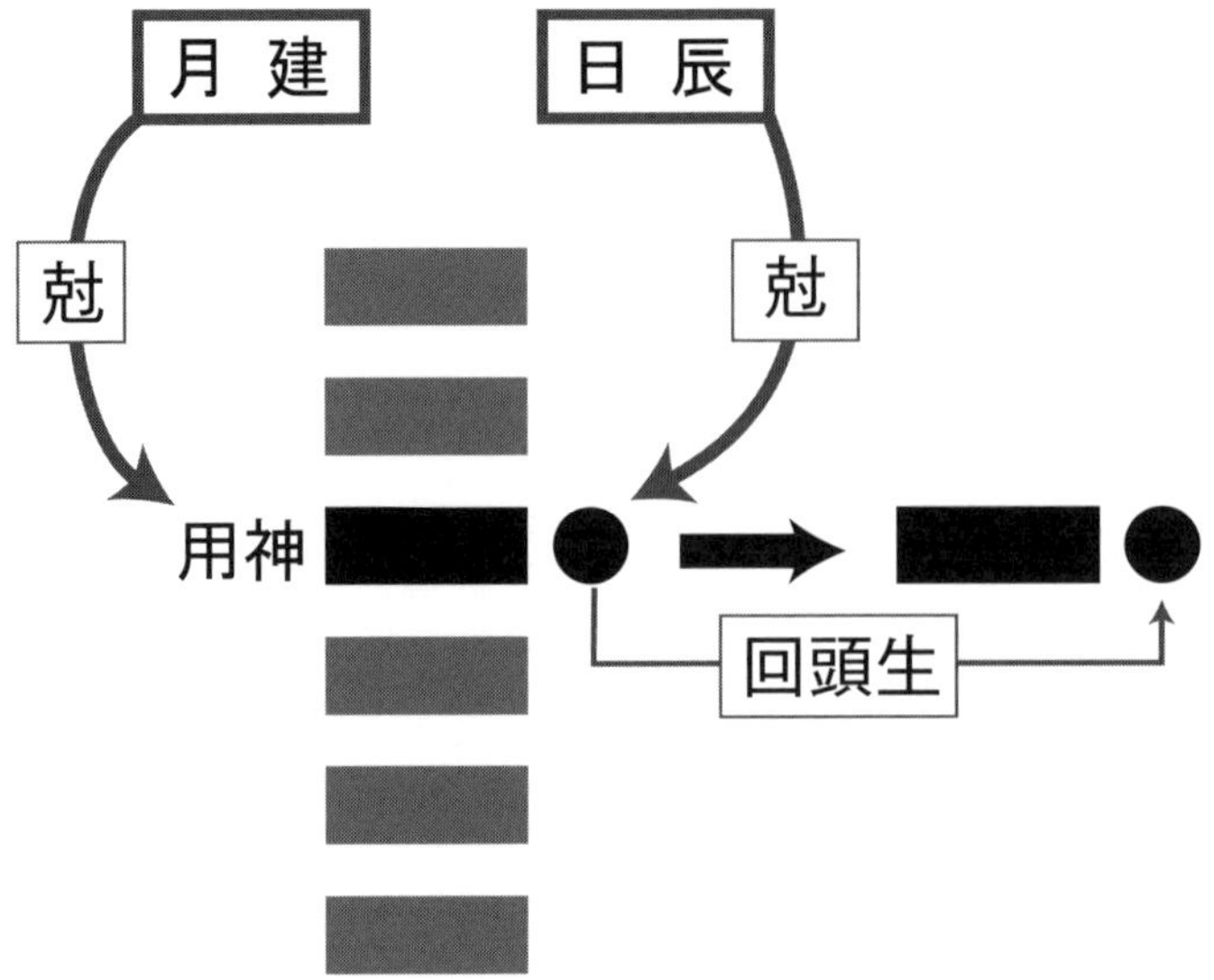

上図は用神動爻です。
用神は、

1　月建から剋されている
2　日辰から剋されている
3　用神自ら回頭生となっている

前頁の用神回頭生①は逆転の吉となりましたが、この卦は月建・日辰ともに用神を剋しています。用神の回頭生は吉凶を逆転する強力な形ですが、「2つの剋に1つの生は勝てない」の法則に則り、月建・日辰両方からの剋には回頭生も勝てません。

ある程度盛り返すことはできても結果は凶です。ただし大凶を小凶にする可能性はあります。

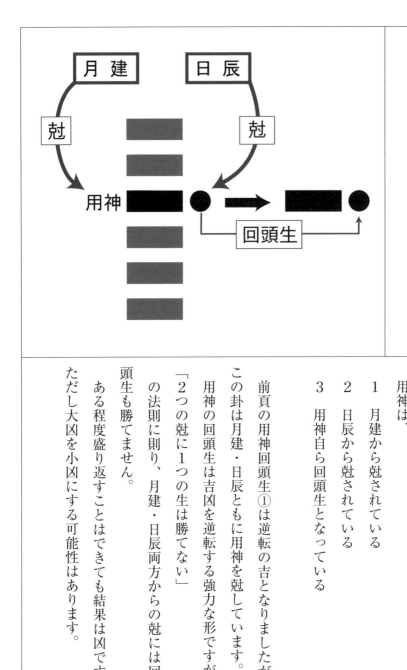

11 臨む用神回頭尅《ようじんかいとうこく》 日辰変壊《にっしんへんかい》（大凶）

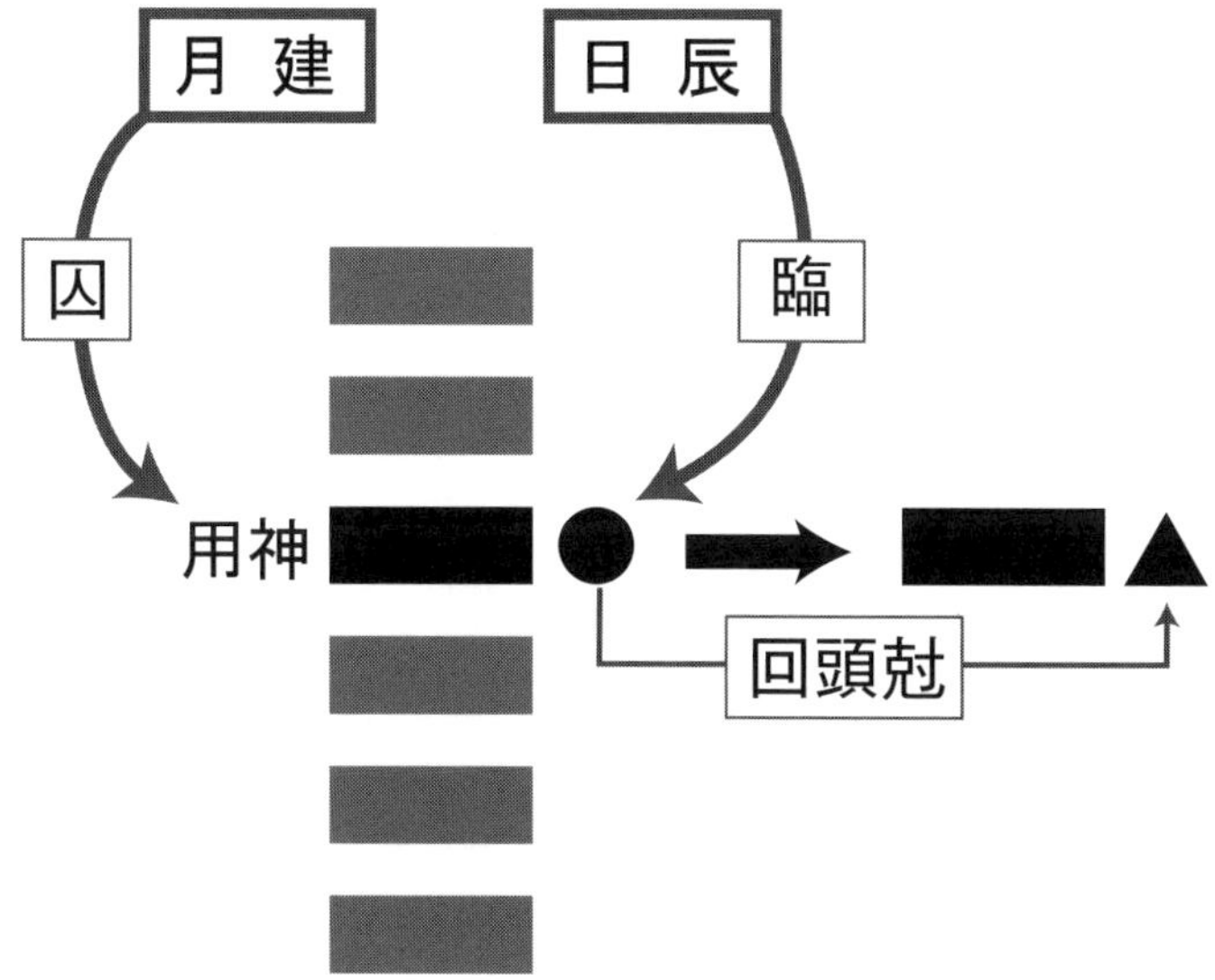

上図は用神が動爻です。
用神は、

1 月建から囚である
2 日辰から臨んでいる
3 用神は回頭尅（または墓化・絶化）である

上図は、用神が月建から囚ながらも、日辰から臨んでいて力量があるように見えます。ですが、用神が回頭尅です。回頭尅は自らを尅するため凶です。

しかも、用神が日辰に臨みます。臨むとは用神が日辰の代理のような存在であることです。回頭尅は日辰の作用そのものを壊す強力な自滅の力となり、即日・近日に尅となる大凶の卦となります。

この形を「日辰変壊」と言い、臨む力が逆効果になる形です。

12

臨む原神《げんしん》の回頭剋《かいとうこく》（吉）

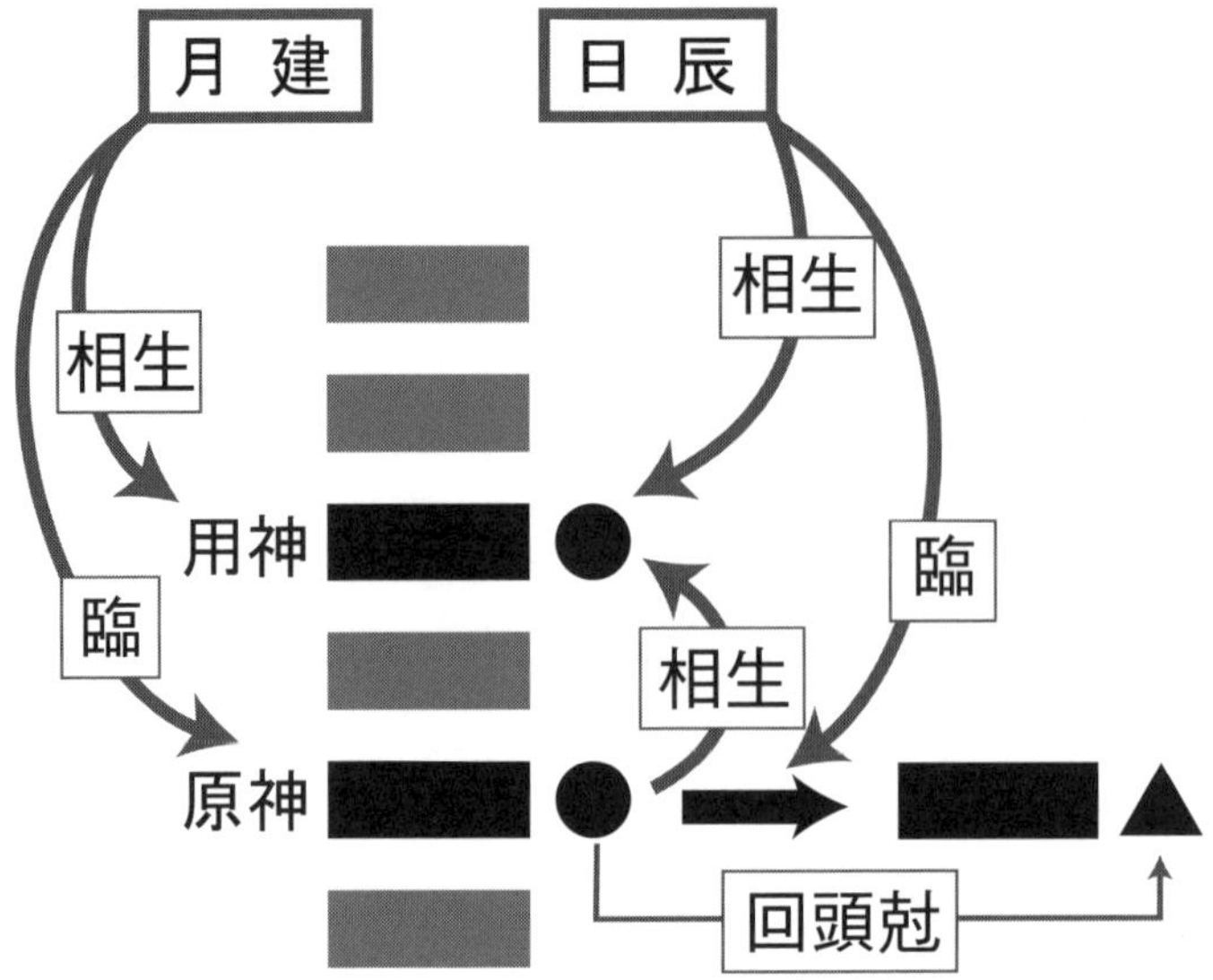

上図は原神が独発動爻です。
用神は、
1　月建から相生である
2　日辰から相生である
3　原神は回頭剋である
4　原神は月建・日辰から臨んでいる

回頭剋は自らを剋するため凶です。用神を助ける原神の回頭剋は通常凶の卦になりやすいのです。

上図はその原神が月建・日辰両方から臨んでいます。ここまで強いと「日辰変壊」になりません。

また原神が臨むため、用神は五行的に必ず月建・日辰から相生されることとなり、複数から生じられるため1つの回頭剋で覆すことはできません。吉卦です。

13　臨む用神《ようじん》、墓絶化《ぼぜつか》（凶）

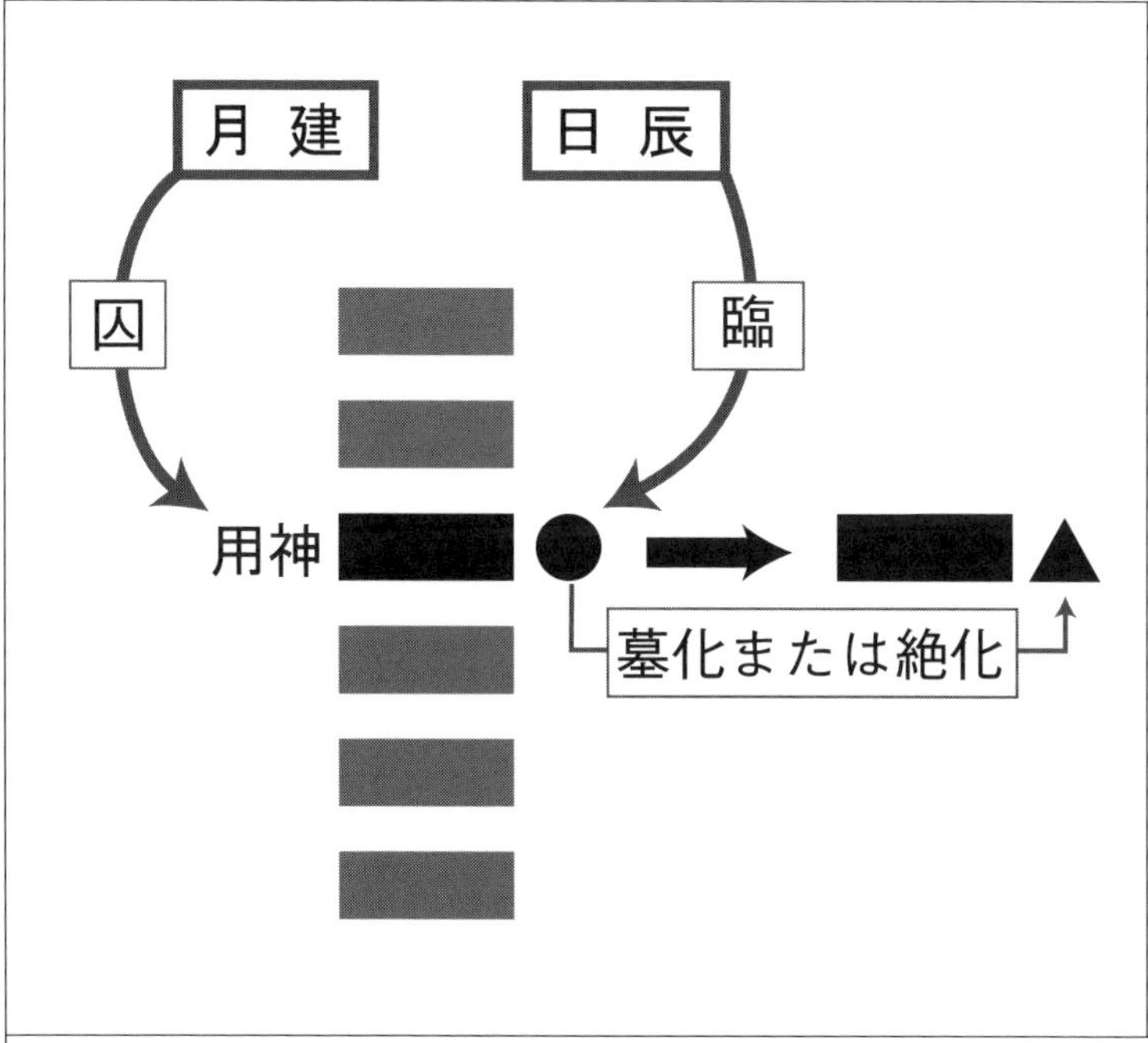

上図は用神が動爻です。
用神は、
1　月建から囚である
2　日辰から臨んでいる
3　用神動爻で墓または絶に化す

この形も「日辰変壊」と共通する強力な凶卦の形です。

上図は用神が月建から囚ながらも、日辰から臨んでいて力量があります。そして、用神が墓または絶に化します。

本来、墓や絶に化すのは一時的に動けなくなったり1回リセットする象ですが、日辰に臨む墓絶化は強過ぎるがゆえに長期にわたり墓絶化してタイミングを逃す凶卦です。

普通の墓絶化は脅威ではないですが、臨む場合は注意が必要です。

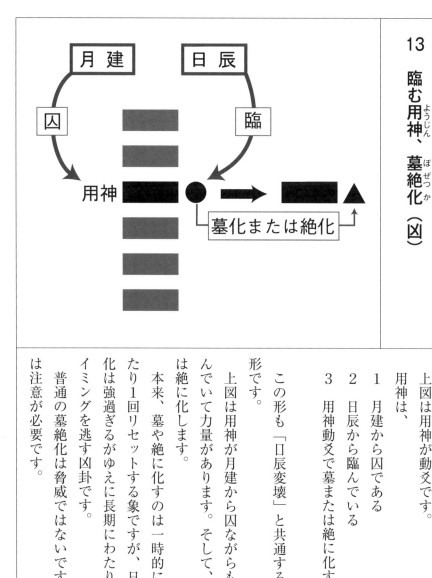

14 忌神《いみがみ》仇神《きゅうじん》動爻《どうこう》（凶）

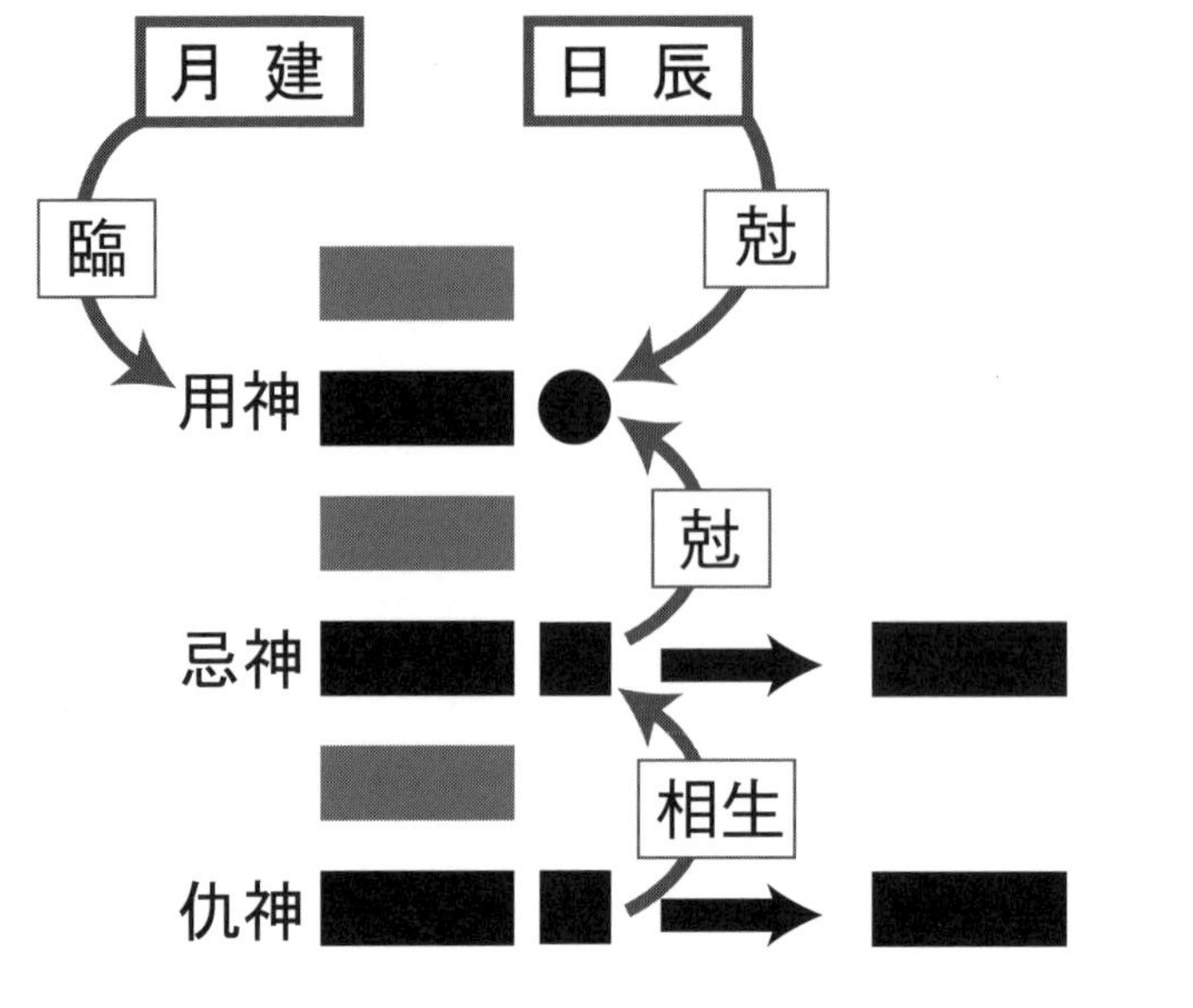

上図は忌神・仇神が動爻です。

用神は、

1 月建から臨んでいる

2 日辰から剋（死）されている

3 忌神が動爻となり剋されている

4 仇神が動爻となり忌神を生じる

用神は月建に臨み非常に力量が強いですが、日辰から剋されています。月建から相生ならば日辰の剋は用神として凶に寄りますが、月建から臨む場合は一進一退で微妙です。

ですが、忌神が動爻となり用神を剋します。さらに仇神が忌神を生じ助けるため、上図の忌神は非常に強力となります。

仇神の協力により強い力量を持つ忌神が決め手となり凶卦となります。

15 連続相生《れんぞくそうしょう》と月破空亡《げっぱくうぼう》（凶）

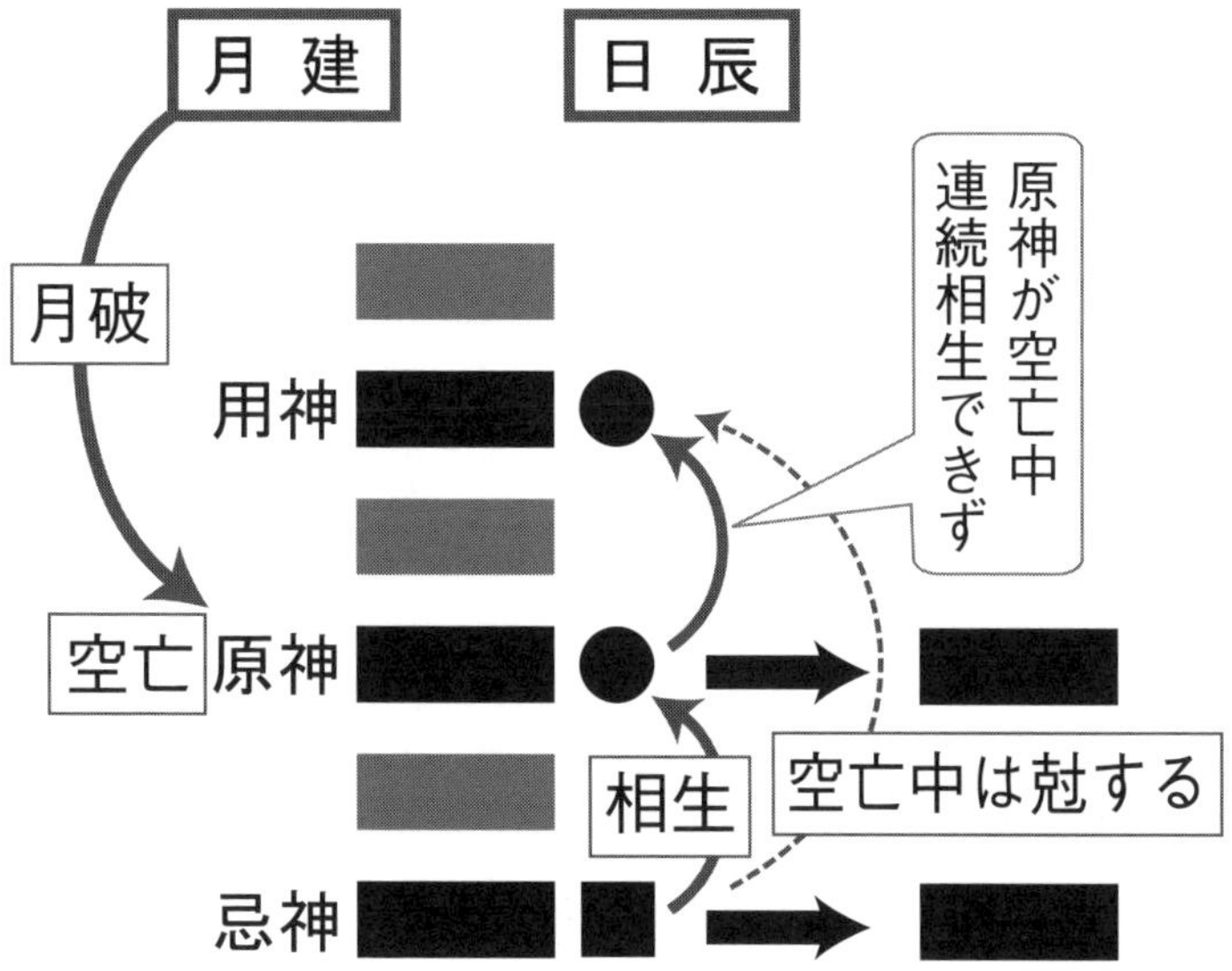

上図は原神・忌神が動爻です。

1　原神は月破となる
2　原神は空亡である
3　原神は忌神から生じられる

用神は一見すると原神・忌神の連続相生を受けているように見えます。

しかし原神は月破でさらに空亡です。本来月破では無用の空亡ですが、忌神から相生を受けるため辛うじて有用の空亡です。

ただし、空亡を開けるまでは原神はなきに等しく連続相生はできず、忌神は原神空亡中に直接用神を剋することになります。

応期次第では空亡が開けるまで凶が強く、日辰から用神・原神ともに旺相しなければ凶卦となります。

16 連続相生《れんぞくそうしょう》と冲起暗動《ちゅうきあんどう》（凶）

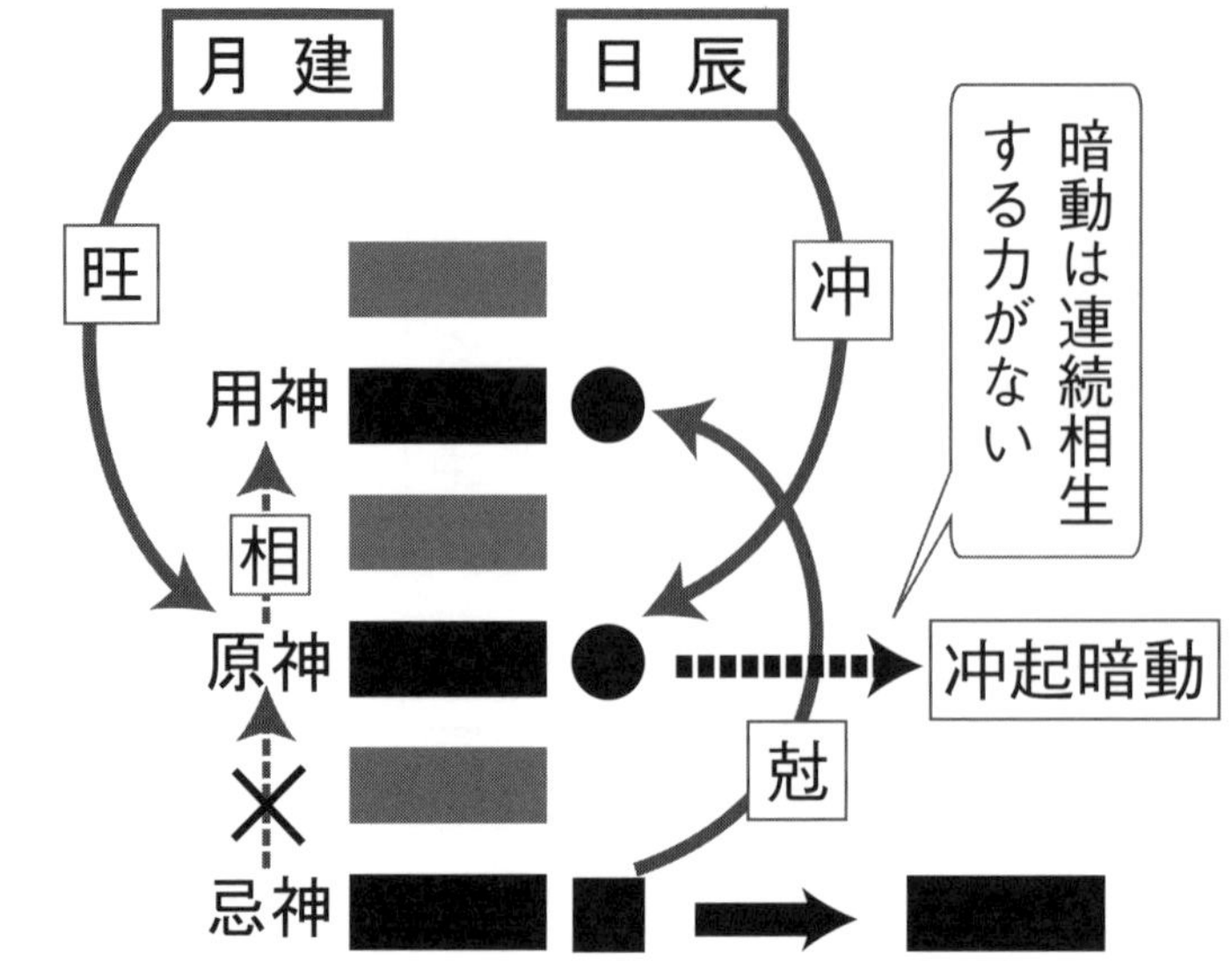

上図は原神・忌神が動爻です。

1 原神は月建から旺じている
2 原神は日辰から冲を受ける
3 原神は冲起暗動する
4 原神は忌神から生じられる

原神は月建から旺じ、日辰から冲のため冲起暗動となり、陰ながら動爻となります。

忌神が動爻のため連続相生になるように見えますが、暗動は連続相生をする力がありません。

そのため、忌神は暗動する原神を乗り越えて用神を尅してしまいます。

原神も弱い動爻となり陰から用神を支援しますが、最後は用神が月建・日辰から旺相しているかにかかっています。弱ければ凶の卦となります。

17　月破《げっぱ》と不変卦《ふへんか》（小凶？）

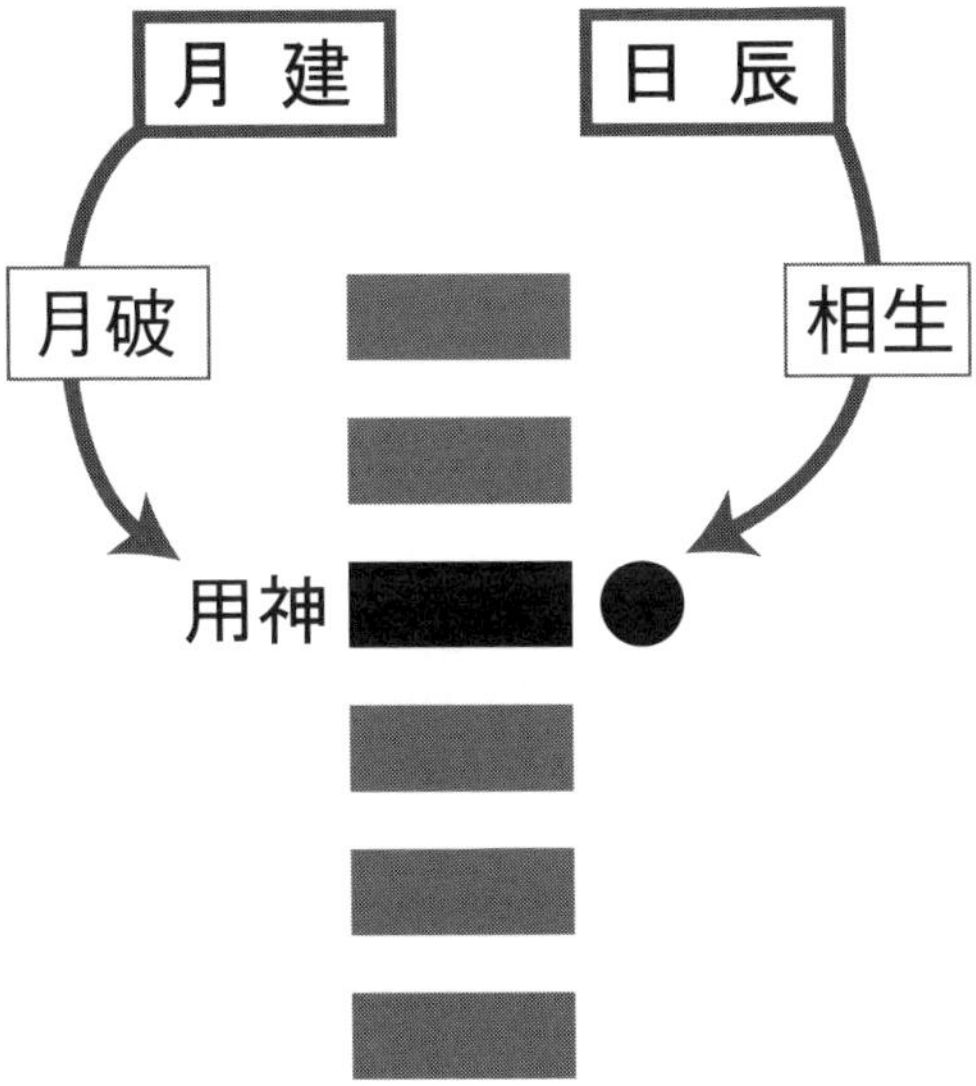

上図は不変卦です。

1　用神は月建から冲（月破）である

2　用神は日辰から相生である

月破は非常に判断が難しいものです。

例えば、月内に結果が出る占事の場合、月破ならばほぼ凶となるほど強い影響があります。

ただし、月破を受けた卦が動爻ならば、月破を脱する応期で吉へ変わることもあります。

上図のように不変卦で用神が月破を受ける場合は凶の影響から完全に脱するのが難しいです。

尅と生は拮抗しますが、冲・合は生・尅より優位。日辰から相生されますが、不変卦では完全に月破から脱することはできない可能性があり、小凶止まりになることも多いです。占事で判断が変わりやすいので注意が必要です。

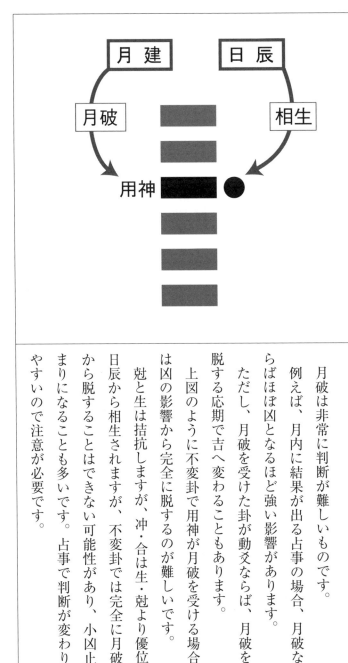

18 伏神《ふくじん》と墓《ぼ》（凶）

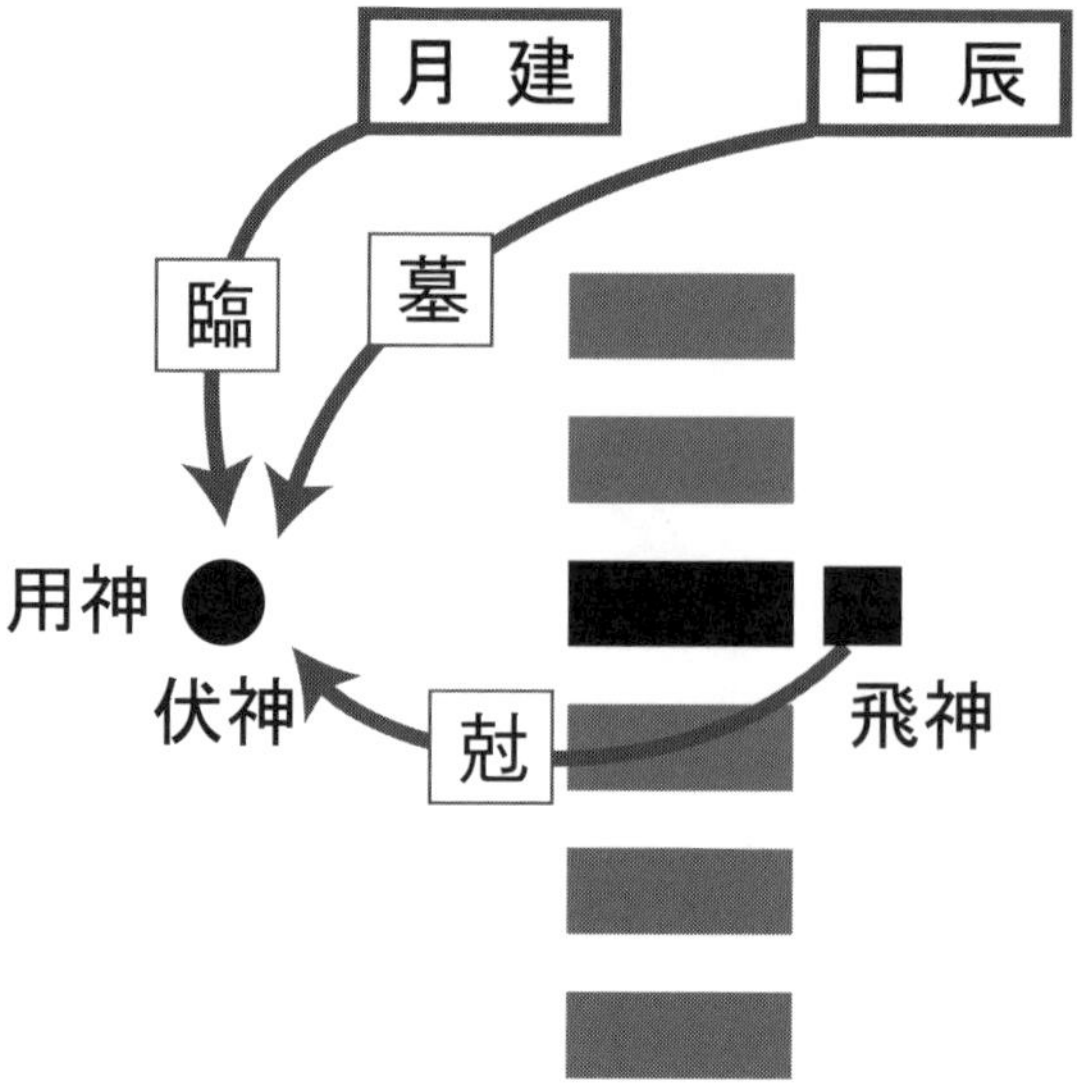

上図は不変卦です。

1　用神は伏神となっている

2　用神は月建に臨んでいる

3　用神は日辰に入墓している

伏神は本卦という舞台に用神が登場していないのと同じで、基本的に不利です。

そのため月建・日辰との関係が非常に重要です。伏神の用神は月建から臨んで非常に力量がありますが、日辰に入墓します。伏神の入墓は簡単に墓から出ることができません。

さらに飛神が伏神を剋し、伏神が舞台に出るのを拒んでいます。これでは月建から臨んでいても難しいです。凶となります。

19　伏神《ふくじん》と合起《ごうき》（小吉）

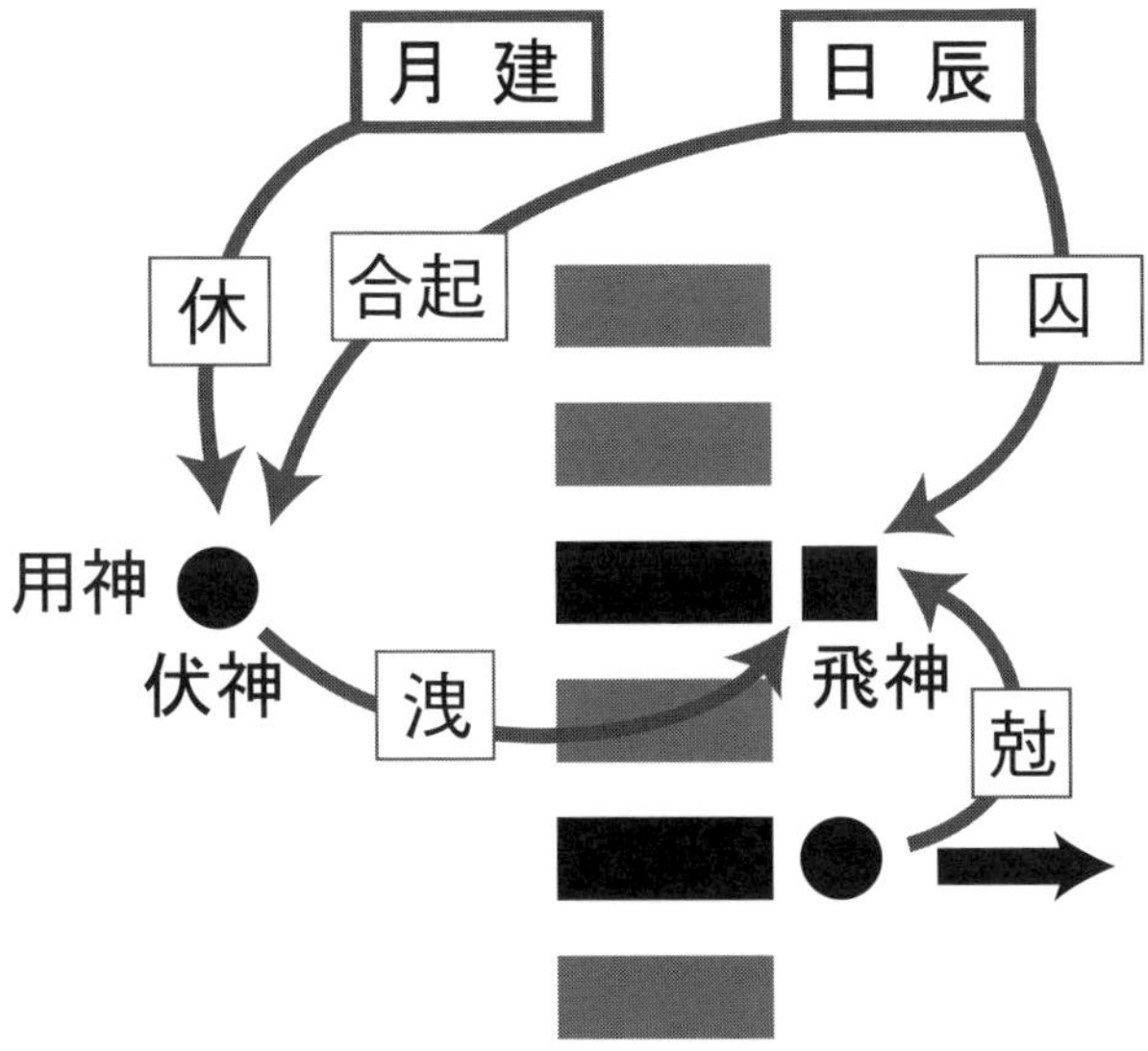

上図は動爻が独発しています。

1　用神は伏神となっている
2　用神は月建から休している
3　用神は日辰と合している
4　伏神から飛神に洩れている
5　動爻は飛神を剋している

伏神は月建から休しています。また飛神からは洩らしていて助けがありません。

ですが、日辰から合しているため合起します。伏神は合起することを喜び、活動力を増します。

さらに動爻が飛神を剋しているため伏神は有用となり、用神として機能し提抜します。

強いとまで言えませんが、吉となる条件を満たしています。

20 休囚《きゅうしゅう》の進神《しんじん》（小吉）

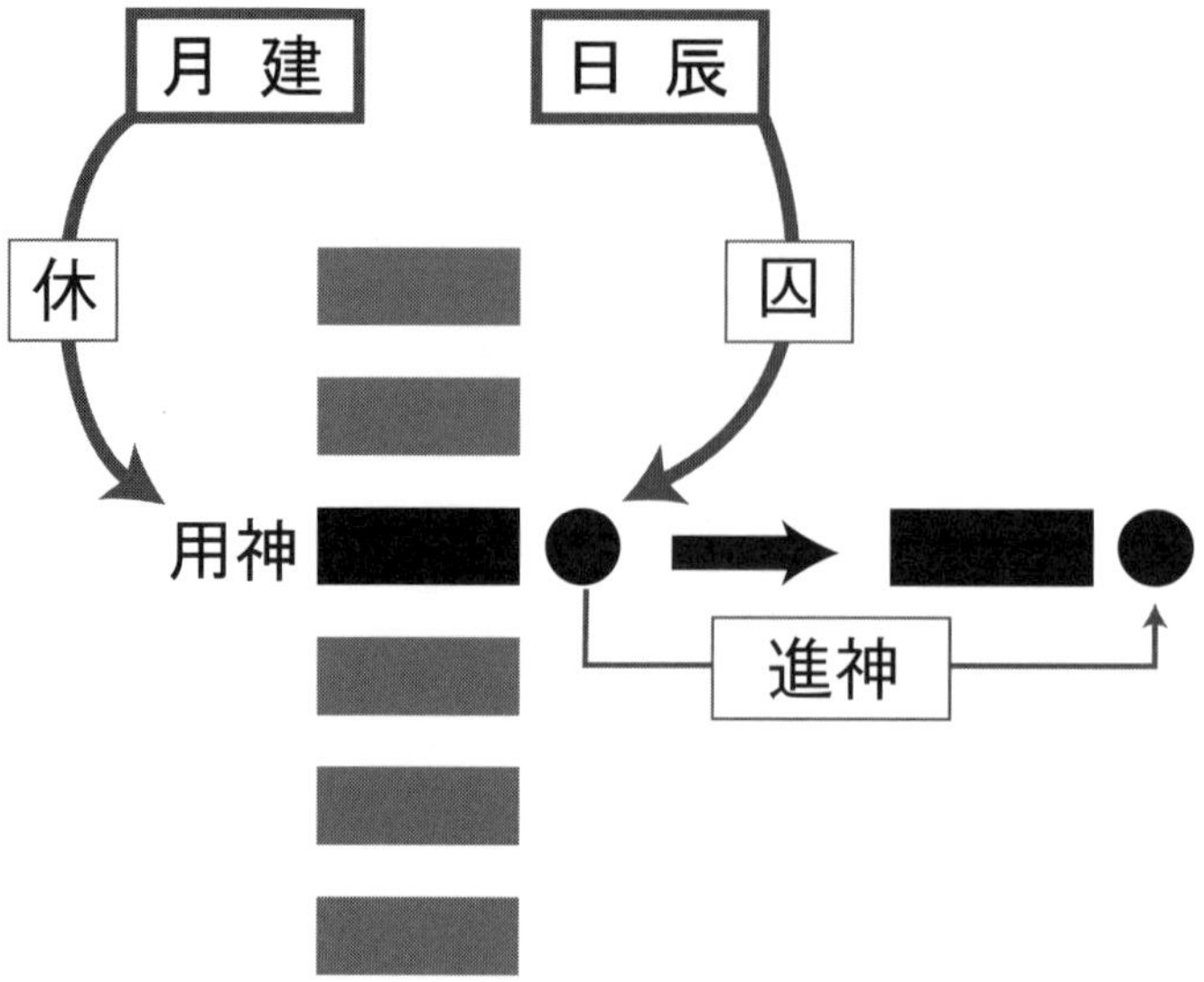

上図は用神動爻で独発しています。

1　用神は月建から休している
2　用神は日辰から囚している
3　用神は動爻で進神となる
4　独発している

用神は月建から休し、日辰から囚しているため力量は弱いです。

しかし用神自ら動爻となり、進神の動きです。

進神はその後発展性のある動きであるため、最初は力量が弱いですが、後々が活性化してくるため吉の形となります。

ただし、時の運が弱いため、小吉どまりになりやすいです。

第二十章　結婚占・恋愛占・相性占・夫婦占

日本では、占い需要がもっとも高いのは恋愛占です。近年、電話占いやチャット占いなどで気軽に相談できるようになって、その傾向はさらに加速しています。

断易では、恋愛占と結婚占は似ているようで少々スタンスが異なります。特に恋愛占に関しては用神の取り方に流派の差があります。結婚占の用神論はどの流派でも基本的に同じです。この違いは簡単に言えば恋愛占が近年まで需要がなかったからです。自由恋愛自体が近代に発展してきた男女の関係性であるゆえに見解の差や幅ができたためです。

それを踏まえた上で用神の取り方を学んでください。本書が取り上げる用神論が絶対ではありませんが、実践を通して重要になってくる見解であるはずです。

結婚占

結婚占の用神

結婚占は基本的に、男性の結婚占と女性の結婚占とでは用神が変わります。

男性からの結婚占

《用神…妻財》男性にとって結婚対象は女性のため、「女性を象徴する六親」である妻財を結婚の用神とします。

《原神…子孫》用神を助ける原神は子孫です。結婚に協力してくれる肉親・友人・仕事・金銭、時の運などを表します。

《忌神…兄弟》用神を傷つける忌神は兄弟です。金銭問題・異性問題、周囲の反対、時の運などを表します。

《仇神…父母》原神を傷つける仇神は父母です。原神的象意を傷つけ、用神を間接的に邪魔します。

女性からの結婚占

《用神…官鬼》女性にとって結婚対象は男性のため、「男性を象徴する六親」である官鬼を結婚の用神とします。

《原神…妻財》理由は男性と同じ。

《忌神…子孫》理由は男性と同じ。

《仇神…兄弟》理由は男性と同じ。

結婚占における世爻

すべての占事・占的で、世爻とは相談者本人を表します。男性からの結婚占の相談ならば世爻はその男性本人になります。結婚占での世爻は日辰・月建からの旺相も大切ですが、それ以上に用神「妻財・官鬼」または応爻との**物来就我**を重視します（物来就我の復習は上巻330頁参照）。

結婚占における応爻

応爻は「恋愛から結婚」の場合と「お見合い・結婚紹介」の場合とでは、スタンスが変わります。
・「恋愛から結婚」→相手の心情が現れやすいです。例えば世・応が支合していれば「両想い」、冲していれば何らかの問題で「衝突」していたりします。
・「お見合い・結婚紹介」→相手側の心情、つまり相手の親族がこの結婚に対してどのように思っているかなどが現れます。

結婚占における間爻

世爻と応爻の間にある間爻が動爻の場合は、「恋愛から結婚」ならば友人・知人が縁を繋ぐ役割をする場合があります。「お見合い・結婚紹介」で間爻動爻の場合、仲人や紹介所を表す場合があります。

●結婚占の解説

結婚占とは本来、結婚に値する相手であるかを占うものです。例えば女性の結婚占で「官鬼」を用神とするのは、相手の男性（官鬼）の「結婚観」や「男性として資質」が相談者本人にとって良いか悪いかを判定するためです。相手の資質とは経済力や出世運だけでなく思いやり・愛情深さなど様々な要因がありますが、月建・日辰から旺相していれば資質面で良い相手となり、休囚していれば資質的にやや問題を含み、死（剋）や破（冲）ならば非常に問題があります。

結婚は愛情だけで続くものではありません。金銭や親族の問題など様々な要因で容易に壊れるものです。

断易は、そういう部分を適切に（時には冷酷に）占断するため、結婚占には非常に定評があります。

●結婚占の注意点

(1)世爻と応爻の関係は心情です。そのため世爻動爻で生・剋・合・冲するのは世（本人）が応（相手）に対して積極的に行動しています。ただし、生・合は穏やかですが、剋や冲は強引な傾向があります。プロポーズのタイミングでの占断ならば、世が応へプロポーズします。

(2)結婚占で用神が「伏神」は非常に不吉です。相手の「結婚観」が本卦にないのは「結婚する気がない・弱い」ことを意味します。有用な伏神ならば今後変化して良い方向へ変わる可能性もありますが、無用な伏神は遊び人にありがちな象です。

(3)応爻が空亡は、結婚に対して迷いがあります。用神が有用の空亡ならばタイミングを待っています。世爻空亡は本人が相手を見極められず迷っている。もしくは打算が含まれています。世爻・応爻空亡は結婚運は用神次第ですが、離婚の可能性が高いでしょう。

(4)用神が退神は急に結婚取りやめなど、今後の変化を表すため注意が必要。世爻・応爻が退神は気持ちが冷めやすいです。

(5)用神が動爻で回頭生や進神で世爻に物来就我ならば、月建・日辰から死・破がなければ発展性ある関係で結婚に吉です。

(6)異性を表す官鬼や妻財が多現するのは、不倫や浮気などを意味しやすいため占断は注意してください。特に動爻となり吉凶に関係する場合は問題が出やすいです。

(7)妻財が飛神となり官鬼爻が伏神になるような卦では、相手が妻帯者である可能性があります。逆も同様です。

結婚占で特に注意すべきは空亡と伏神で、初心者は見落としやすいです。また動爻の動き（伏吟・退神・回頭剋）などは吉凶を変化させる場合があります。

恋愛占（感情・男女占）・相性占

恋愛占・相性占の用神

《用神…応爻》

●恋愛占・相性占の解説

恋愛占は、生涯の伴侶を探す結婚占とは似て非なる占的です。経済力や出世など相手の資質を重視する必要がありません。心情の関係を重視するため応爻（相手）の状態が大切で、月建・日辰から旺相するならば恋愛も穏やかで幸せな関係となりやすいですが、休囚死では問題多いでしょう。そして世爻（本人）との関係（物来就我）により、縁の深さが判断できます。いわゆる相性占は世爻と応爻の関係性を重視します。世・応の関係は弱ければ長く続きません。

●恋愛占の注意点

⑴応爻が兄弟・子孫・妻財・官鬼・父母のどの六親を持つかで相手の傾向が見えます。

・例えば子孫を持ち旺相すれば楽しく優しい相手ですが、休囚死すれば享楽的で自堕落な傾向となります。

・兄弟爻を持てば、男性が世爻ならば妻財（女性）を尅する関係となるため相手を傷つけやすい関係です。女性でも争いが多くなりやすいでしょう。

・父母爻を持てば、心労多く仕事や男女関係で苦労が多いでしょう。

・妻財爻を持てば、応爻は「女性」を持つ形のため、世爻が女性の場合、相手の男性は別の女性がいる可能性があります。

・官鬼爻を持てば、応爻は「男性」を持つ形のため、世爻が男性の場合、相手の女性は別の男性がいる可能性があります。

⑵応爻が月建から旺相していれば、容姿は本人のタイプでしょう。日辰から旺相していれば、本人が求める内面性の持ち主です。

(3)応爻旺相で、世爻と応爻の関係が支合・相生ならば、穏やかで長い付き合いになります。尅・冲の関係では熱烈ですが短期の可能性があります。これは象（形）なので、動爻でなくても関係性としての暗示です。

●相性占の注意点

結婚の相性は結婚占でみます。恋愛の相性は心情の問題ですから相性占としてみます。

(1)相性占は応爻（相手）と世爻（本人）の地支的関係性を重視します。まず動爻・静爻に関わらず相生・支合は相性として悪くありません。応爻が世爻を尅する関係は相手が本人を獲得したいという関係なので男女の関係として悪くありません。ですが世爻が応爻を尅するのは片思いで終わりやすいでしょう。

(2)現状で付き合っている恋人の相性占は応爻が静爻でも良いですが、「これから付き合えるか」という意味が含まれる相性占は応爻が動爻でなければ結ばれる関係に発展しません。

(3)応爻が動爻となり月建・日辰から旺相して世爻に**物来就我**（生・尅・合・冲）しているならば相性も良く発展性も高いでしょう。ただし世爻が動爻となり応爻に**我去尋物**（生・尅・合・冲）では相手は友人的好意しか持ってない場合があります。

※親族からの結婚占

結婚占は当事者の相談と同じくらいご両親からの依頼も多数あります。その場合は用神が変わります。

(1)親が来て、子供に相談なく子供の結婚を占う場合、用神は子孫になります。

(2)子供に相談した上で親が相談に来た場合は、用神は通常の結婚占と同じになります。これは親が子供（当事者）の代理で来た代理占とみなせるからです。

夫婦占（離婚占）

夫婦占の用神

男性からの夫婦占

《用神…妻財》男性にとって「妻を象徴する六親」である妻財を夫婦占の用神とします。

《原神…子孫》用神を助ける原神は子孫です。子供であったり夫婦を助力する友人などを表します。

《忌神…兄弟》用神を傷つける忌神は兄弟です。金銭問題・異性問題、周囲の反対、時の運などを表します。

《仇神…父母》原神を傷つける仇神は父母です。原神的象意を傷つけ用神を間接的に邪魔します。

女性からの夫婦占

《用神…官鬼》女性にとって「夫を象徴する六親」である官鬼を夫婦占の用神とします。
《原神…妻財》理由は男性と同じ。
《忌神…子孫》理由は男性と同じ。
《仇神…兄弟》理由は男性と同じ。

●夫婦占の注意点

⑴夫婦占は、基本的に夫婦生活の問題や、離婚問題がテーマになります。

⑵夫婦生活を改善・維持することを望む場合、用神が月建・日辰・動爻から旺相していれば良いでしょう。

⑶注意すべきは離婚を望む場合です。例えば妻が「夫と離婚できるか」との占事の場合、離婚を希望しているので、用神である官鬼が旺相していれば「夫でいる気」ですから簡単に離婚できません。用神が月建・日辰・動爻から冲・尅・墓絶、または無用の伏神となれば離婚はたやすいでしょう。

【例題1】結婚占　相談者：30歳 女性

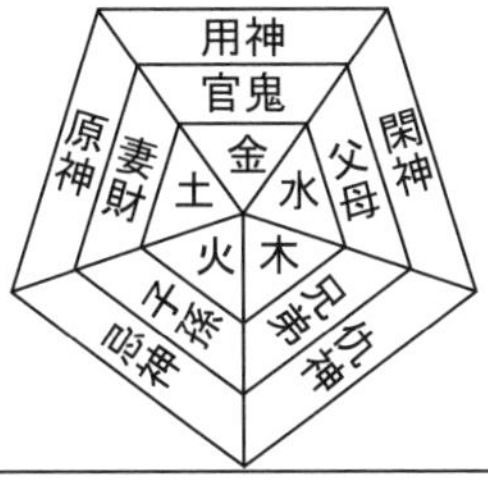

２年お付き合いしている男性がいる。結婚を考えているが、私たちは今後どうなるか？

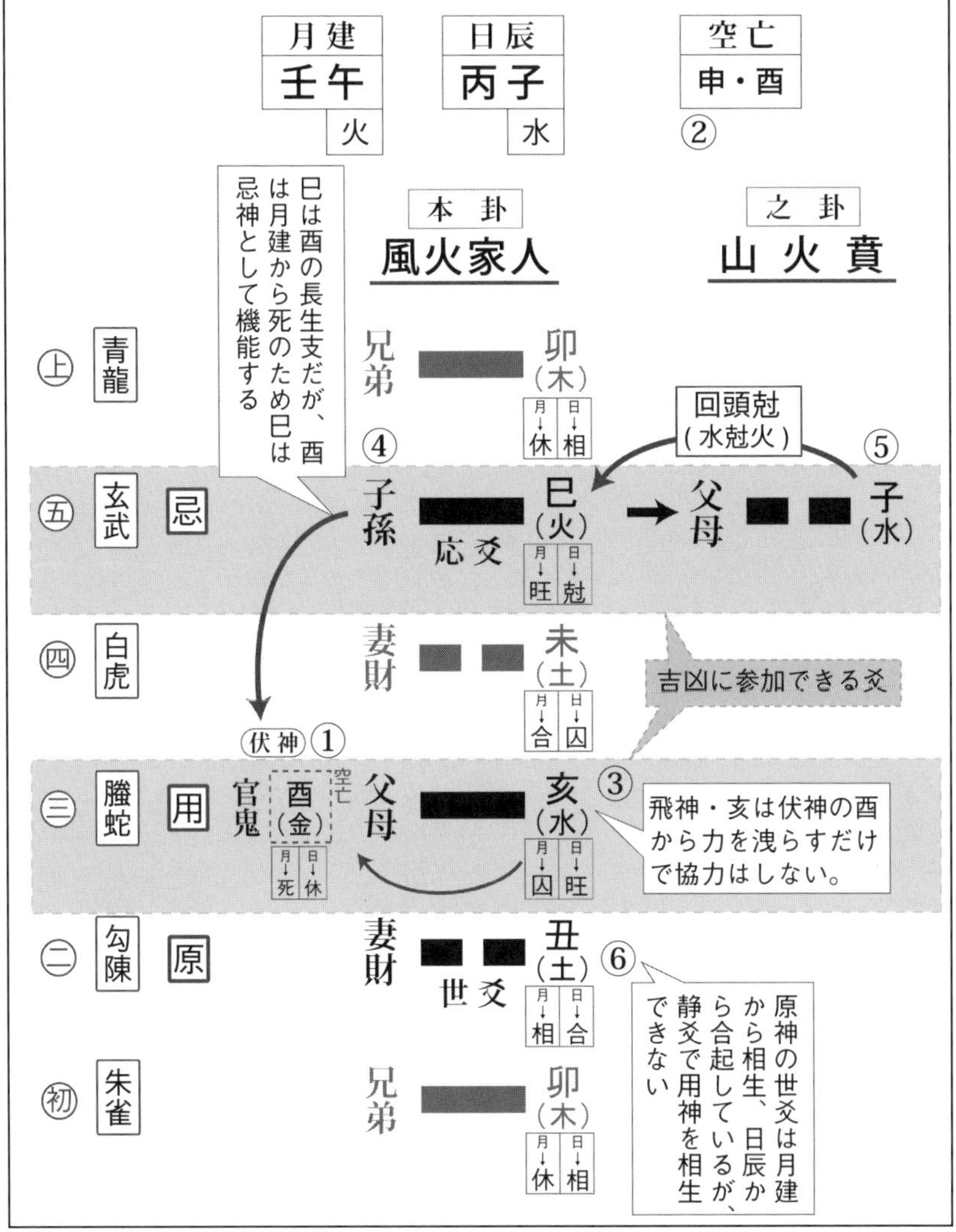

《断の部》吉凶の占断

女性からの相談で「お付き合いしている男性との今後はどうなるか」という占事です。結婚を想定しての相談なので結婚占として占断していきましょう。

まず、《象》の部分をいったん省いて、吉凶を優先してみていきましょう。

立卦して得た本卦は「風火家人《ふうかかじん》」で、五爻が動爻となり之卦は「山火賁《さんかひ》」です。

女性からの相談ですから結婚占の用神は「官鬼」です。本卦を見ると六爻に官鬼はなく、三爻の父母・**亥水**に伏神として官鬼・**酉金**が配されています。伏神はあらかじめ本卦に出てないので吉凶として不利な状況です。

①まず用神と月建・日辰との関係を見ます。月建の地支は午火で、用神・**酉金**は「火剋金」で「死」となり非常に傷つけられています。次に日辰の地支は子水で、用神・酉金なので「金生水」と日辰に洩れてしまい「休」となり弱い状態です。つまり月建から剋され、日辰から洩らされ、力を得られていません。

②空亡は「申・酉」です。用神の官鬼・**酉金**は空亡となります。伏神の空亡はさらに不利です。

③伏神は飛神との関係が大切です。飛神の父母・**亥水**は、月建から囚と弱いですが、日辰から旺じて強

いです。ですが「伏神が飛神を生じる」のは伏神の力は洩れてしまい、飛神の助けも得られません（上巻229頁参照）。

④この占断の吉凶に参加できるのは、

・用神の官鬼・**酉金**

・三爻に用神を伏している飛神の父母・**亥水**（用神にとって閑神）

・五爻の動爻の子孫応爻・**巳火**（用神にとって忌神）

他の爻は吉凶占断に参加していません。五爻の動爻である子孫・**巳火**は忌神です。しかし**巳火**は金の地支（申・酉）に対して長生支（上巻168頁参照）です。金の長生支は剋する長生のため特殊で、金の地支が月建から休囚死されている場合は長生としての力を失い単なる忌神となります。つまり五爻の子孫・**巳火**も動爻として用神を傷つけます。

⑤五爻の子孫・**巳火**は動爻となり、父母・子水に化しています。この動きは化爻が本爻を剋する「水剋火」のため「回頭剋」となります。忌神である子孫・**巳火**が回頭剋は用神を剋する忌神が経過とともに自滅していくため凶は弱くなっていきます。

⑥二爻の世爻の妻財・**丑土**は、用神の官鬼・**酉金**の原神ですが、月建から相生、日辰から合起されますが、剋合のため合起暗動をとならず静爻のままです。そのため伏神である用神を助けることができません。

【占断の結論】

伏神の用神は、月建から「死（剋）」、日辰から「休」で空亡です。五爻の忌神である子孫は回頭剋でだんだん力を失うとはいえ、用神を傷つけようとしています。

飛神も伏神の用神に対して協力的ではなくほとんど無用の伏神として提抜することは難しいでしょう。

結果的には凶であり、今後の2人の関係は依頼者の望む方向にはいかないでしょう。

《象の部》状況分析と対策

実は女性からの相談による結婚占では要注意の卦がいくつかあります。周易ならば四大難卦と答えるでしょうが、断易の場合は違います。そして今回得卦した「風火家人」は要注意の卦なのです。

女性からの結婚占の場合、男性を意味する官鬼が用神です。そして「風火家人」は納甲で必ず官鬼は伏神だからです。

理由として、結婚占や交渉占で用神が伏神の場合、その気がないか関心が非常に弱いからです。

この卦ではお付き合いしている男性は、結婚に関しては「その気がないか関心が非常に弱い」ことになります。「空亡」であることも、より結婚する気がないことを表しています。

また、結婚占では応爻は男性の状態や心情を表します。応爻が子孫を持つのは自らが忌神として官鬼を尅してしまいます。また子孫は享楽・娯楽の意味を持ち、結婚という責任を取る気持ちがありません。この応爻は回頭尅のため子孫が弱くなるのは良いのですが、応爻が回頭尅になるのは心情的に心配です。

この応爻・**巳火**は世爻・**丑土**を「火生土」で生じるので、男性は女性に対して好意はあります。つまり恋人としては求めているが結婚の意欲はないであろうというのが、象から予測できる状況です。世爻の日辰合起も依頼者が結婚を簡単にあきらめない形ですが静爻で、用神・**官鬼**を相生して動かす力はなく、占断の結論を考えると結婚まで進むことは難しいでしょう。

【結果】

その後、1年ほど付き合っていましたが、男性が仕事を辞めて定職になかなかつかないのでたびたび口論となり結局別れることになりました。

【例題2】恋愛占

相談者：20歳 男性

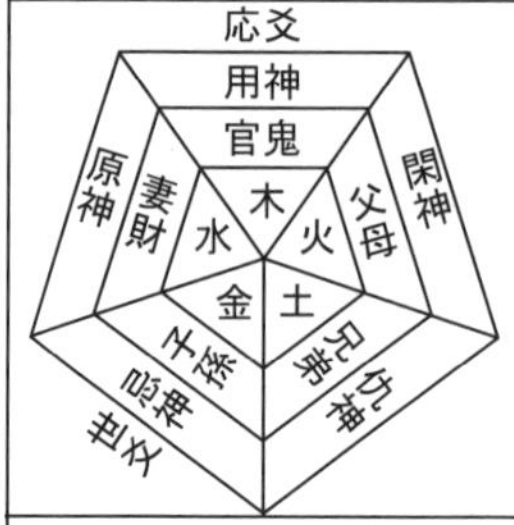

付き合い始めた女性がいる。
今後の関係性や発展性を占ってほしい。

月建	日辰	空亡
丙辰	乙巳	寅・卯
土	火	②

本卦

天沢履

暗動も起きず完全な不変卦

	六獣		伏神	六親	爻	十二支	月／日
上	玄武			兄弟	▬▬	戌（土）	月→破 日→相
五	白虎	忌	④ 伏神 妻財 子（水） 月→死 日→囚	子孫	▬▬ 世爻	申（金） ③	月→相 日→合
四	螣蛇			父母	▬▬	午（火）	月→休 日→旺
三	勾陳			兄弟	▬ ▬	丑（土）	月→旺 日→相
二	朱雀	用		官鬼	▬▬ 応爻 ①	卯（木） 空亡	月→囚 日→休
初	青龍			父母	▬▬	巳（火）	月→休 日→臨

③ 日辰と巳・申で合起だが尅合は暗動しない

① 用神は休囚するため無用の空亡となる

吉凶占断に参加できる爻（五爻・二爻）

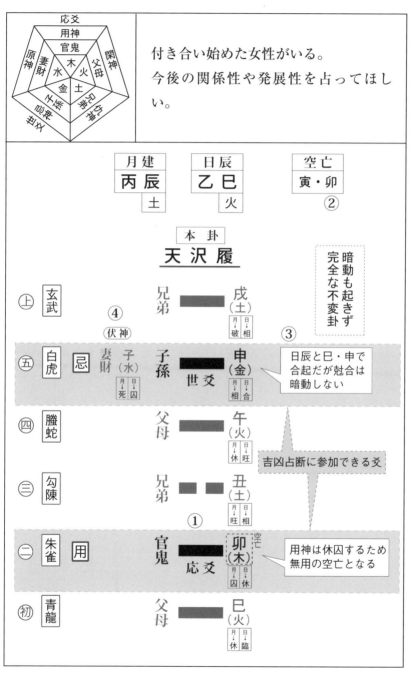

《断の部》吉凶の占断

男性からの相談で恋愛占です。

立卦して得た本卦は「天沢履《てんたくり》」で、動爻がなく「不変卦」です。

恋愛占は男女どちらの相談にも関わらず、依頼者が世爻で相手が応爻となり、用神は「応爻」です。ただし、男性からの相談なので女性を表す「妻財」の状態もチェックします。

本卦を見ると二爻に応爻があり、官鬼・**卯木**を持ちます。世爻は五爻で子孫・**申金**です。

動爻がないので、基本的に用神の状態がおおよその吉凶を決定します。

①応爻は**卯木**です。月建・辰土からは囚となり、日辰・巳火からは休となります。月建・日辰から囚・休ですから力弱い状態です。原神も活動せず、生・合するものがありません。

②しかも、用神の応爻・**卯木**は空亡です。月建・日辰・動爻からの生・合の助けがないため「無用の空亡」となり、空亡を開けることができません。

③世爻は**申金**で月建・辰土から相、日辰・巳火から合起して非常に強いですが、日辰の巳と世爻・申は尅合のため合起暗動することはできません。世爻が忌神を持っているのは卦として用神を尅しやすい関係性のため、これも良いとは言えません。

④女性との関係を占う上で妻財をチェックすると伏神です。月建から死（剋）、日辰から囚で、無用の伏神です。

【占断の結論】

用神は月建・日辰からの支援なく原神も動いていません。妻財も無用の伏神となり、恋愛占としては凶意の強い占断となります。

《象の部》状況分析と対策

恋愛占は男女の関係占でもあります。そのため旺相する応爻（相手）が動爻となり世爻と物来就我するのが最も望ましいのですが、まずこの卦は不変卦で暗動もないので物来就我は起きません。せめて静爻であっても応爻から世爻へ生・剋・合・冲する関係ならば良いのですが、逆に世爻が応爻を剋する関係になっています。

世爻・**申金**が応爻・卯木を「金剋木」で剋する形（動爻ではないので形だけ）は、依頼者が女性にアタックして付き合い始めたのでしょう。

ですが、応爻・**卯木**は月建・日辰から囚・休の空亡で「無用の空亡」です。人間関係の占断で応爻が空亡は「気持ちがない」「かみ合わない」「信用していない」などです。世爻の男性は女性を激しく求め恋しているようですが、女性は同じ温度感ではないようです。応爻は官鬼を持ち、本来女性が官鬼を持つのは良いのですが、無用の空亡では信頼感が得られません。どこか男性を信じていないのかもしれません。また世爻に妻財が伏神しているのも注意です。結婚占ならば世爻に妻財が伏するのはまだ良いのですが、付き合い始めた男女では意味深なニュアンスにもなってしまいます。

「占断」としては凶ですし、卦の形を見ても女性はこの男性に対して信頼感がないように感じます。正直うまくいかないでしょう。

【結果】

付き合い始めてすぐに浮気を疑うなど女性の猜疑心の強さが気になったようです。ちょっとしたことで口論となったり男性も女性の心理が判らず疲れてしまい、別れたそうです。

【例題3】夫婦占　相談者：40代　男性

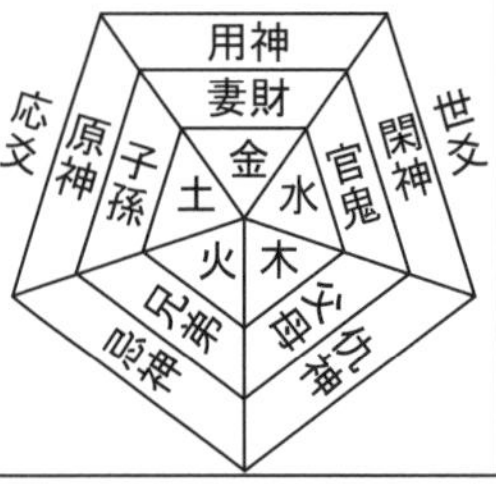

一時的に別居状態。
今後、夫婦として関係を修復できるか？

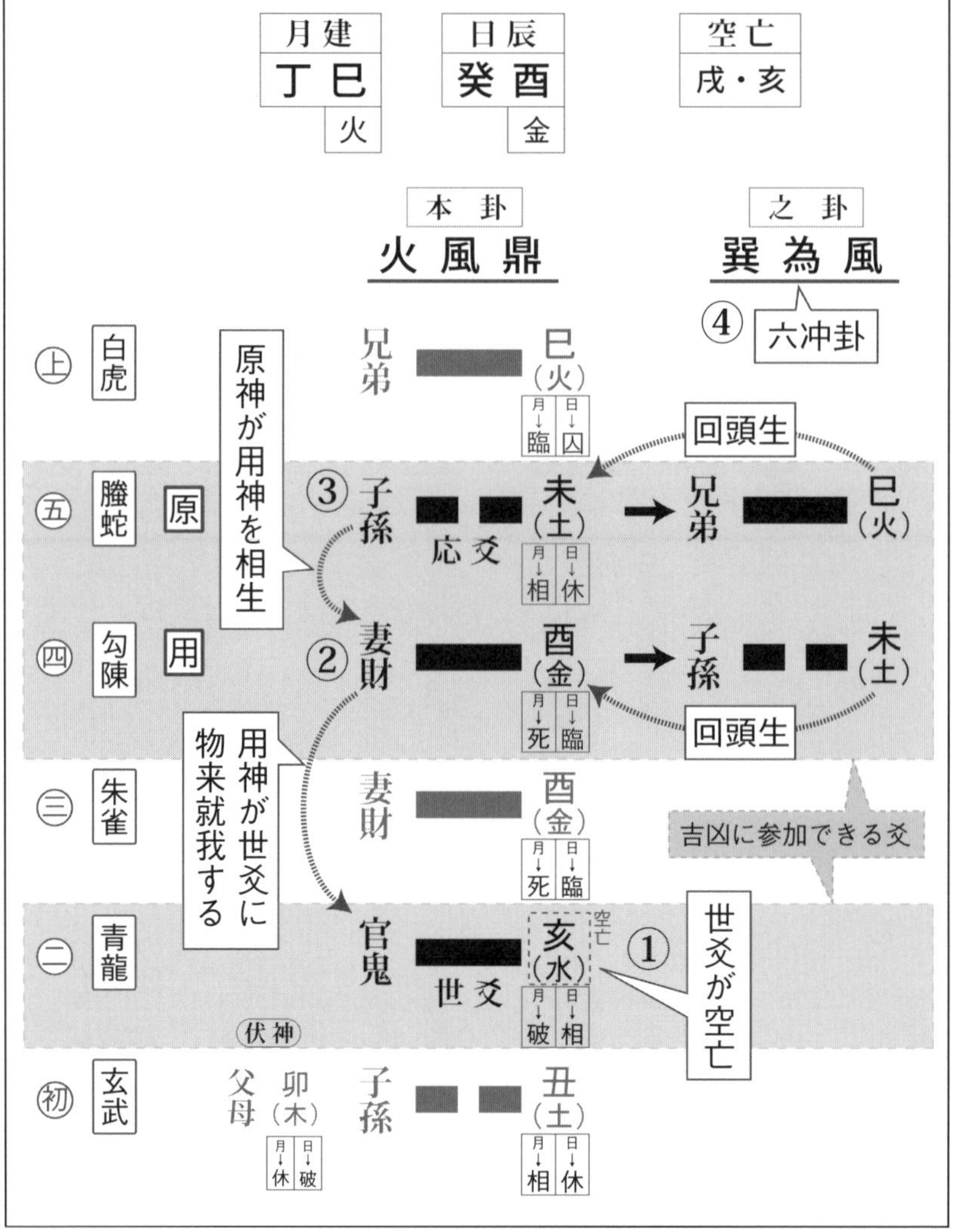

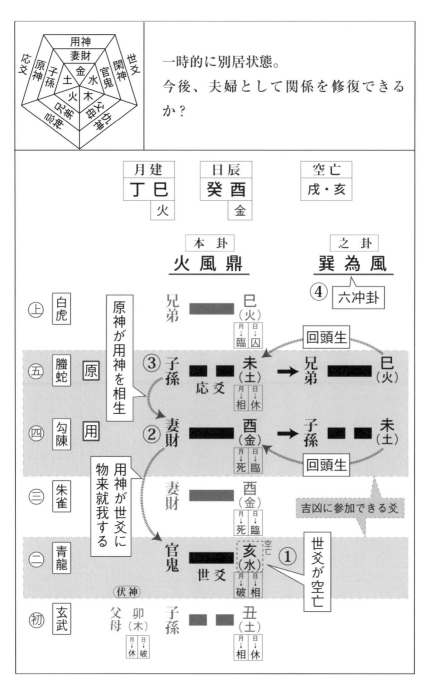

《断の部》吉凶の占断

男性からの相談で夫婦占です。様々なことが重なり口論となり、奥さんが家を出てしまったそうです。関係修復を願っているご主人からの依頼です。

立卦して得た本卦は「火風鼎《かふうてい》」で、四爻と五爻が動爻となり之卦が「巽為風《そんいふう》」になります。

夫婦占で男性からの相談ですから用神は「妻財」になります。

吉凶占断に影響できる爻は、

・二爻の世爻・**亥水**

・四爻の動爻である妻財・**酉金**（用神）

・五爻の動爻である子孫・**未土**（原神）

①世爻と用神の関係は大切です。四爻にある用神の妻財・**酉金**は世爻・**亥水**を生じるため「用神が世爻へ物来就我」しています。これは関係修復に吉です。

②続いて用神・**酉金**の状態です。月建の巳火からは酉金は「火尅金」で尅され「死」です。別居中ということですし、妻財が傷ついているのも頷けます。しかし日辰からは臨むため、力量が増していきます。さらに動爻となり「回頭生」です。自らを生じる形でこれも今後の流れで吉です。

③用神に対する原神の役割をする子孫爻が動爻となっています。月建から相生されますが日辰から休して、少し弱いです。ですが子孫爻も「回頭生」で経過とともに子孫の力量が増します。原神としてよく用神を支えられる状態です。

④①～③は用神や世爻にとって良い影響でしたが、唯一引っかかるのが之卦の六冲卦です。夫婦和合にとって六冲卦は散じる暗示があります。

【占断の結論】

用神は月建から剋され「死」ですが、日辰から臨み、自ら回頭生で相生し、原神も動爻となり用神を助けます。さらに用神は世爻へ物来就我しているため、今回は関係修復に尽力されれば元に戻るでしょう。ただし、之卦に六冲卦が出るため、今後同じような問題は出る可能性を暗示しています。

《象の部》状況分析と対策

まず世爻の空亡です。別居ということもあり最終的に世爻と用神は大切ですが、世爻は用神に直接影響できるわけではないため世爻の空亡は吉凶にそれほど影響しません。ただし象としては意味があります。第二十七章の行方占で述べますが、行方占での世爻の空亡は「欠けたものを埋めたい」、すなわち戻ってきてほしい気持ちの表れです。依頼者の男性は奥さんが家を出られたことを後悔し戻ってほしいと願っています。そして空亡は実を求めるため、用神から世爻への物来就我はより強い作用をもちます。

ただし、物来就我の中で用神が世爻を生じる関係はあまり早いペースでは動きません。特に月建の巳月内は世爻が月破となり、用神の妻財も月建から死となるため関係修復は難しいでしょう。焦らず奥さんの気持ちがほぐれるのを待ちましょう。妻財が日辰から臨んで世爻へ物来就我なので離婚はありません。少々気長に待っていた方が良いでしょう。ただし、之卦の六冲卦に変じているのは今回修復できたとしても同じようなことを繰り返す可能性があるため、男性側も夫婦関係を維持するために変わらねばならない部分がありそうです。

【結果】

奥さんが仕事を持っていて収入もあったため、男性が思った以上に関係修復には時間がかかりました。大学生になる娘さんが奥さんの話し相手になるなど、いろいろ仲裁の役割をしてくれたそうです。その後、メールのやり取りをするなど修復に向けて少しずつ進んでいき、秋ごろ（はっきりした時期が判らないが申・酉月頃）に戻られたそうです。

【例題4】縁談占

相談者：60代 女性

息子の縁談はまとまるか？
先日、お見合いをして顔合わせをしたのだが……

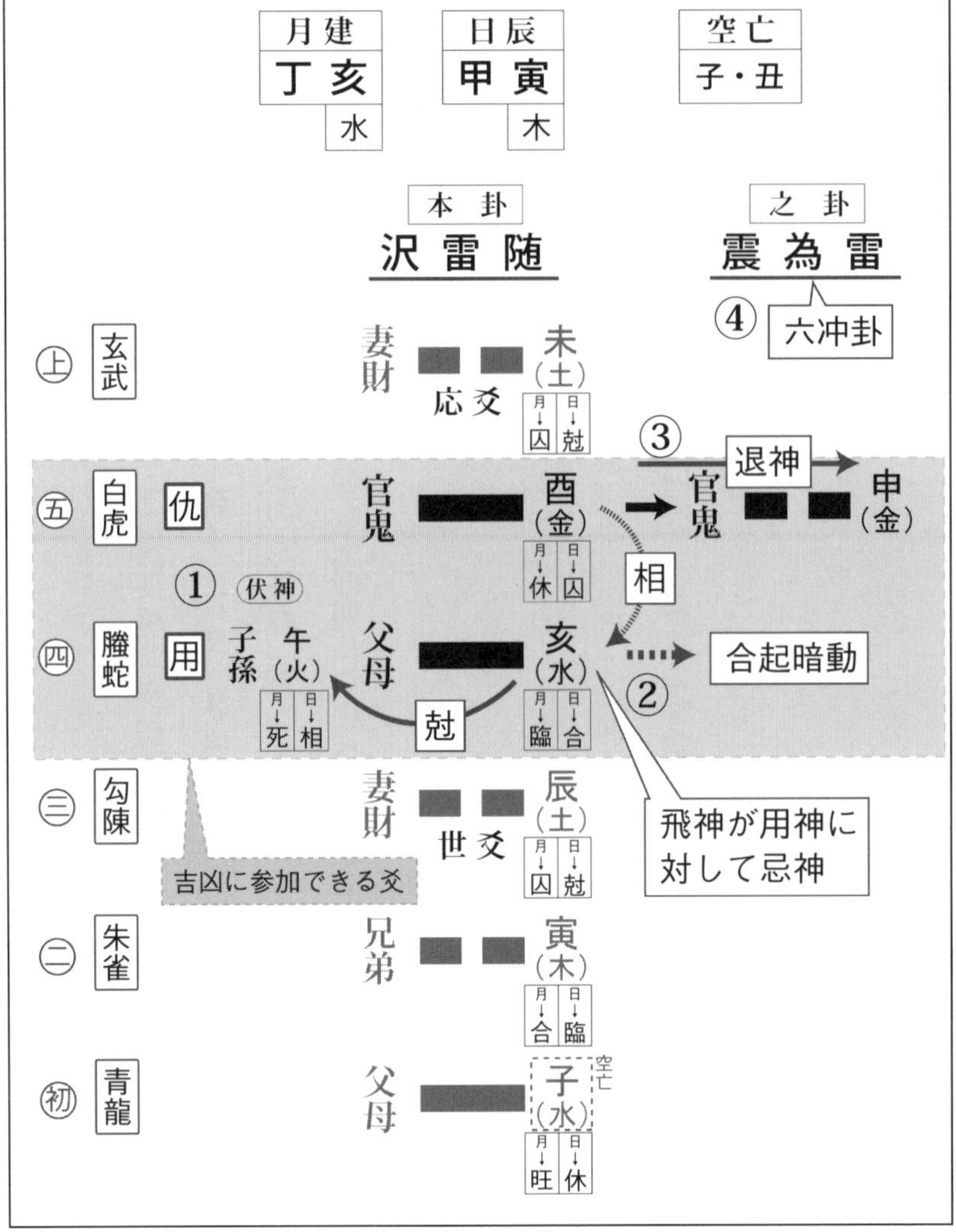

《断の部》吉凶の占断

縁談の相談ですが、お見合い・縁談は基本的に結婚占です。

立卦して得た本卦は「沢雷随《たくらいずい》」で、五爻が動爻となり之卦が「震為雷《しんいらい》」になります。

通常、結婚占は男性からの相談ならば用神は「妻財」です。しかし今回は母親からの相談のため、用神は「子孫（子供の用神）」となります。

まず吉凶占断に影響できる爻は、

・四爻に伏している用神である子孫・**午火**

・五爻の動爻である官鬼・**酉金**（仇神）

他に暗動はありません。吉凶占断に参加できる爻は以上の2つの爻です。

①用神の子孫・**午火**は伏神になっています。伏神の用神は条件的に不利です。月建・亥水から「死（剋）」で傷つきますが、日辰・寅木から「相生」となり助けられ、一進一退という感じです。

②続いて飛神との関係を見ましょう。用神の子孫・**午火**を伏している飛神は父母・亥水です。飛神の亥水と伏神の子孫・**午火**の関係は「水剋火」となり、剋されています。つまり飛神・亥水は忌神です。しかも飛神・亥水は月建と臨み、日辰から合して非常に強い状態です。四爻の父母・亥水は静爻ですが、

月建から臨んだ合起ですので暗動します。非常に強く活動力を持ち飛神を尅しています。

③五爻の動爻となる官鬼・**酉金**は月建・亥水から休、日辰・寅木から囚となり、あまり強くなく、なおかつ**酉金**が化して申金になるため退神です。仇神の役割をしていますが強くなく、忌神を生じるため卦としては前向きな形ではありません。

④之卦が「震為雷」と六冲卦になります。結婚占で六冲卦に変じるのは不吉です。

【占断の結論】

伏神が日辰から相生されていても飛神が非常に強いため提抜できません。つまり「無用の伏神」です。忌神を助ける仇神のみ動爻です。そのため吉凶占断としては凶とならざる得ません。之卦が六冲卦に変じるのも破談となる可能性をより強めます。

《象の部》状況分析と対策

用神の子孫・**午火**が伏神になっています。これは息子さんが「この縁談に対してあまり前向きではない」ことを表しています。月建から死で、いやいやお見合いをしたようですが、日辰から相生されるので相手の女性と会った時は良い印象もあったかもしれません。

しかし、原神の木の地支は静爻のまま動きません。飛神が強力な忌神で「合起暗動」しており、飛神は裏で動いて伏神を尅するような形になります。おそらく相手側は第一印象も含め前向きとは言えなかったのでしょう。「次に会うことなく、メールか電話という形で断られるのではないか」とお伝えしました。

【結果】

後日、仲人を介して相手側から破談の連絡があったようです。破談の理由は判らず、仲人さんからの電話で知らされたようです。

【例題5】印象占

相談者：32歳 女性

結婚相談所で紹介された30歳男性と会うことになった。写真やデータは見たが、実際はどんな感じの人か？ 相性などを教えてほしい。

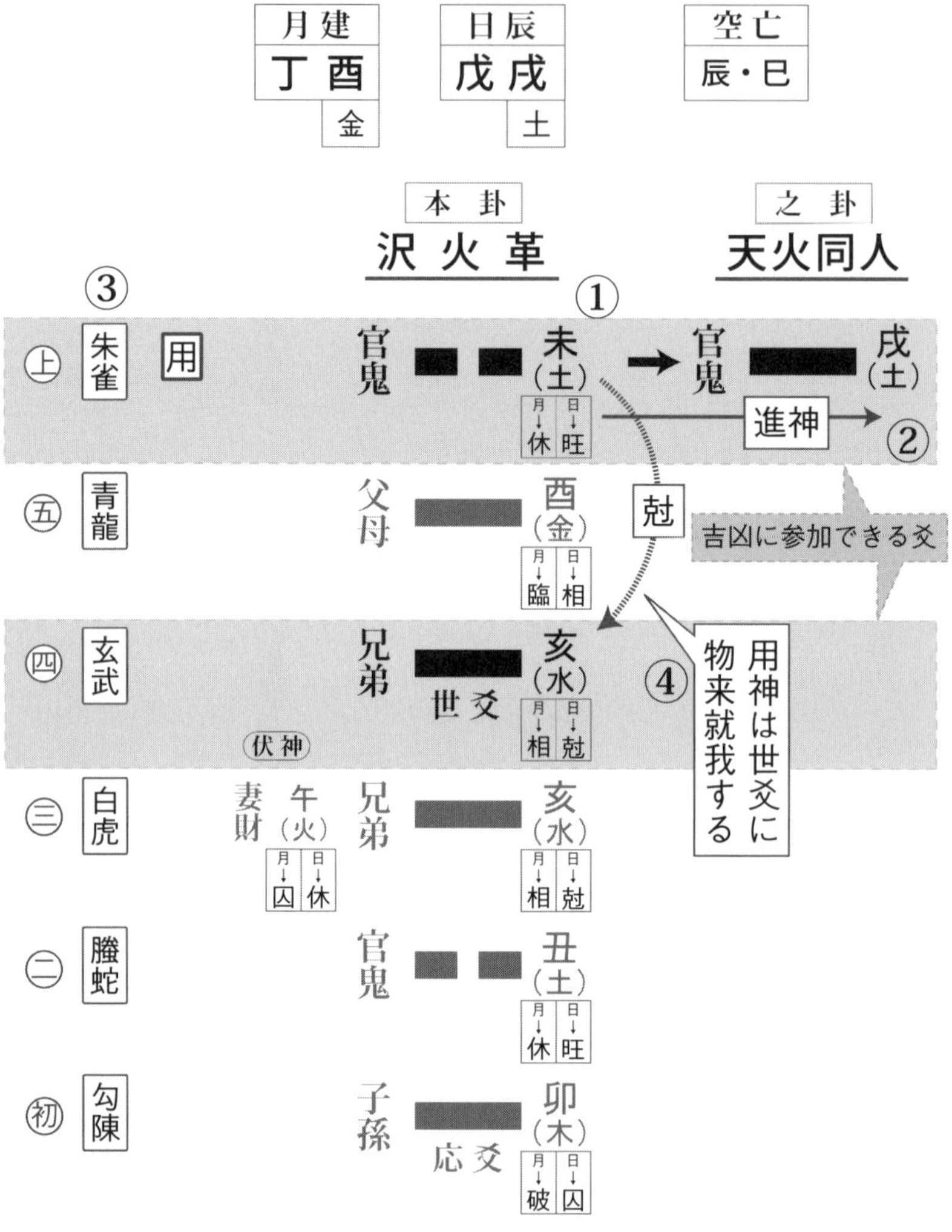

《断の部》吉凶の占断

今回は主に印象や相性とのことで、吉凶の判断よりも応爻や用神と世爻の関係を重視します。

立卦して得た本卦は「沢火革」で、上爻が動爻となり、之卦が「天火同人《てんかどうじん》」になります。

女性からの相談です。男性の印象を見る時の用神は「官鬼」となります。「沢火革《たくかかく》」は二爻と上爻に官鬼があり用神多現しています。用神多現（上巻223頁参照）の条件から、動爻となっている上爻の官鬼を用神とします。

また恋愛的な相性占ならば用神は応爻で世爻との関係をチェックしますが、結婚相談所の紹介であり、「結婚して良い相手なのか？」という意味での相性ですから、用神・官鬼と世爻の関係を重視すればよいでしょう。

本卦は上爻の用神が動爻となっているため占断に影響する爻は、

・上爻の官鬼・**未土**（用神）

・四爻の世爻・**亥水**

その他暗動はなし、伏神は無用で提抜しないためこの2つのみです。

①用神の上爻官鬼・**未土**は月建から休、日辰から旺です。月建から休しているといえ、日辰から旺して

いるのは良い形です。

②上爻の官鬼・未土は動爻となり、化爻は官鬼・戌土です。「未→戌」と同行順行の動きなので進神となります。日辰から旺じ進神となるため、発展性があります。

③上爻の用神・官鬼に六獣・朱雀が付いています。

④結婚を意識した相性ですから、用神と世爻の物来就我を見ます。用神は動爻となり世爻を尅していいます。これは物来就我が成立していて縁ができています。また用神が世爻を尅するのは早い展開を表します。

【占断の結論】

吉凶の占断としては、官鬼が旺相していれば結婚相手としては良いことを示します。また、用神は世爻に物来就我していて結婚相手としてのご縁は十分あるお相手です。

《象の部》状況分析と対策

①用神は官鬼・未土です。月建から休しています。写真を見ているそうですが、おそらく印象としてはそれほどタイプという感じではないと思います（判断法は上巻176頁参照）。ただ、死や破ではないので悪い印象、嫌いなタイプでもないでしょう。日辰から旺しているのは気が合う人です。価値観が近く、

理解しあえる人である可能性が高いでしょう。
②用神は動爻で進神です。進神とは「流れがスムーズ」「障害が少ない」などで、知り合うほど通じ合える。
③用神の官鬼・未土には六獣の朱雀が付いています。朱雀は月建から休していて、少々おっちょこちょいだったりせっかちな印象があるかもしれません。しかし日辰から旺しているので、明るく知識豊富な男性のようです。知的職業かアート、芸術、執筆に関わる分野の方の可能性があります。
④用神が世爻を物来就我しているのは、結婚の相性としては通じ合えるところのある方です。特に内面的に良い相性だと思いますので、じっくりお互いを知る機会を作ってください。《断》《象》としても有益なお相手だと卦が伝えようとしています。

【結果】

あとで判ったのですが、お相手の男性は有名漫画誌に掲載経験のある漫画家の方でした。女性は漫画やアニメも大好きで、初めて話をした時の印象も非常に好感を持てたようです。外見は嫌いなタイプではないので、結婚対象として非常に意識されたそうです。お相手の男性も女性の印象が良かったようで、その後頻繁に交際を続け三カ月で婚約されました。物来就我の尅の動きはペースが早いという事例がここでも現れていました。ご結婚されて7年以上たっていますが、幸せな家庭を築かれているようです。

第二十一章　求財占・商売占・購買占・融資占

金運占・商売占は主要な占的として非常に需要があります。

商売占・購買占・融資占は広い意味ですべて「求財占」ですが、本書では占事を判りやすく分けるため、少々細かい区分にしています。

求財占は「財を得る・求める」というテーマを守備範囲とし、吉凶にせよ得失にせよ非常に明確さを求められるため、断易が得意とする分野でもあります。

用神の状態も大切ですが、得失占として捉えた場合は世爻と用神の関係も重要なので注意してください。

求財占

求財占の用神

《用神…妻財》金銭を得るなど広い意味での財運占・求財占の用神は、ほとんど妻財となります。

《原神…子孫》用神を助ける原神は子孫です。財源・財をもたらす人物などを表します。

《忌神…兄弟》用神を傷つける忌神は兄弟です。求財占において兄弟爻は別名「破財爻」と呼ばれ、非常に危険です。

《仇神…父母》原神を傷つける仇神は父母です。原神の象意を傷つけ、用神を間接的に邪魔します。

求財占における世爻

すべての占事・占的で、世爻とは相談者本人を表します。求財占での世爻と用神「妻財」との関係は重要です。

●求財占の解説

本書では、商売占・融資占・購買占以外の括りを求財占としています。「今月臨時収入があるか」「今年の金運」「○○をネットオークションに出したら高い金額で落札されるか」などは求財占です。またギャンブル占も求財占に入ります。投資占は少々特殊なため、本来は投資占として区分けが必要です。難易度が高いため本書では割愛しています。

●求財占の注意点

⑴用神となる妻財が月建・日辰から旺相しているのは良いです。

⑵妻財が月建・日辰から休囚では力弱く、求財は期待できません。また死（剋）・破（冲）は非常に不利でしょう。

⑶求財占は吉凶も大切ですが得失占の要素もあるため、妻財が動爻となり世爻に対して物来就我する、または世爻が妻財を持つのは非常に大切です。逆に世爻が動爻となり旺相した妻財を剋する場合は自ら確保に行く必要があります。

⑷旺相した用神が入墓している場合は、冲開するまでは得ることはできません。月破で入墓は苦労のみで得られるものは少ないでしょう。

⑸空亡は有用の空亡ならば開けてから財が動きます。無用の空亡ならば凶でしかありません。

(6)妻財が旺相で強くとも、財源である子孫が弱ければ持続力がありません。短期の占事なら良いですが、長期の占事では不安です。子孫が発動して進神・回頭生ならば財運はどんどん良くなります。退神と化せばだんだん衰えます。

商売占

商売占の用神

《用神…妻財》金銭を得るなど広い意味での財運占・求財占の用神はほとんど妻財となります。

《原神…子孫》商売占では子孫は財を生じる関係上、お客様・仕入れ先などを表します。

《忌神…兄弟》用神を傷つける忌神は兄弟です。求財占において兄弟爻は別名「破財爻」と呼ばれ、非常に危険です。

《仇神…父母》原神を傷つける仇神は父母です。原神の象意を傷つけ、用神を間接的に邪魔します。

商売占における世爻

すべての占事・占的で世爻とは相談者本人を表します。求財占での世爻と用神「妻財」との関係は重要です。

商売占における応爻

商売占での応爻は、取引先・競合店・交渉相手・お客様などを表します。

商売占における間爻

商売占での間爻は、仲介者・仲買人・近隣店などを表す場合があります。

●商売占の解説

経営者・店舗経営・個人事業など、自らが利益を追求する占事は商売占となります。たとえお勤め人であっても「このプロジェクトが成功するか」という占事が「利益が出るか」ならば商売占です。「儲かるか・利益が出るか・食っていけるか」が、商売占であるかのポイントです。

●商売占の注意点

(1)旺相した破財爻（兄弟）が動爻で用神妻財が休囚では商売はうまくいきません。さらに世爻が破財爻を持つ場合は自滅の形です。無理な仕入れや不適切な営業によって自らが財を破ることになるからです。

(2)妻財が休囚していて、世爻が空亡の場合は世（当人）が世間知らずか要望をつかめていません。利益にならない行動を取っている可能性が高いです。苦しい状態を表します。

(3)旺相した子孫が動爻となり妻財を生じているのは客の動きが良い、社員・店員が活性化している形です。

(4)応爻の空亡は客が少ない可能性があります。また取引や交渉の占事ならば詐欺、騙されている可能性があり、注意が必要です。

(5)間爻に兄弟があって動爻となり用神を剋するのは、仲買人が不正や詐欺を起している場合がありま す。

(6)妻財爻が進神ならば商売は長く続くでしょう。しかし退神ならば徐々に不景気になり売り上げが下がる暗示があります。

(7)店のオープンを占う場合、世爻は静爻が良く、動爻は変化運が強く、長く商売を続けられない可能性があります。逆に妻財が動爻なのは開業の意味となるため良いです。

(8)起業・開業・オープンの占事で反吟は不吉です。開業しても閉店に追い込まれやすく、老舗でも移転などの変化に見舞われる可能性が高くなります。

購買占

購買占の用神

購買占は「買う価値があるか」「中古品だが品質は問題ないか」などを占断するため、用神は物品によって変わります。

《用神…妻財》財布・生活用品・家電製品・高級品・スマホ・宝石貴金属などする。
《用神…子孫》医療品、補聴器や眼鏡などの補助器具、サプリ・酒・玩具・お札などする。
《用神…父母》衣服・傘・不動産・車・自転車・通信機器などする。

その他に関しては納甲表の六親五類区分参照。

購買占における世爻

すべての占事・占的で、世爻とは相談者本人を表します。購買占では世爻に対して用神が物来就我しているかで縁があるかどうかが判ります。

●購買占の解説

物品を購入する場合やオークションや入札の可否などは購買占となります。おおむね求財占と同じ判断で良いです。

求財占と同じく用神は妻財ですが、購買占は最終的に入手できるかがポイントですので、用神・妻財の旺相だけでなく世爻との物来就我が重要な鍵となります。

●購買占の注意点

(1)中古品を購入する場合は、月建から休囚するのは普通です。月建は「外見・見た目」を表します。ですが日辰から旺相していないと中身に問題があるかもしれないため、購入するにふさわしくありません。

(2)購買占では、用神の入墓や空亡は品切れや入荷待ちの可能性があります。

(3)複数の候補から購買するものを選ぶ場合は、旺相した用神が世爻に対して物来就我している卦の物品が一番縁があります。

●購買占の数字について

金額など数字の判断は、流派によって様々な見解があります。貸借・融資占も同様です。

比較的多くみられるやり方として、1つは地支に対応した数字を使用する方法です（表21a）。この表では左側の数字を優先しカッコで括られている数字は補助です。基本的に用神・原神・忌神など重要な用爻の地支に対応した数字を取る方法です。

もう1つは河図数を元にする八卦の数字を対応させる方法です（表21b）。こちらは用爻または動爻のある小成卦（外卦・内卦）の八卦から数字を導き出します。

ほかにも断易家が考案した方法が様々存在しますが、本書の紹介する方法で十分使用できると思います。著者は地支の数字を用いることが多いです。

表21a　地支と数の関係

地支	数字
子《ね》	1・（9）
丑《うし》	2・（6）
寅《とら》	3・（1）
卯《う》	4・（2）
辰《たつ》	5
巳《み》	6・（3）
午《うま》	7・（4）
未《ひつじ》	8・（6）
申《さる》	9・（7）
酉《とり》	10・（8）
戌《いぬ》	11・（5）
亥《い》	12・（4）

金額設定や様々な数字の対応の仕方は、現実的でなくてはいけません。値段交渉をして決まる金額といっても、土地・不動産ならば1万円台では絶対買えません。相場が判らない相談では、たとえ地支や八卦

から数字を導き出したとしても目算が誤っている可能性もあるのです。骨董品のオークションなどもそうです。おおよその相場が判らないと一桁金額が間違えているなどのミステイクをしがちです。十分注意が必要です。

表21b　八卦と数の関係

八卦	数字
乾	4・9
兌	4・9
離	2・7
震	3・8
巽	3・8
坎	1・6
艮	5・10
坤	5・10

融資占

融資占の用神

《用神…妻財》融資占では妻財が用神となります。旺相すれば有利です。休囚すると不利になります。
《原神…子孫》用神を助ける原神は子孫です。資金繰りや条件などを表します。
《忌神…兄弟》用神を傷つける忌神は兄弟です。破財を意味します。
《仇神…父母》原神を傷つける仇神は父母です。子孫を傷つけるため条件などでの苦労を表します。

融資占における世爻

すべての占事・占的で世爻とは相談者本人を表します。融資占での世爻と用神「妻財」との関係は重要です。

融資占における応爻

融資占での応爻は、融資先を表します。そのため融資占では応爻が非常に重要です。

●融資占の解説

住宅ローンや会社の融資など、融資占の用神は妻財となります。妻財が旺相して世爻に物来就我すると融資審査は通るでしょう。融資占での物来就我は特に審査通過の速度に関係するため細かい判断が要求されます。

物来就我では冲が早く、中でも尅冲が最も早く動きます。尅は次いで早いです。相生はゆっくりです。合は時間がかかります（合住と同じ）。

ですが、融資占の速度や難易度のポイントでもう1つ重要なのが応爻です。応爻は融資先となり、世爻との関係や空亡・墓などの状態で融資が速度だけでなく担保などの条件に影響します。

逆に用神が休囚し、旺相した忌神が動爻、原神静爻ならば融資は通らない、または許容できない条件になります。用神が休囚で入墓・絶、空亡も許容できない結果となるでしょう。さらに用神が死・破の場合は忌神が動爻でなくても難しいでしょう。

貸借や融資は満額であるかが争点に含まれるため、満額可能かの判断が欠かせません。

融資占は満額で審査通過するかが争点に含まれるため金額の判断を忘れてはいけません。旺相すれば満額となりますが、忌神が動爻となれば減額されるでしょう。忌神静爻でも用神が休囚では減額される可能性が高くなります。

●融資占の数字について

数字の対応に関しては購買占（68頁）を参照してください。融資占も同じ方法で金額や数を導くことが可能です。

●融資占の注意点

(1)占断は求財占と同じ部分が多く、妻財が月建・日辰から旺相して動爻の傷つきがなければ融資は通過します。逆にどこかに休囚死などが絡めば通過しても減額の可能性があります。

(2)応爻は融資先となります。入墓や有用の空亡の場合は審査に時間がかかるか問題があり、審査難航する可能性があります。

(3)用神の妻財が動爻となり回頭尅の場合、審査上で問題となる過去のデータがあり得ます。過去にクレジットの未払いなどがあって融資が通らない可能性があります。

【例題1】商売占①　相談者：40代 男性取締役

創業10年目を迎えるIT系会社。
順調に利益が出ていたが、去年から
徐々に陰りが見える。
今後どうなるか？

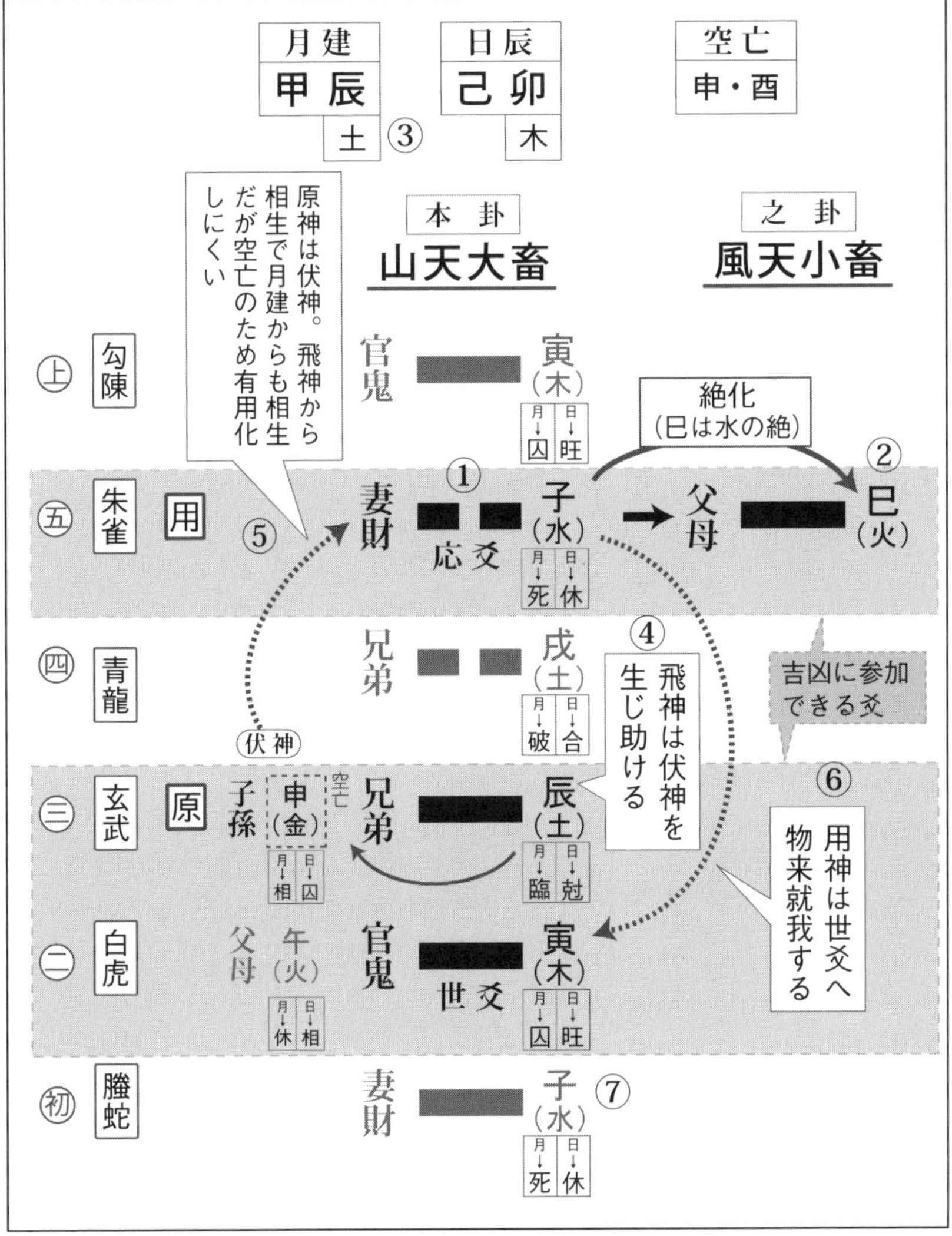

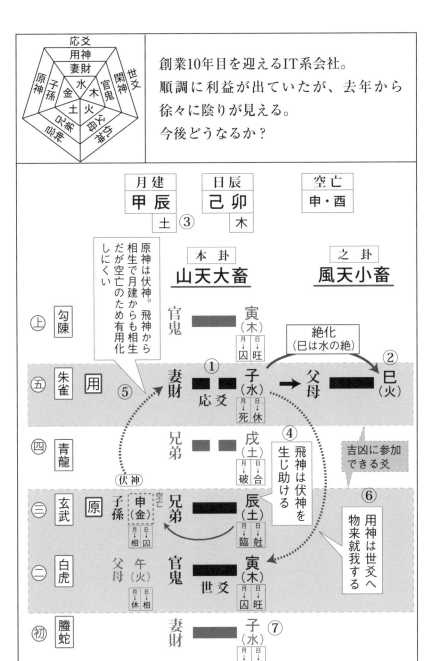

《断の部》吉凶の占断

会社の行く末で今後の会社の利益に関することなので商売占です。

立卦して得た本卦は「山天大畜《さんてんたいちく》」で、五爻が動爻となり之卦が「風天小畜《ふうてんしょうちく》」になります。

商売占の用神は「妻財」です。そして商売占は財源である原神「子孫」の状態も大切です。吉凶占断に影響する爻は、

・用神である五爻の妻財・**子水**。この五爻の用神は動爻となっている。

・三爻で原神子孫・**申金**が伏神になっている。飛神との関係などで有用化し提抜できるかを見る。

・二爻の世爻へ用神が「物来就我」しているかを見る。

・四爻の兄弟・**戌土**は月建から臨み日辰から合起するが、尅合なので暗動はしない。

四爻は合起ですが静爻のままなので、吉凶に影響する爻は五爻・三爻・二爻の３つです。

①五爻の用神・**子水**を見ると月建・辰土から死で日辰・卯木からも休し、用神の妻財は傷つき力弱いです。

②その用神は動爻となり化爻が父母・巳火です。巳火は水の地支の絶に当たります。つまり用神・**子水**が巳火に動き「絶化」しており、今後勢いはもっと弱くなっていくことになります。

③用神・**子水**に対して月建・辰土は死であるとともに水の墓であり、月建に一時的に入墓しています。動きが悪く、月節が変わり墓を抜けても剋され死となるため良くありません。

④用神・**子水**の原神である**申金**は三爻に伏しています。飛神の辰土は月建から臨み伏神を助けます。しかし日辰からは剋されるため後々伏神を助ける力はなくなります。

⑤伏神・**申金**は月建・辰土から相生されます。日辰・卯木からは囚されますが、飛神からの相生もあるため有用化し提抜できそうですが、いかんせん空亡のため提抜することができません。そのため用神を助けることができません。

⑥用神・**子水**は世爻・寅木へ「物来就我」していますが、用神の状態は良くないため世爻へ良い影響をもたらしにくい状態です。

【占断の結論】

用神・**子水**は月建から死、日辰から休であり、動爻でも絶化するため状態は良くありません。財源である原神も伏神であり、有用化し提抜して用神を助けることがなかなか難しい状態です。今後の商売運としては下降線をたどりかねないでしょう。

《象の部》状況分析と対策

順調だった会社が去年くらいから徐々に陰りが見え始めたということですが、用神・**子水**は月建・辰土から死であり入墓です。特に五爻は外卦の中心であり（朱雀が付くことからもＩＴ的です）、メイン事業に問題が生じている可能性があります。入墓していることで今まで通りの動きが取れなくなっており、墓を出たとしても死の状態ですから不利は否めません。また日辰からも休して今後の動きも順調とは言えません。さらに用神・**子水**は動爻となり化爻は巳火のため絶化します。商売占で妻財が絶に入るのは利益の目減りが予想され非常に問題あります。

この卦の問題は、伏神となっている原神が月建や飛神の支援を受けながらも空亡となり動けないことです。商売占での原神・子孫は財源であり取引先や顧客を表します。顧客離れや取引先との関係に問題が生じている可能性があります。伏神は日辰から囚して今後ますます力がなくなるため提抜することが難しくなりそうです。

また初爻に妻財・**子水**があり⑦、妻財は多現しています。「象」として分析する場合、多現する意味があります。おそらく別の事業を展開しているようですが、静爻でありなかなか軌道に乗らず動きがない印象です。

「断」の部でも凶の流れですが、「象」の形からも今後事業不振になりうる可能性が示唆されます。世爻への物来就我があるため今のところ利益が出ていますが、より厳しい状況が予想されます。

【結果】

順調に業績を伸ばしていた会社で徐々に顧客離れが起き、新しい事業展開を模索していましたが、上層部が方向性に関して揉めているうちに対処が遅れ、業績が3分の1まで落ちこんだそうです。社長を交代し事業縮小をして何とか会社を維持させている状態です。買収の話があり検討中とのことでした。

【例題2】商売占②

相談者：30代 男性

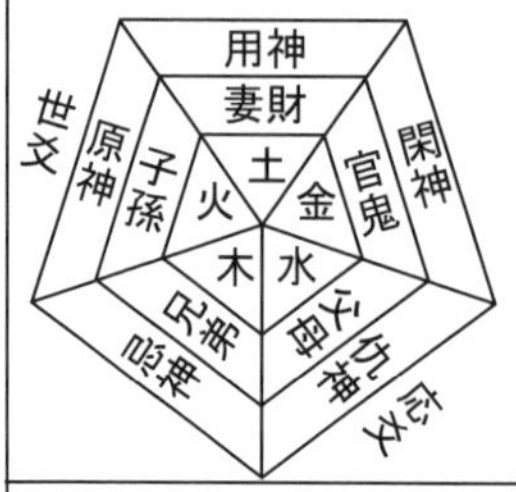

新規オープンしたラーメン店は繁盛するか？

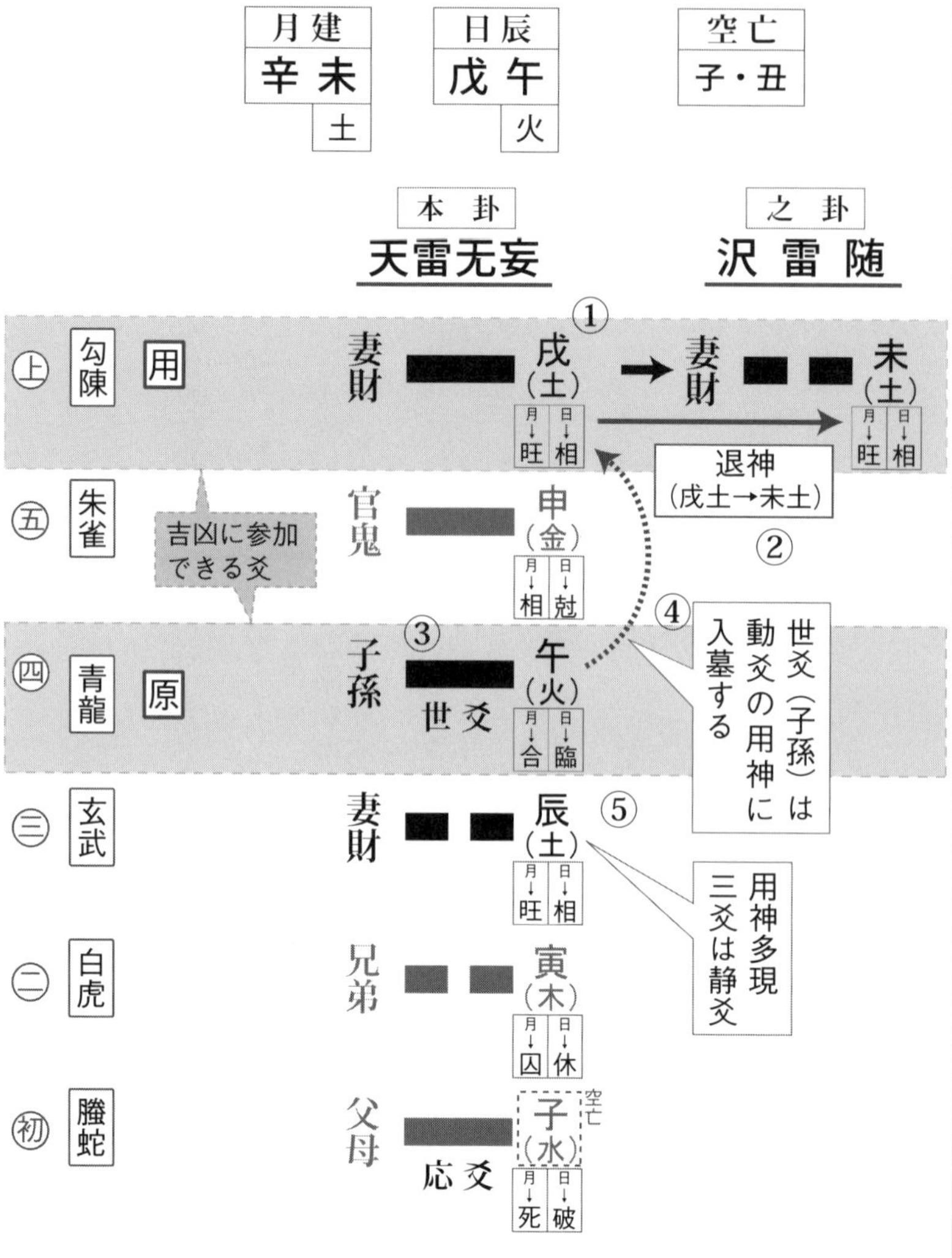

《断の部》吉凶の占断

新規オープンしたラーメン店に関しての相談です。オープンしてから3～4カ月たちましたが現状順調だそうです。

立卦して得た本卦は「天雷无妄《てんらいむもう》」で、上爻が動爻となり之卦が「沢雷随《たくらいずい》」になります。

商売占の用神は「妻財」です。妻財は本卦では三爻と上爻、さらに化爻にもあり用神多現となっています。

この場合、動爻となっている上爻の妻財・戌土を用神とします。

吉凶占断に影響できる爻は、

・上爻の用神の妻財・**戌土**。さらに動爻となっている

・原神の子孫・**午火**が世爻でもあるため用神との関係性をみる

以上、基本的に吉凶占断は上爻の用神、および動爻である戌土が重要です。

①用神である妻財・**戌土**は月建・未土から旺じて強く、日辰・午火からも相生され非常に強い状態で良いです。

②用神の妻財・**戌土**は動爻となっています。化爻が未土で「同行の逆行（戌土↓未土）」のため「退神」

となっています。退神は「退く・進めない」など発展を阻害します。

③用神である妻財を助ける原神の子孫・**午火**は四爻にありますが、静爻のため用神を支援できません。また四爻には世爻が乗ります。月建からは休ですが、日辰から臨んでおり世爻は比較的強い状態です。

④しかし世爻（子孫）・**午火**にとって、上爻の動爻・**戌土**は「火の墓」であるため、世爻（子孫）は上爻に入墓してしまい動きが取れません。

【占断の結論】

用神の妻財・**戌土**は月建・日辰から旺相されているため、非常に良い状態です。売上が好調な様子がうかがえますが、妻財・**戌土**は動爻となり未土に化します。退神の動きのため、今後はだんだん後退していく傾向にあるでしょう。原神の子孫の支援もなく、逆に用神に入墓してしまうのもマイナスです。

《象の部》状況分析と対策

⑤上爻の妻財・**戌土**以外にも三爻の妻財・辰土が出現し用神多現となっています。「象」では用神多現は意味があります。訪れた相談者の方に「オープンした店舗は2店舗めか3店舗めですか？」ときくと2店舗めをオープンさせたとのことです。三爻の妻財・辰土はおそらく本店を表しているようです。三爻の妻財・辰土は月建・未土から旺じて日辰・午火からも相生で、こちらも好調のようです。

上爻の用神妻財・**戌土**は月建・日辰から旺相していて現状は非常に好調のように見えます。しかし、化して未土となり退神となるのは今後好調さに陰りが出る形です。

しかも、四爻の子孫・**午火**は上爻・戌土に「入墓」します。子孫は「客」を表しますが、第2店にとられることとなります。これは「本店の客が第2店に取られる」可能性を示しています。

四爻・**午火**は世爻が乗っていますが、月建・日辰から旺相して運営者はやる気が高いと思いますが、2店舗めに「入墓」して新しい店に掛かりっきりになっているようです。

現状はしばらく好調をキープできそうですが、今後第2店だけでなく本店までも売り上げが下がらないか、危険な形です。

【結果】

2店舗目を出してから、運営者も2店舗目に没頭していたため、本店を部下に任せきりで油断しているうちに売り上げが徐々に下がり始め、顧客が分散している懸念を感じたようです。

その後、好調だった第2店を新しく任命した店長に任せましたが、こちらも売り上げが下がってきたそうです。

周囲から2店舗めを出すときは慎重にした方が良いとアドバイスを受けていたそうですが、あまり耳を貸さずに突っ走ってしまった結果だということです。

【例題3】購買占①

相談者：男性

お気に入りのウォークマンが壊れ、代替品として中古で探していたところ、秋葉原で見つけた。
使用するに支障ないレベルか？

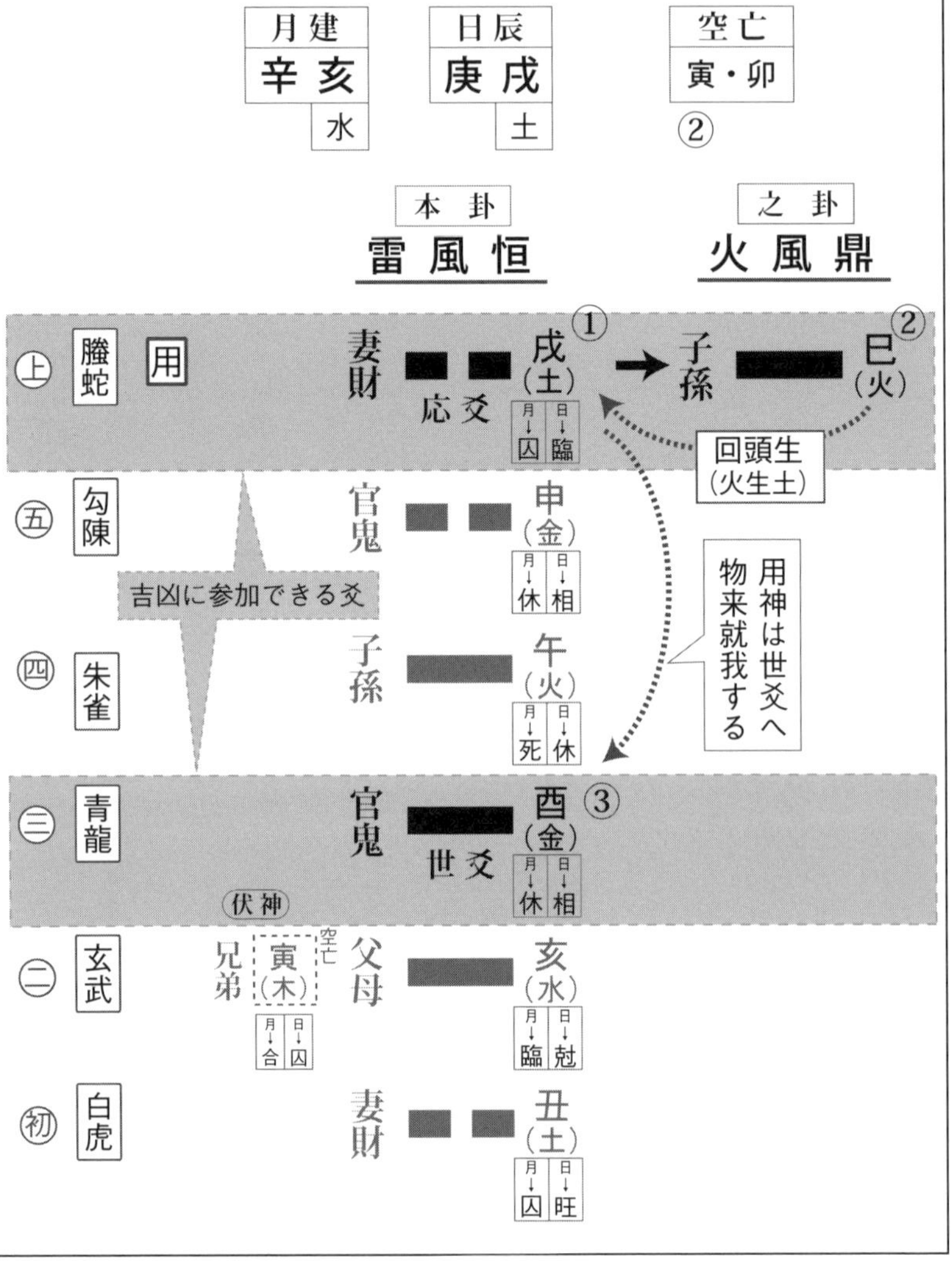

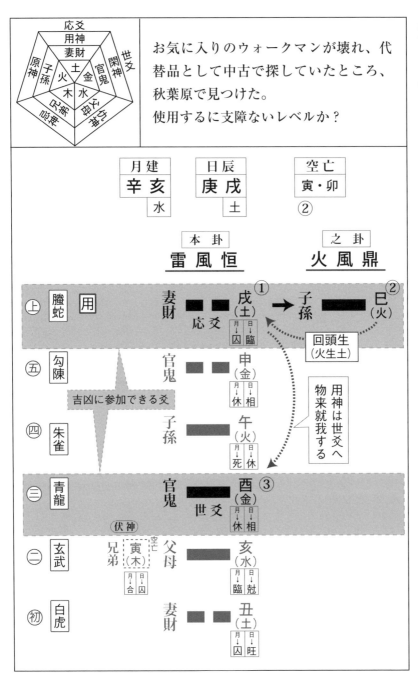

《断の部》吉凶の占断

中古の携帯用音楽プレーヤー・ウォークマンを購入するということで、「値段に見合った製品であるか?」という占的になります。

立卦して得た本卦は「雷風恒《らいふうこう》」で、上爻が動爻となり之卦が「火風鼎《かふうてい》」です。

物品の売買の用神は「妻財」です。また、「良い状態の製品を入手できるか?」という動機がある占的ですから世爻への「物来就我」も大きなポイントになります。

吉凶に関わる爻は、

・用神である上爻の妻財・**戌土**

・吉凶占に参加できる動爻も上爻

・物来就我も重要なので三爻の世爻・**酉金**

吉凶占断に関しては、上爻の動爻である用神の妻財・**戌土**のみが主要な爻となります。

①上爻の妻財・**戌土**は月建・亥水からは囚していますが、日辰・戌土から臨んでおり非常に強い状態です。

②さらに上爻は動爻となり化爻が子孫・巳火です。化爻の巳は本爻の戌土を相生するため「回頭生」と

なり用神を相生します。

【占断の結論】

③用神は月建から囚しているものの、日辰から臨んでいて強く、さらに自ら回頭生となります。そして用神は世爻・酉金を相生しています。「物来就我」が成立しているため、この製品は世爻へ縁があります。日辰・動爻ともに旺相し物来就我が成立するため、購入に関しては吉です。

《象の部》状況分析と対策

上爻の妻財・戌土が用神ですが、月建から囚しています。上巻177頁を参照すると月建と用神の関係は「外側・外見」で、「囚」では外側に少々傷みがあるかもしれません。ただしもともと中古品を購入するのですからやむを得ないでしょう。これは購入者の気持ち次第ですが、今回は大きな傷などがなければ中身で選びたいとの意向でしたので、それほど問題ないでしょう。

そして日辰・戌土と用神の関係は「中身・本質」です。これは臨んでおり、中身の状態が非常に良いことを示しています。しかも回頭生です。時系列的に自らを相生しますので「長く使用できる製品」であることが判ります。

性能・中身重視ならば、申し分ない内容だと思います。

しかも、世爻へ「物来就我」です。ちなみに上爻の六獣は螣蛇です。螣蛇は「珍しい・希少」の意味もあり、同等の製品とはなかなか巡り合えない可能性があります。購入は前向きに検討していいでしょう。

【結果】

ある世代のウォークマンに愛着があり、中古を探して使い続けているとのことでした。渋谷・池袋・秋葉原と捜し歩いて、ようやく見つけた製品で若干使用感がありましたが、使用期間が短く性能的に劣化していないようでした。相談者自身が断易を立て購入を決めたそうですが、占断にミスがないか著者のもとに確認に来られました。

購入後、4年たちますが問題なく使用できているようです。音質・ボタンなどどこも問題なく、愛用されているそうです。

【例題4】購買占② 相談者：音楽家

中古スタンウェイ・ピアノを購入したい。店舗では1千万円で展示していたが、値引いても早く売りたいらしい。いくらまで値引きされるか？

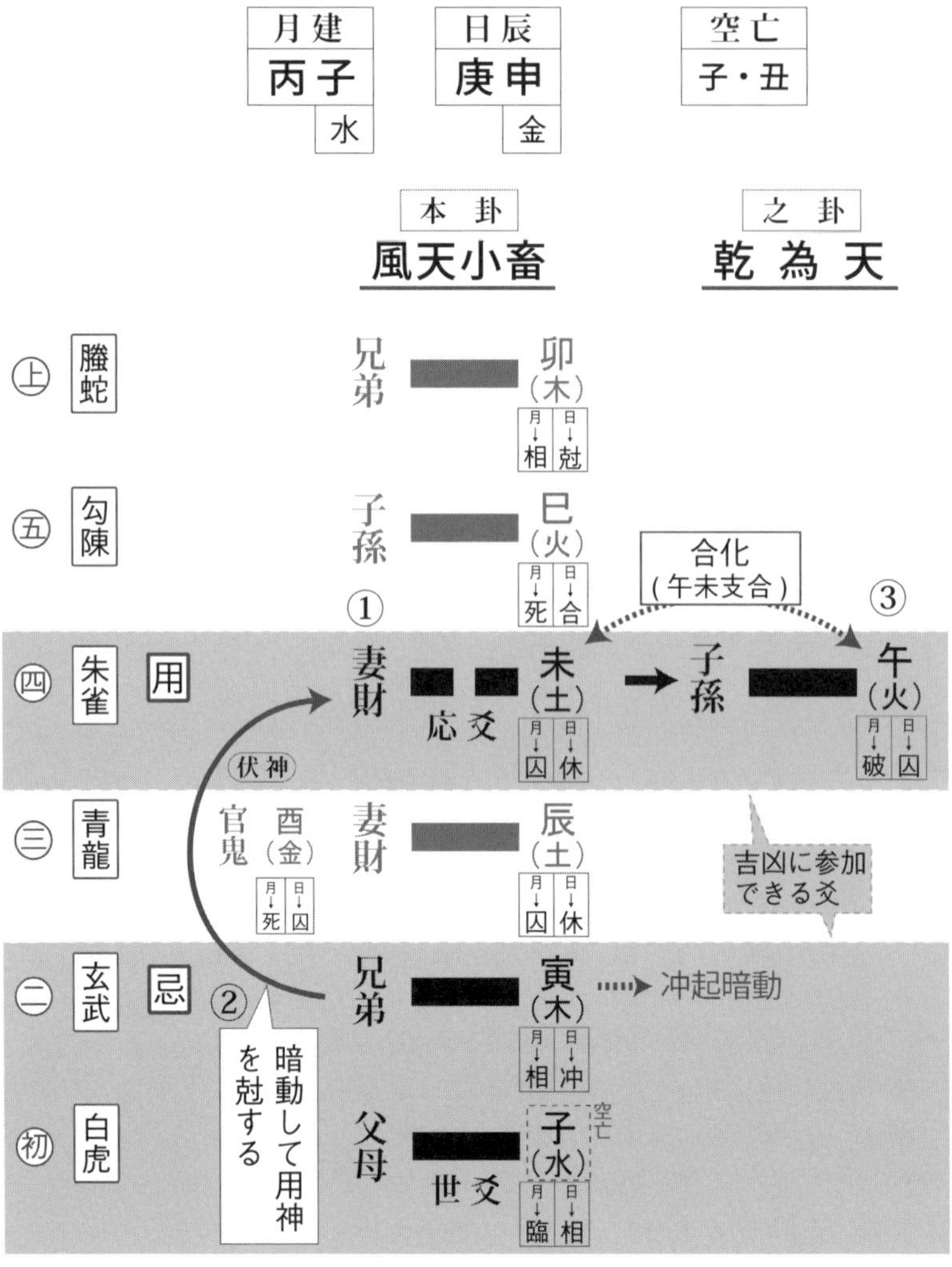

《断の部》吉凶の占断

「1千万円の高級グランドピアノを値引きさせて購入したいが、いくらで購入できるか」相手も急いでいるらしく、どこまで強気で交渉すべきかという相談です。

立卦して得た本卦は「風天小畜《ふうてんしょうちく》」で、四爻が動爻となり之卦が「乾為天《けんいてん》」になります。

この場合、購入する前提です。何度も試奏しておりピアノには大きな問題はなく、どの程度の値引き額で交渉すべきかという相談のため、吉凶占ではありません。

よって《象の部》での判断が中心になります。

《象の部》状況分析と対策

値段の範囲を定めるため用神として妻財で判断していきます。

①妻財は多現していますが、応爻の妻財・未土を用神とします。

値段の目安は、断易では地支が示す数字や八卦（外卦・内卦）が示す数字を用いていきます。

妻財の地支である未土が示す数字は「8・(6)」（本章68頁参照）です。もともとの金額が1千万円ですから、800万や600万円の金額イメージですが、現実的に考えて800万円を基準としました。

また月建・子水から用神・未土は囚され強くはないので、800万円台と考えるよりも800万円より下になりそうだと感じました（値段のみの判断ならば、旺相すると想定より上で、休囚や傷つくと想定より下周る傾向。ただし占的や視点によって値段上下の判断は変わる場合があります）。
②二爻の兄弟・**寅木**は、月建・子水から相生され、日辰・申金から冲されるため冲起暗動します。弱い動爻となり用神の妻財・**未土**を剋し傷つけるため、これも値段が想定より下周る傾向です。
③さらに用神の妻財・**未土**は動爻となっています。化爻は子孫・**午火**で通常ならば「火生土」で回頭生ですが、同時に「午未の支合」で「合化」しています。相生よりも支合を重視します（重なる場合は生・剋よりも合・冲に重きを置いて見るのが断易のポイントです）。
合化は合住と同じように「**結びつく・縛り**」イメージです。午火の数字は「7・（4）」なので未土「8・（6）」と午火「7・（4）」の結ぶ範囲内での金額設定ではないかと推察しました。

そこで「800万～700万円の間を目安に」と提案しました。


【結果】

相談者はグランドピアノが展示されている店舗に赴いて、1時間程度の交渉の末に750万円で決着しました。タイミングが良かったとはいえ、1千万以上するグランドピアノが750万円で購入でき非常に喜んでいました。

ちなみに、この卦では妻財が2つ多現していましたが、この値段交渉の間際までもう1台購入候補のピアノがあったとのことでした。

【例題5】融資占

相談者：60代 男性

業績悪化により、融資先の会社との話し合いが難航している。
今後も取引が続けられるか？

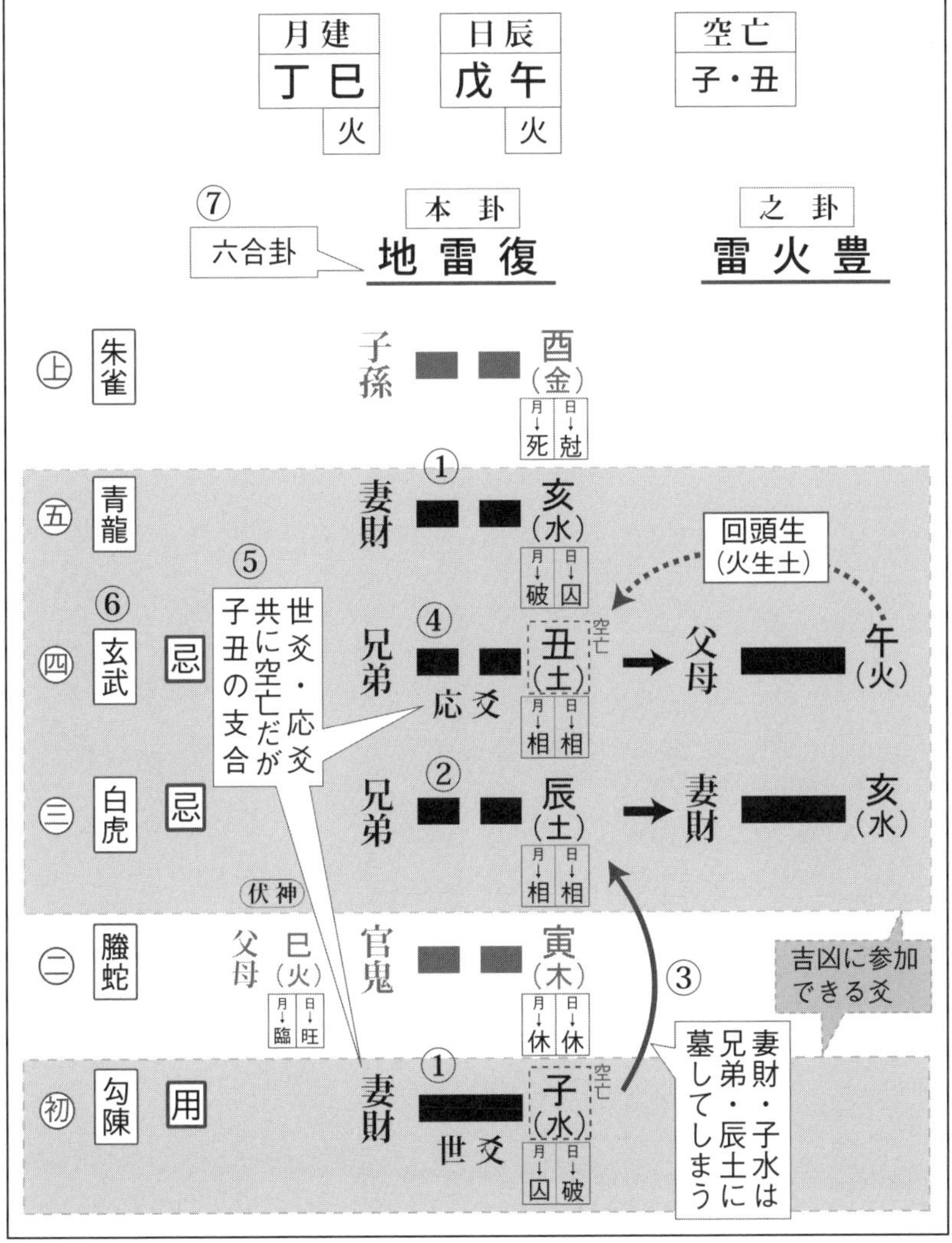

《断の部》吉凶の占断

業績悪化している会社が今後も融資先と取引できるかという占事です。

立卦して得た本卦は「地雷復《ちらいふく》」で、三爻・四爻が動爻となり之卦が「雷火豊《らいかほう》」になります。

取引・融資の用神は「妻財」です。妻財は初爻と五爻に多現していますが、この場合は、世爻が持世している初爻の妻財を用神とします。

吉凶占断に影響する爻は、

・初爻の世爻が持世する用神妻財・**子水**（空亡）
・三爻の忌神である兄弟・**辰土**
・四爻の忌神で応爻が付く兄弟・**丑土**（空亡）
・五爻の妻財・**亥水**（副次的に判断）

そのほかに冲起暗動や合起はないため、初爻・三爻・四爻の3つの爻が吉凶占断の決定に関わります（五爻妻財は副次的）。

①初爻の妻財・**子水**は空亡です。月建・巳火から囚、日辰・午火から日破で非常に傷ついています。五爻のもう1つの妻財・**亥水**も月建から月破、日辰から囚と力がありません。

②三爻の忌神・**辰土**は動爻で、兄弟・**辰土**は月建・巳火と日辰・午火から相生され強く、用神にとって

非常に不利です。

③三爻の忌神・**辰土**は用神の**子水**の「水の墓」でもあります。そのため、初爻の妻財・**子水**は三爻の墓に封じられ身動きが取れなくなります。

④応爻が付く四爻の忌神である兄弟・**丑土**は空亡ですが、動爻のため「有用の空亡」です。月建・巳火と日辰・午火から相生され、四爻は動爻となり回頭生で自らを生じるため非常に力があります。

⑤四爻の忌神である兄弟・**丑土**は本来であれば強力な忌神で用神をすぐに剋します。空亡を開けなければ用神に作用できないことと、**丑土**は用神の**子水**と「支合」するため、最初は合となり用神を助けますが、「剋合」のため用神が弱い場合は最終的に剋する作用が出てきます。

⑥忌神に玄武が乗るのは事象的に要注意です。

⑦本卦は六合卦のため、取引先にも情がありそうで助けますが、いかんせん用神が弱すぎます。用神が空亡の場合、強い動爻から生合を受ければ「有用の空亡」となりますが、この卦では用神が弱いだけでなく墓に入り封じられているため凶意が強い状態です。しかも応爻とは剋合のため最初は合でも後に剋されるため、結果的に「無用の空亡」となる卦です。

【占断の結論】

用神の妻財は月建・日辰から力を得られず、動爻に入墓します。辛うじて四爻の**丑土**から支合しますが、世爻も応爻も空亡のため簡単に助けが得られませんし、後に尅される形です。最終的には取引停止となる可能性が高いでしょう。

《象の部》状況分析と対策

⑤世爻が相談している会社で応爻が取引先です。
世爻も応爻も空亡ですが、これは「ともに相手の話を聞かない、話が平行線、意見が食い違う」などの意味があり、建設的な話がなかなか進まない状況を示しています。三爻・**辰土**に用神・**子水**は空亡で入墓する（②③）ため、世爻側の会社は金銭的に相当行きづまっているのが判ります。弱い妻財が他爻に入墓するのは返済が行きづまるか借金に追われている状態によく表れます。
⑥取引先が応爻ですが、忌神が乗り六獣の玄武が付くのは冷たい計算が働いています。
⑦六合卦ですので、今までの付き合いがあるため簡単に切ることはないでしょうが、最終的には取引停止になってもおかしくない形です。

【結果】

業務改善をいろいろ模索していましたが、なかなか改善せず苦しい状態が続いたようです。取引先の社内でも付き合いの長さから同情論もあったようですが、取引再開とはいかなかったようです。

第二十二章　就職占・雇用占・適職占

就職占とは就業占・就活占・転職占を含む「お勤め」の占事全般を指します。

雇用占とは逆に経営者側・雇用する側が、就業希望者の資質と吉凶を判断するための占断です。

適職占は、相談者にとって適職の分野を占断します。

世の大半の方は就業者ですから、就職占は需要のある相談です。特に近年はブラック企業の問題が多発しているため、就職する会社の吟味がしっかり占断できれば、十分需要が広がるでしょう。

就職占

就職占の用神

《用神…官鬼》就職占は、就職・就活・転職・昇進を占うものです。用神は官鬼。旺相すれば権威、すなわち出世・働きがいの見込める会社です。休囚すると支配力が強く条件が良くありません。

《原神…妻財》用神を助ける原神は妻財です。給与面・労働環境や条件などを表します。
《忌神…子孫》用神を傷つける忌神は子孫です。官鬼を傷つけ、労働意欲がなく自堕落、さぼり、享楽などを表します。
《仇神…兄弟》原神を傷つける仇神は兄弟です。妻財を傷つけるため給与面や過労など用神を間接的に邪魔します。

就職占における世爻

すべての占事・占的で、世爻とは相談者本人を表します。就職占での世爻と用神「官鬼」との関係は重要です。

就職占における応爻

就職占での応爻は、雇用する側の会社またはその担当者を表します。面接などの対応や反応は、応爻と世爻の関係に現れやすいです。

●就職占の解説

就職占は、勤める場所として適切か、出世・昇進が可能かなど、就業環境や就活・転職などの占事も含みます。特に大学卒業後の初就活では占的・占事によって視点が変わりやすいため注意が必要です。「この会社に就職できますか?」という占事と、「この会社は自分に向いていますか?」という占事とでは、得られる吉凶が別になるからです。相談者の求める占的・占事を理解し占わないと、まったく違う結果をアドバイスすることにもなりかねません。

また、転職占の場合、「今の会社より条件が良いですか?」という占事が多くなります。その場合、用神官鬼だけでなく原神の妻財が要求されている条件に当たるため、旺相の原神が動爻となり用神が生じていれば、非常に良い会社の条件を備えています。

●就職占の注意点

(1)就職占などの仕事運の占事では子孫は忌神として機能します。「享楽の六親」である子孫は働く意欲や向上心を弱め、自堕落・さぼりなどが起こりやすいのです。そのため子孫が独発動爻となり月建・日辰から旺相して官鬼を尅する場合は、クビになるなどの問題が出やすくなります。

(2)仕事の占的・占事では爻位は重要です。昇進・出世を占って五爻に官鬼があり旺相ならば、高い地位まで出世・昇進できる可能性があります。同じく就活や転職占で官鬼が五爻にあれば、レベルの高い会社であり環境的に期待できます。
(3)月建・日辰から旺相している官鬼が動爻となり回頭生または進神ならば、発展性が高いでしょう。その官鬼が世爻に対して物来就我していれば、未来はさらに明るいものになります。
(4)世爻が子孫を持ち、さらに子孫発動すれば、就職・転職には非常に評価が低くなり不利になります。就活・就職・転職で世が子孫を持つのは印象として享楽的になり、仕事や会社への意欲が感じられにくいのです。
(5)転職・求職占において官鬼が旺相することは大切ですが、より条件の良い会社を求める場合、青龍や朱雀が官鬼に望めばさらに条件が良くなります。
(6)労働環境として、旺じた官鬼が動爻となり世爻を生じるならば、上司や実力のある目上に重視・評価されて昇進・重用に有利となります。

雇用占

雇用占の用神

《用神…妻財》雇用占は、経営者や人事担当が社員やアルバイトを雇用するにあたっての占事です。用神は「妻財」になります。

《原神…子孫》用神を助ける原神は子孫です。従業意欲や忠実さ、サービスなどを表します。

《忌神…兄弟》用神を傷つける忌神は兄弟です。賃金・対価に見合わない、損失、争いなどを表します。

《仇神…父母》原神を傷つける仇神は父母です。子孫を傷つけ心労などを意味し、用神を間接的に邪魔します。

雇用占における世爻

すべての占事・占的で、世爻とは相談者本人を表します。雇用占での世爻と用神「妻財」との関係は重要です。

雇用占における応爻

雇用占での応爻は、従業員やアルバイト・社員を表します。心情や関係性を表すことが多いです。

●雇用占の解説

雇用占では、従業員やアルバイトなど「雇う存在」は自らの財産でもあり、同時に労働力として支払う対価に見合う存在かを判断する必要あります。そのため用神は妻財となり、旺相するならば給与や報酬を対価として支払う価値のある存在となります。逆に休囚するならば有益な成果が出る存在ではなく、死（尅）や破となれば、むしろ損失や損害が出かねません。

●雇用占の注意点

(1)妻財が用神となる占的・占事では、忌神となる兄弟が動爻となるのは危険です。特に雇用占に関しては経営者にとって破財となるような損失がでる可能性があります。そのため原神としての子孫が動爻となっているかは非常に重要です。

(2)すでに雇っている社員や従業員を占って妻財が伏神となっているならば、やる気がないか、社風や職場の動きに合っていません。有用の伏神ならば脱することもできますが、無用の伏神ならば解雇などの決断が必要な場合があります。

⑶すでに雇っている社員や従業員を占って、用神である妻財が月破・空亡などにより凶の傾向が強くても、応爻と世爻が合する、または世爻が動爻となり応爻を生じる場合は、情があるか甘やかしています。

⑷用神の妻財が入墓・入絶する場合は、期待されるような働きができない、または早く辞める可能性がありえます。特に絶は雇用占では注意すべきです。せっかく雇ってもすぐに辞めるようならば二度手間になるからです。

適職占

適職占の用神

《用神…世爻》適職占では世爻が持つ六親五類が用神となります。六親五類ごとに業種・業態がありえます。さらに世爻に乗る六獣（および六獣の五行）も業種・業態を厳選する役割となります。

適職占は選別を主とするため、吉凶を特にみません。そのため、用神の旺相休囚や原神・忌神の動きに関しては、身命占のような判断をする場合がありますが、付帯的占断（おまけ）となります。

適職に関して

・兄弟…営業職、警察・自衛官・消防士、警備会社、スポーツ関連業
・子孫…ホテル・旅行・観光業務、エンターテインメント関係、保育や託児所など子供に関わる仕事、医療関係、薬理関係、水商売関係、酒屋・飲み屋、芸術・芸能関係
・妻財…金融関係、飲食業、宝飾関係、百貨店業務、畜産業、農林水産業、個人事業、飲食関係、流通貿易
・官鬼…会社員、公職、政治家、弁護士、警備会社、宗教関係、冠婚葬祭
・父母…塾や教師など教育関係、不動産関係、技術者、服飾関係、ＩＴ・通信関係、出版・印刷関係

六獣の分類

・青龍…学芸・道徳・慈善・医療・薬種・酒食・歌舞・演技・料理
・朱雀…法律・官職・音楽・学芸・文学・美術・出版・ＩＴ系
・勾陳…農業・園芸・山林・警察・消防・農事全般・葬儀・土木
・螣蛇…工芸・淫事全般・祈祷・詐欺、実態を伴わない仕事
・白虎…武人・警官、刀剣・葬具・屠殺・漁猟・金属に関わる仕事
・玄武…水に関わる仕事、水商売、金融・企画関係、探偵業務

●適職占の解説

適職占は、相談者から自らに適した分野や業種を問われた場合の占事です。用神は世爻が持つ六親五類となります。ただし、子孫や妻財等は業態種類が多いため、世爻に乗る六獣によって厳選する必要があります。

例えば、世爻が父母を持つ場合は、適職は父母の業種となりますが、六獣が青龍であれば教師などの教育関係や服飾関係、勾陳ならば不動産関係、朱雀ならば出版・印刷関係など、ある程度の方向性が示されてきます。

さらには爻位も選択の重要な要素となります。例えば世爻が妻財を持ち上爻にあれば国際貿易、一爻（宅爻）ならば在宅ビジネスや個人経営の仕事などです。

【例題1】就職占（転職占）

相談者：30代 男性

転職サイトで応募した会社の一次面接を通過して、先週二次面接を受けた。2～3日で連絡があるようだが、採用されるか？

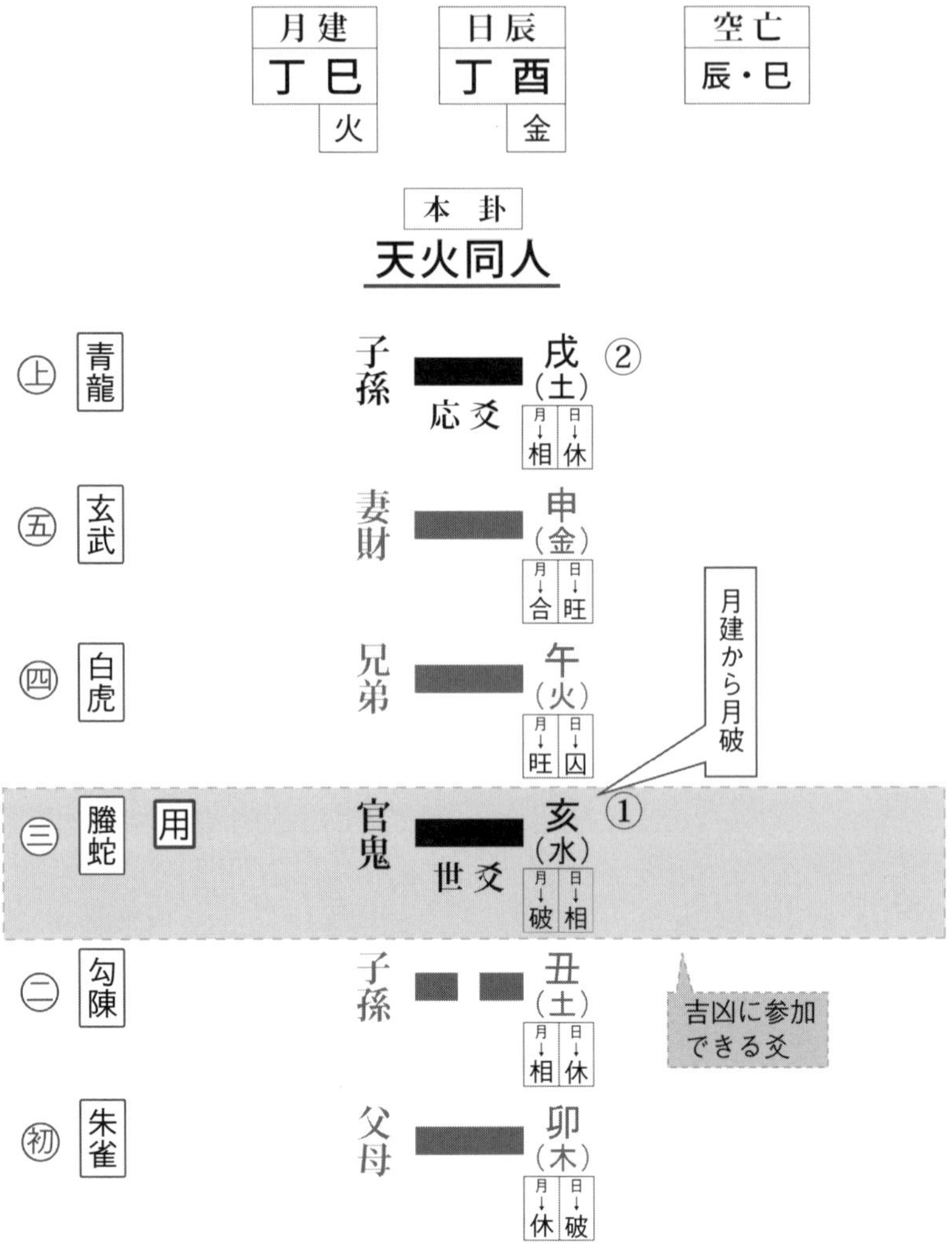

《断の部》吉凶の占断

転職占は、勤める職場の採否を占いますから、就職占と同様の占断となります。

立卦して得た本卦は「天火同人《てんかどうじん》」で、動爻がない「不変卦」です。

就職・転職占の用神は「官鬼」です。特に就活占や転職占では面接が大切ですから、応爻（希望する会社または面接官や人事）と世爻の関わりも注意します。吉凶占断に影響する爻は、
・用神は三爻の官鬼・**亥水**で、世爻も乗っている。
ほかに動爻がなく不変卦のため、用神の三爻・妻財と月建・日辰の関係が非常に重視されます。

①三爻の用神である官鬼・**亥水**は月建・巳火から冲され「月破」となります。日辰・酉金から相生されています。日辰から相生されますが、月建からの冲破は非常に傷つきます。
日辰から相生されていますが、月建からの月破を覆すのは相生だけでは辛いところがあります。しかも世爻も乗っており世爻への月破も良くありません。


【占断の結論】

日辰からの相生はありますが、月破は凶意が強いです。さらには「2～3日中に採否の連絡がくる」と

いう状況では月節内の結果なので、月建の力がより重視されます。面接の通知としては不採用のようです。

《象の部》状況分析と対策

不変卦では動爻がないため、用神への月建・日辰の作用が吉凶の決め手となります。

①世爻に付く六獣は「螣蛇」です。螣蛇は「曖昧・はっきりしない」などの意味があり、面接としては決め手に欠けていたようです。

②面接官や人事を表す応爻が静爻のままです。世爻との関係では応爻が世爻を剋する関係なので物来就我ですが、動爻として作用がないため面接官の反応はいま一つでしょう。

【結果】

2日後に不採用とのメールが届きました。

【例題2】就職占（就活占）

相談者：20代 男性

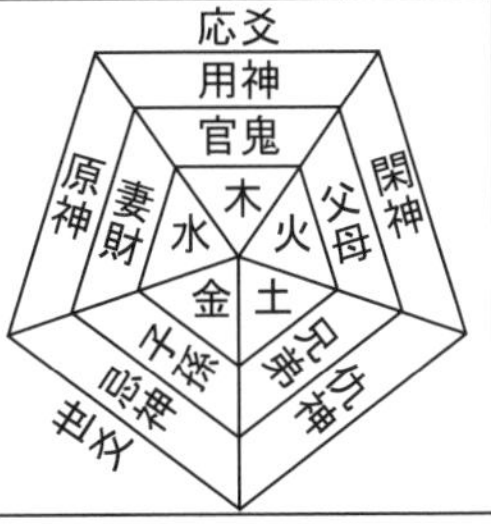

就活中で、何社か就職先の候補がある。ベンチャー企業であるA社は就職先として良いだろうか？

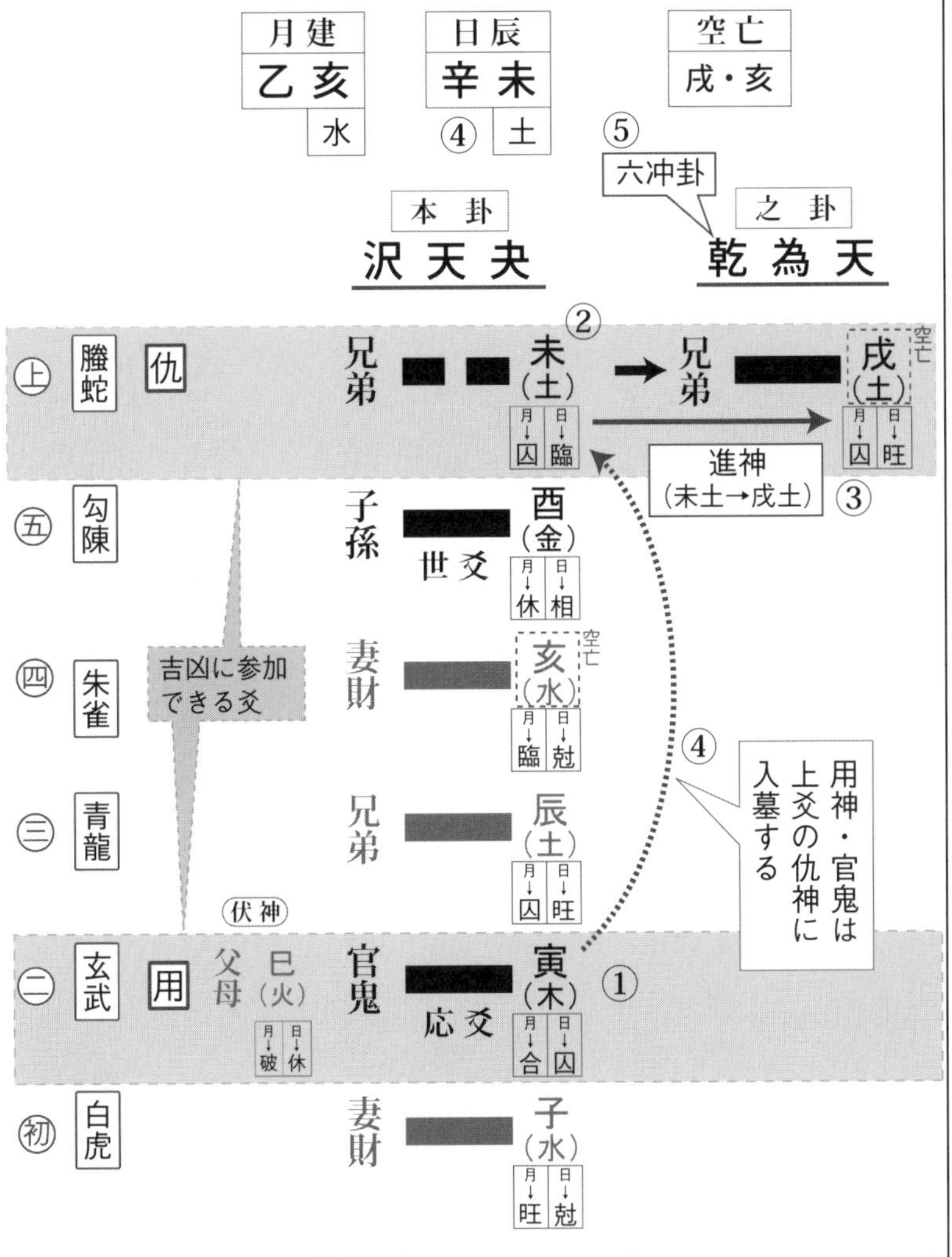

《断の部》吉凶の占断

就職先として、良い会社かを占う場合は、就職・就活占で占断していきます。
立卦して得た本卦は「沢天夬《たくてんかい》」で、上爻が動爻となり之卦が「乾為天《けんいてん》」になります。
就活占の用神は「官鬼」です。
吉凶占断に影響する爻は、
・用神である二爻の官鬼・**寅木**
・上爻の動爻である兄弟・**未土**。用神に対して仇神に当たる
その他に暗動はなく、二爻の用神・官鬼と上爻の動爻・兄弟が吉凶占断に関わります。

①二爻の官鬼・**寅木**は月建・亥水から合起となり旺相の強さを得ます。日辰・未土から囚となります。
②上爻の動爻は兄弟・**未土**です。用神・**寅木**に対して仇神の役割です。月建から囚していますが日辰から臨んでいて力を得ています。
③さらに上爻の兄弟・**未土**は動爻となり戌土に化します。「同行の順行（未土↓戌土）」ですから「進神」となります。忌神や仇神の進神は用神や原神を傷つける役割が進展するため良くありません。
④同時に上爻の**未土**は「木行の墓」のため、官鬼・**寅木**は上爻の兄弟・**未土**に「入墓」してしまいます

（日辰入墓でもあります）。用神は仇神にとらわれ、身動きが取れない状態となります。
⑤之卦は乾為天で「六冲卦」です。交渉事など対人的なことでは六冲卦は不吉です。

【占断の結論】

用神の官鬼・**寅木**は月建から合起して強さを得ますが、日辰・未土から囚であり、なおかつ入墓します。また仇神の兄弟・**未土**は進神と化し、官鬼・**寅木**を入墓し拘束します。その他、之卦が六冲卦となり、良くなっていく会社とも思えません。吉凶占断として良い就職先ではないでしょう。

《象の部》状況分析と対策

用神の官鬼・**寅木**は月建から合起します。会社の印象は一見良いようです。しかし日辰は囚し、なおかつ入墓する形です。「囚われて、身動きが取れない・拘束される」という形です。日辰に臨んでいる上爻の仇神である兄弟・**未土**は「未土→戌土」で進神と化して、用神に対する拘束性が強まりそうな動きです。

就職占の入墓は「思ったような行動がとれない」「会社に拘束される」などブラック企業的な傾向が出やすくなります。また之卦が六冲卦では「思っているような会社ではない」「最初と話が違う」ような動きが出やすいでしょう。

【結果】

相談者は、ベンチャー企業として躍進していたA会社に魅力を感じ、結局就職することになりました。最初は勢いのある会社だと感じ頑張っていたのですが、社長の思いつきで話が二転三転するようになり、仕事的にも振り回されるような状況になりました。就職してから2年目でいろいろな問題が噴出、人員削減の影響で残業や超過労働が目立ち始め、結果的に3年ほどで退職することになりました。

【例題3】雇用占

相談者：50代 塾経営

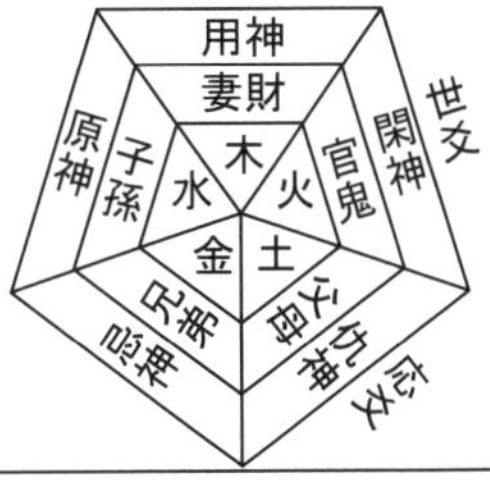

面接して気に入った20代男性を採用した場合、会社に貢献してくれるか？
塾の経営サポートをしてもらいたい。

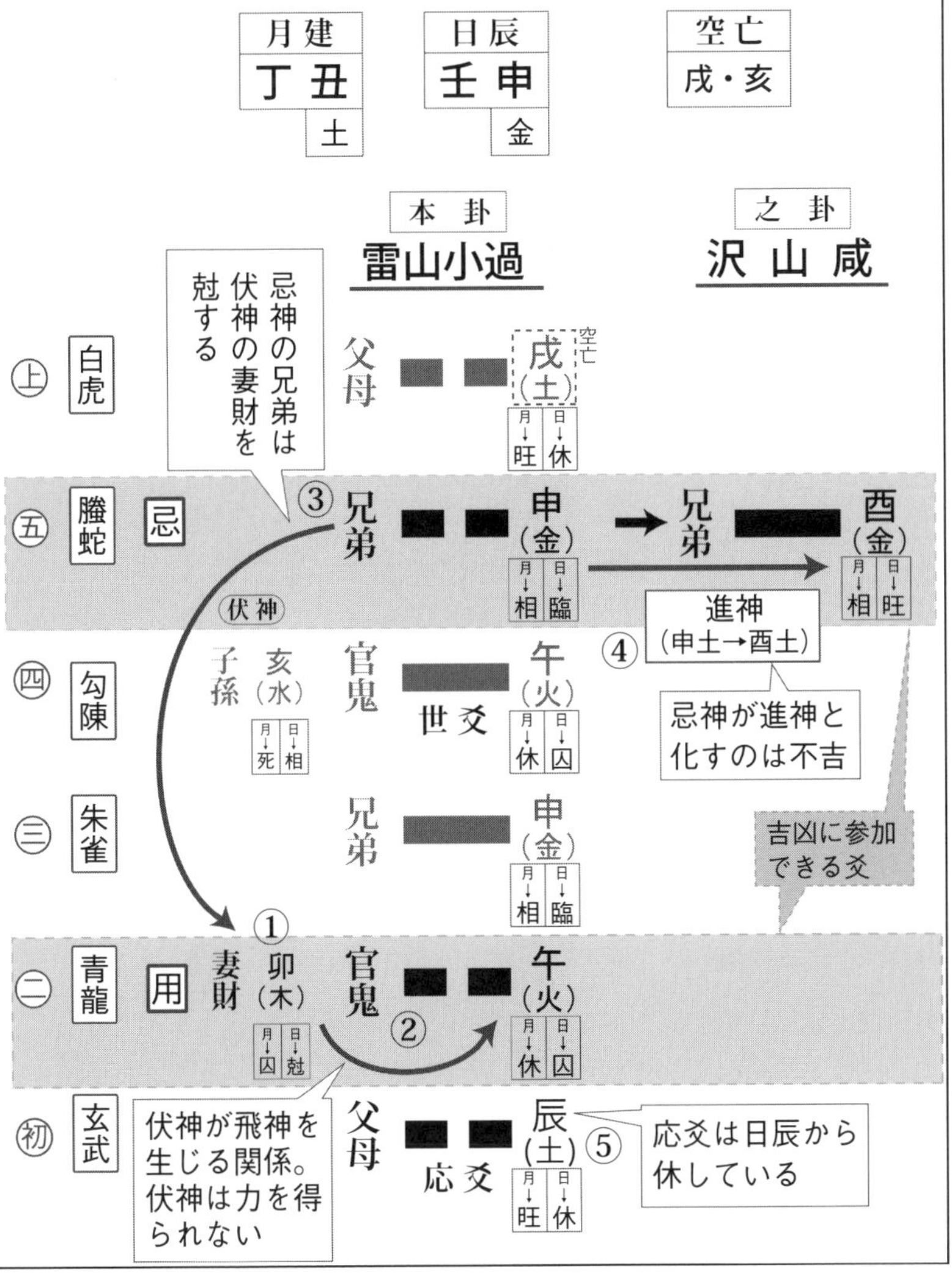

《断の部》吉凶の占断

新しい社員や従業員の採用・雇用に関する占いです。
立卦して得た本卦は「雷山小過《らいざんしょうか》」で、五爻が動爻となり之卦が「沢山咸《たくざんかん》」になります。
雇用占の用神は「妻財」です。
吉凶占断に影響する爻は、
・用神である妻財・**卯木**は二爻で伏神。飛神の官鬼・**午火**も占断に影響する。
・五爻で動爻となっている忌神の兄弟・**申金**。進神と化している。
その他、暗動はありません。原神の子孫も伏神です。二爻・用神と五爻・忌神が吉凶占断に影響をもたらします。

①用神の妻財・**卯木**は伏神となっています。月建・丑土から囚、日辰・申金から尅（死）であり、傷ついて力がありません。
②二爻の飛神は官鬼・**午火**です。飛神の**午火**は伏神の卯木を生じず、逆に洩らしています。そのため伏神の用神である妻財・**卯木**は月建・日辰・飛神から力を得られず、提抜して有用化することができません。

③忌神・**申金**が動爻となっています。月建から相生、日辰から臨んでいるため非常に力を得て強く、用神の**卯木**を剋します。

④五爻の忌神・**申金**は動爻となり、酉金に化します。「申金→酉金」と同行の順行のため「進神」です。忌神の進神はより勢いを増すため用神にとって不利です。

【占断の結論】

用神の妻財・**卯木**は伏神となり月建・日辰から傷つき飛神の協力を得られず、動爻となった強い忌神に剋されます。伏神が有用化し提抜することは不可能です。採用しても会社に貢献できるとは思えません。

《象の部》状況分析と対策

雇用占で用神が伏神の場合、雇用するための条件が伏して現れていないことになります。そのため経験値が足りない、能力が欠けているなどの問題点がありそうです。二爻に付く六獣は青龍です。真面目な印象が気に入ったのかもしれませんが、凶の青龍は気弱・怠惰等のメンタルの弱さが出てきます。また、五爻の忌神は非常に強く、用神の**卯木**は剋されるため仕事に適応できると思えません。

⑤相手の心情は応爻で判断します。月建から旺じて一見やる気はありそうですが、日辰から休しており、芯からやる気に満ちているように感じません。世爻への物来就我もないため、貢献しようという意識

は弱いようです。

【結果】

採用したようですが、塾の生徒や両親への対応がうまくできず、難しい状況になっているようです。

第二十三章　試験占・学業占

「試験占」とは、高校・大学・資格などの受験の合否についての占断です。期末試験・社内試験のように、合否よりもスキルチェックに近い試験は、前者とは趣が異なり用神が変わります。

「学業占」とは、進学する学校の方向性や選択、先生・学校の良しあしの判断など幅がありますが、学業に関わることを「学業占」としてまとめています。

試験占

試験占の用神

《通常の用神…官鬼》
《成績の用神…父母》
試験占は用神の選択に注意が必要です。大学受験・弁護士試験など、人生の転機となる重要な試験や資格取得を有する試験、国家試験はすべて官鬼を用神とします。しかし、能力チェックや学内の期末試験などは用神を父母とします。
《原神…妻財》用神を助ける原神は妻財です。試験環境や条件などを表します。
《忌神…子孫》用神を傷つける忌神は子孫です。官鬼を傷つけ、自堕落、さぼり、油断などを表します。
《仇神…兄弟》原神を傷つける仇神は兄弟です。妻財を傷つけるため、受験者が多く競争率が高いなどの意味となります。

就職占における世爻

すべての占事・占的で、世爻とは相談者本人を表します。

就職占における応文

受験する学校側、または当日の試験会場などを表します。

※親御さんからの相談の場合

試験占では、受験する本人が相談に来ることは少ないでしょう。特に大学受験などの相談は通常、ご両親がほとんどと言っても良いと思います。

そのため、ご両親が子供の受験を相談に来られた場合は、用神を子孫とします。ただし、本人の了解のもとで訪れた場合は「代理占」と考えて、通常の用神官鬼で判断してください。

●試験占の解説

試験占では、用神として官鬼をみますが、副次的に父母もみます。父母は成績・点数に対する用神であり、試験で点数が良いか、試験問題の内容が難しいかという意味で使用されます。試験の合否が「●点以上合格」などの成績次第での合否では、父母の旺相休囚は重要になります。合否の決定は官鬼なので、最優先は官鬼の状態ですが、父母の状態によっては補欠合格などの際どい結果になる場合があります。

●試験占の注意点

(1)世爻が官鬼を持ち日辰・月建・動爻から生合を受けているならば、試験にとって良い状態です。また父母爻が旺相してしているならば、高得点での合格が期待できます。

(2)父母が世爻に臨み旺相していても、官鬼が非常に傷ついていれば、点数・内容は悪くなくとも試験の結果が不合格になる不遇の象となりやすいのです。この場合、受験者全体の成績が良かったり致命的なミスがあるなどです。

(3)忌神である子孫が動爻独発となり旺相するならば、大凶の象となります。

(4)用神の官鬼が空亡・破・墓・絶に逢い、日辰・月建・動爻から冲尅ならば、その試験はまず期待できないでしょう。

(5)用神の官鬼が動爻となり回頭尅・墓化・退神と化すならば、その試験は期待できません。この形は自滅的な形であり、試験当日に実力を発揮できない問題があったか、怠けていた結果が出ているかです。

(6)入学試験など年に一度しかない試験では太歳も大切です。太歳に官鬼が帯類(同じ五行)しているならば、良い結果を得られる恩恵があります。年運が良い証拠です。

(7)通常、世爻が動爻となり官鬼に化すのは災いの象意として不吉とされますが、回頭尅でない限り、官鬼が旺相ならば、化出の用神として試験占では逆に吉兆の象となります。

(8)試験占であっても世爻の状態は大切で、官鬼が旺相しており世爻が動爻となり官鬼を尅するなら捕獲の象となり、自ら積極的に合格を勝ち取る形で有利です。同じく旺相の官鬼が世爻を物来就我するならば、運が味方している状態です。

学業占

学業占の用神

《通常の用神…世爻》

《親からの相談の用神…子孫》

●学業占の解説

学業占は相談のケースによって用神が変わります。

(1)自身の方向性の相談として、「どの学校や学部を選ぶべきか」などの相談に関しては身命占に近い相談となります。世爻を用神として、学校や学部を選ぶ場合は世爻の持つ地支の五行および六獣で判断します。

(2)親御さんからの進路診断では、子供の用神である子孫をチェックします。方向性や進路の場合は(1)と同じく子孫の持つ地支の五行および六獣で判断します。

五行別の学業学部分類

《木の部》行政・教育・医学・薬学・理学療法・建築・民俗学・歴史宗教学、紙に関すること、園芸
《火の部》文学・語学・法律・数学・化学・芸術・美術・司書・図面設計・芸能・IT・電気関係
《土の部》農業（園芸・山林・鉱物・畜産・養鶏）・経済学・通信・鉄道・土木・左官・地質学
《金の部》工業・司法・弁護士・警察官・自衛隊・軍隊・貴金属一般・経済学
《水の部》農業（水産業・漁業・酒・しょうゆ・油）・哲学・詩学・料理一般・船舶・観光業

六獣神別の分類

・青龍…学芸・道徳・慈善・医療・薬種・芸能・料理・園芸・植物・歴史
・朱雀…法律・官職・音楽・学芸・芸能・文学・美術・語学・IT関係
・勾陳…農業・園芸・山林・農事全般・土木・地質学・考古学・建築
・螣蛇…工芸・宗教学・経済（アングラ的）・アニメ・ポップカルチャー・民俗学
・白虎…スポーツ・警察・軍隊・武道・格闘技・漁猟、工業、金属に関わる仕事
・玄武…水産業・漁業・飲食業・投資経済・民俗学・犯罪学・心理学

【例題1】試験占①　相談者：40代 女性

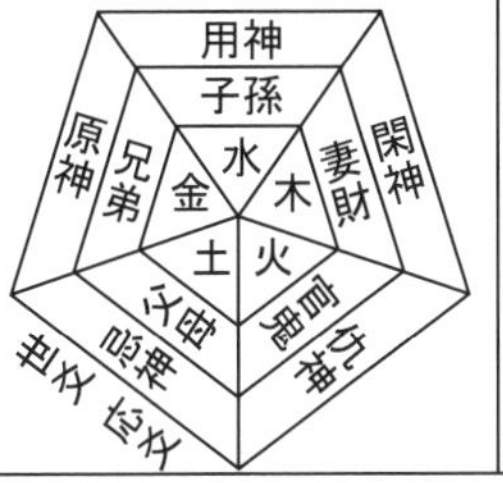

息子が3カ月後、国立大学を受験する。
A大学は合格するか？

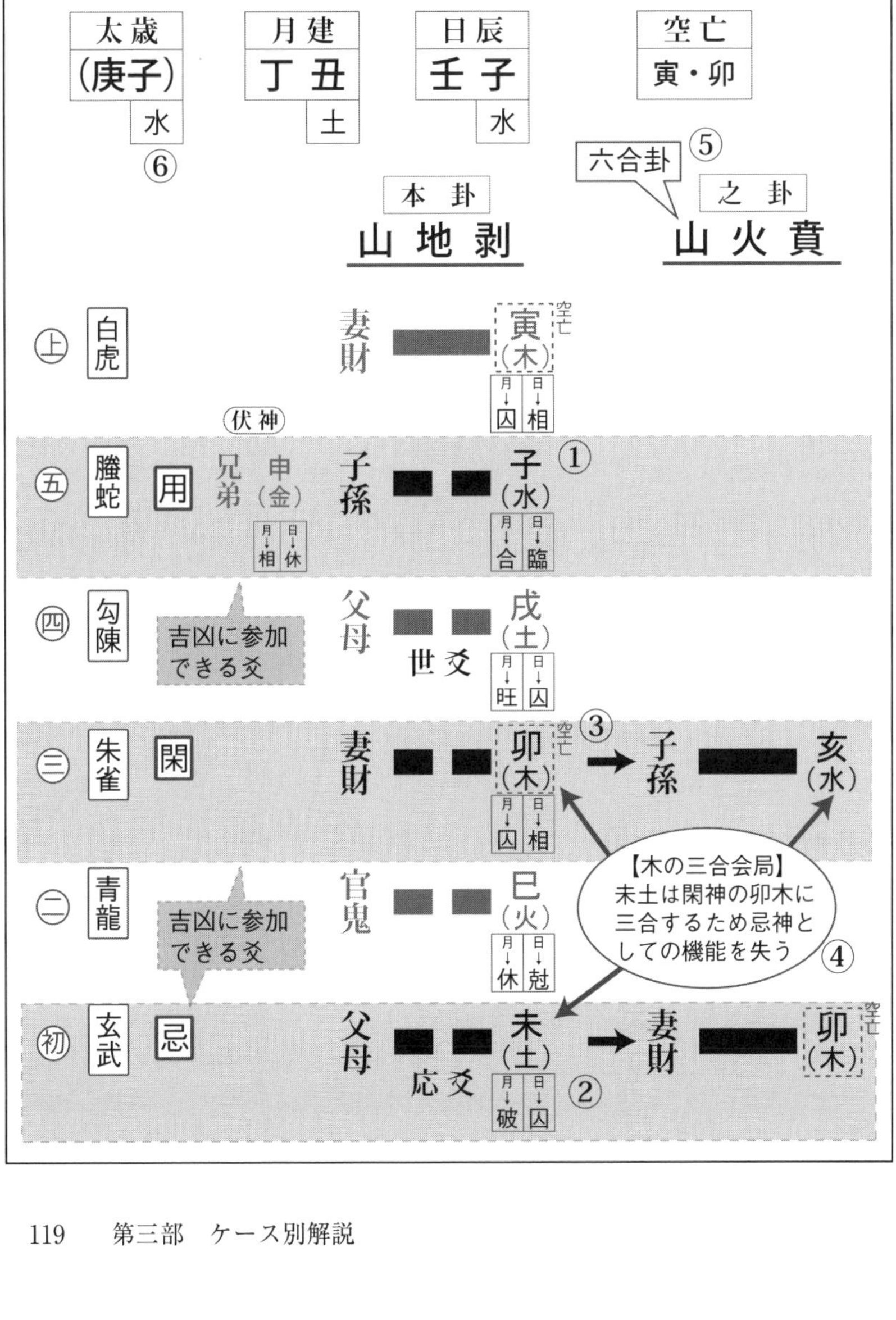

《断の部》吉凶の占断

親御さんが、息子の大学受験の合否の相談に来られました。

立卦して得た本卦は「山地剥《さんちはく》」で、三爻・初爻が動爻となり之卦が「山火賁《さんかひ》」となります。

試験占の用神は官鬼ですが、今回は母親が相談に来ました。息子さんの了解を得て来たわけでもないので代理占ではありません。用神は子供の運勢を判断するため「子孫」となります。

吉凶占断に影響する爻は、

・五爻の用神である子孫・**子水**

・三爻の閑神である妻財・**卯木**

・初爻の忌神である父母・**未土**

その他、暗動はありません。原神の兄弟・申金も伏神です。そのため五爻・用神と三爻・閑神、初爻・忌神が吉凶占断に影響をもたらします。

①用神の子孫・**子水**は月建・丑土から合起して、日辰・子水からは臨んでいて非常に強いです。

②初爻には忌神・**未土**が動爻となり忌神として活動力を持ちます。月建・丑土からは月破、日辰・子水からは囚のためそれほど強くありませんが、忌神の発動には注意が必要です。

③三爻の閑神である妻財・**卯木**は空亡ですが、動爻のため「有用の空亡」です。さらに変じて子孫・亥水に化しています。

④内卦の初爻と三爻の本爻と化爻で「亥・卯・未」の木局三合会局が成立しています（上巻280頁参照）。旺支は**卯木**で、亥水と**未土**は三合するために**卯木**に協力していきます。つまり忌神である**未土**は閑神である**卯木**に協力することで忌神としての機能を失います。もともと閑神は忌神を剋するため、動爻となるのは用神にとって有利です。閑神である**卯木**は直接的に用神の子孫・**子水**に支合や相生で助けることはありませんが、忌神を取り込んで用神の**子水**への攻撃を阻止する形になります。

⑤之卦は「六合卦」です。まとまる卦であり、試験占では吉兆です。

⑥大学受験の年は「子年」でした。用神である子孫・**子水**は太歳の地支にも臨むため非常に有利です。

【占断の結論】

用神は月建・日辰だけでなく太歳からも旺相するため、非常に強い状態です。初爻の忌神である父母・**未土**は強くないですが、閑神の妻財・**卯木**と三合会局して忌神として機能できなくなっています。用神は動爻からの傷つきもなくなるため、国立大受験は合格するでしょう。

《象の部》状況分析と対策

大学受験は、象の部分よりも合否の吉凶占断に重点を置いた方がよいでしょう。

【結果】

国立大学を3校受ける予定ですが、今回の相談はそのうちの第二優先の大学でした。親御さんとして第一優先は不合格になる可能性が高いと考えていて、この第二優先の大学には何とか受かってほしいという気持ちで相談に来たそうです。

結果的には第一優先は不合格だったようですが、今回の占事である第二優先のA大学は見事に合格されたそうです。

【例題2】試験占②

相談者：30代 男性

年末に行政書士の試験を受けるが、合格するか？
今年初めからしっかり勉強したのだが…

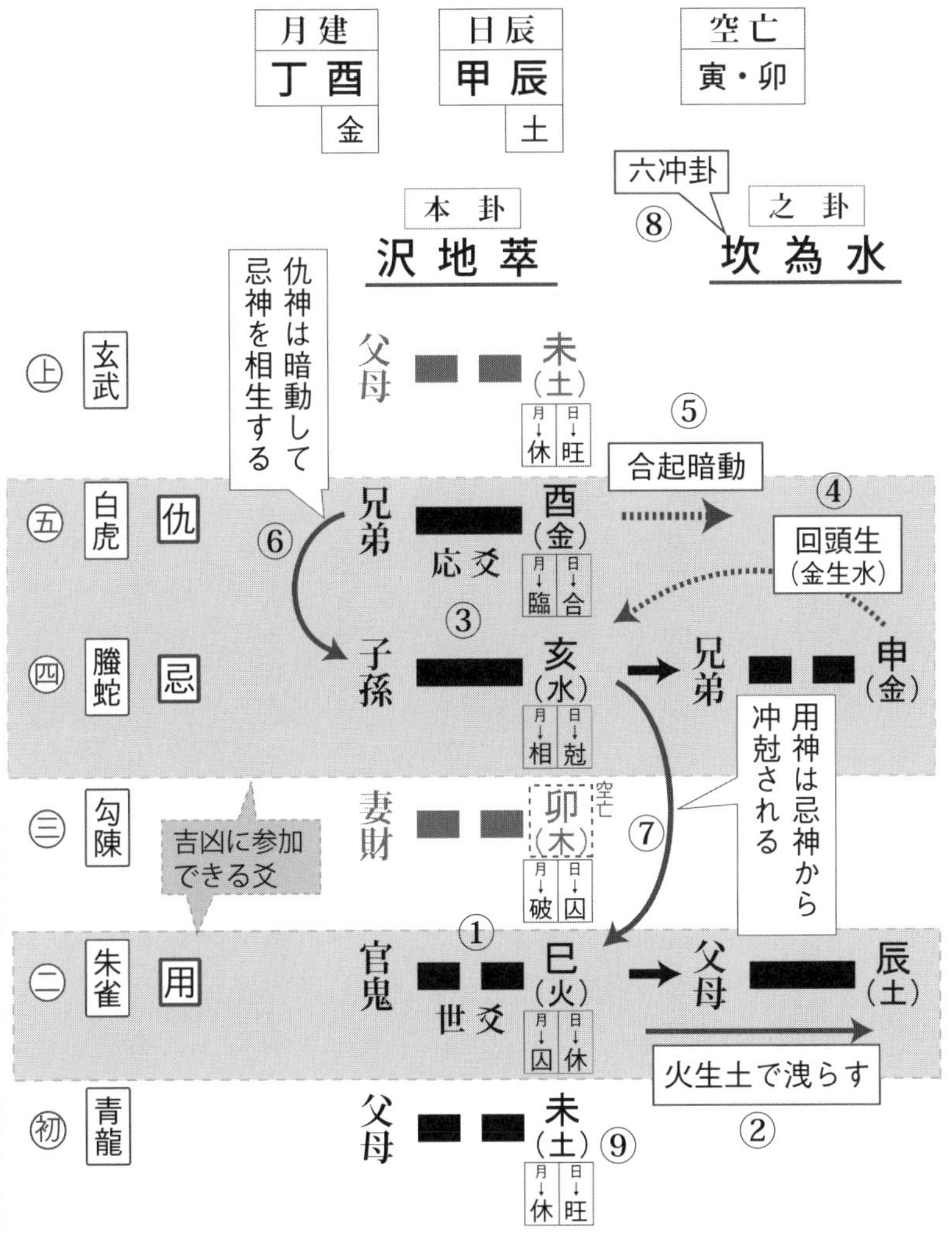

《断の部》吉凶の占断

定期的に相談に来られている会社員の男性が、新たに行政書士の資格試験を受けるので合否を占ってほしいということでした。

立卦して得た本卦は「沢地萃《たくちすい》」で、二爻と四爻が動爻となり之卦が「坎為水《かんいすい》」になりました。

試験占の用神は、本人からの相談ですから「官鬼」となります。

吉凶占断に影響する爻は、

・用神である二爻の官鬼・**巳火**

・動爻となっている四爻の忌神である子孫・**亥水**

・五爻の兄弟・**酉金**は静爻だが、合起暗動する条件をクリアしているため他爻に作用

その他に暗動はありません。そのため、二爻・用神と五爻・四爻が吉凶占断に影響をもたらします。

①用神である二爻の官鬼・**巳火**に世爻が乗るのは有利ですが、月建・酉金から囚となり、日辰・辰土から休するため月建・日辰から力を得られず休囚と弱いです。

②用神の官鬼・**巳火**は動爻となりますが、化爻は辰土であり、本爻は「火生土」で洩らす動きのため、動爻によって力を得られる作用はありません。

③四爻の忌神である子孫・**亥水**は月建・酉金から相生、日辰・辰土から剋されます。相生と剋が2つあり一進一退ですが、日辰からの剋が優位です。

④しかし、忌神の子孫・**亥水**は動爻となり申金に化すため、「金生水」となり回頭生です。子孫・**亥水**は時系列的に自らを生じて強くなります。

⑤五爻の仇神である兄弟・**酉金**は静爻ですが、月建・酉金から臨み旺相し、日辰・辰土と合するため、「合起」となります。旺相する生合は合起暗動するため、弱い動爻となります。

⑥五爻の仇神である兄弟・**酉金**は合起暗動して弱いながらも忌神を相生します。

⑦四爻の忌神である子孫・**亥水**は日辰から剋されますが、回頭生となり仇神からも相生されるため威力を増し、用神である官鬼・亥水へ「亥→巳の剋冲」となります。

⑧之卦は「六冲卦」であり、試験占では不吉な動きです。

【占断の結論】

用神の官鬼・亥水は月建・日辰から休囚となり力を得られず、忌神の子孫・**亥水**は動爻となって回頭生、そして仇神からの相生を得て、強い力で用神を剋冲します。旺相する条件がないため、試験は不合格となるでしょう。

《象の部》状況分析と対策

試験占の用神は官鬼ですが、試験の成績は父母でみます。

⑨初爻の父母は月建から休しますが日辰から旺じます。

父母が月建・日辰から休囚するならば、成績に問題が出やすく、基本的に勉強していない可能性があります。卦を見る限り、日辰から旺じており努力の跡がみえます。

しかし、応爻に仇神が乗り合起暗動することで四爻の忌神を相生するのが気になります。勉強していない分野が試験で出たり、全体的に難易度が高い可能性があります。試験内容や試験会場は応爻に現れますが、応爻が仇神になるのも試験占では不利です。

忌神が回頭生なのは子孫の象意が徐々に強まっていくことになり、「油断・娯楽」という面が強まるため、「なんとかなるだろう」と油断した可能性が見え隠れします。

【結果】

実際に試験を受けたあとに自己採点をしてみると、思ったより取りこぼしがあったらしく、不安になったようです。結果としては不合格でした。考え方が甘かったかもしれないと反省されていました。

余談ですが、翌年の行政書士試験では見事に合格されました。

第二十四章　疾病占・手術占・安否占・告知占・薬理占

東洋占に限りませんが、占いの分野として「疾病占」は非常に古くからある占事の一つです。医療未発達の時代や環境では、経済的に恵まれた人以外は医療行為を行えず、占いにおける占的・占事として重要な相談内容だったのです。

時代は変わり医療も発達した現在では、その役割はだいぶ様変わりしてきましたが、他の国を調べると現在でも医師への相談と同じくらい疾病占の需要があります。断易でも重要な分野で、今後に伝えていかねばならない内容です。

ただし、日本では薬事法などにより診断をして良いのは医者のみですので、占う場合は注意してください。

「疾病占」とは病気に関する全般の占いを指しますが、病状を占うのでも「体調診断」と「疾病診断」では用神の優位性が変わります。また、「手術・治療の成敗」や「気になる部位」なども区別します。

「安否占」ですが、通常日本で「安否占」とは「家出した息子が無事か？」といった内容を指しますが、台湾などの断易本では「安否占」とは身内の疾病占となっています。そのため、「父親の容態は」という相談は「安否占」となります。また「告知すべきか」という「告知占」もあります。
「薬理占」は薬やサプリメントや治療法の効果などを占う内容です。

疾病占

疾病占の用神

健康状態や体調を占う「体調占」と、明確な疾病を占う「疾病占」とでは、用神の優位性が変わります。ですが共通の前提として、当人の疾病占の場合、本人＝**世爻**、病気＝**官鬼**、この2つが用神・準用神となります。

体調占（不調占・健康判断）の用神

《用神…世爻》本人の体調や身体の問題を占う場合は世爻を用神とします。
《準用神…官鬼》体調占では明確な病気ではないため官鬼はフォロー程度です。

疾病占の用神

《用神…官鬼》特定の病気を占う場合は官鬼をメインの用神とします。そして官鬼（病気）とは「災い」ですから、旺相してはいけません。疾病占での官鬼は逆に休囚死で病気が弱まるため、通常と逆に吉となります。

《準用神…世爻》疾病占の場合、体力や気力など本人自身を表す世爻は準用神として必ず見ます。官鬼と逆で、世爻は旺相することで病気に打ち勝つことができます。

《原神…妻財》疾病占では、官鬼を助ける原神は凶意を増す役割となり、注意が必要です。

《忌神…子孫》疾病占では、官鬼を剋する忌神は病気を弱める医者や薬の役割を持つため、子孫の独発はかえって吉となります。

疾病占における応爻

応爻は医者・病院を表します。

●随官入墓について

「随官入墓」とは、世爻が官鬼を持ち日辰に入墓する、または動爻となり化爻に墓する（墓化）、他の動爻に入墓することです。いわゆる「災い占」の部類では随官入墓は大凶であり、特に疾病占でも重病占の場合は鬼籍に入る（亡くなる）とされます。疾病占・安否占では注意してください。

●疾病占の解説

疾病占では、本人の身体（体力・気力）を意味する世爻と病気の用神官鬼を用神・準用神としてみます。また、疾病占を含む災い占全般では用神は官鬼になりますが、病気や災いは弱い方が良いため官鬼は旺相ならば病気が活性化して凶、官鬼が休囚死ならば病気が衰えており、吉と通常とは逆の判断になります。世爻が旺相していれば身体は元気ですから、抵抗力があり早く治る可能性が高いのです。

※日本では無資格で医療行為をすることは薬事法・医師法違反となります。台湾や中国では占者が漢方を処方することもあり、お国柄が違います。いくつかの例を載せていますが、病症を占断することはできても、病気の診断は違法だということを認識してください。

●疾病占の注意点

(1)官鬼を用神として占う場合は、官鬼（病気）が弱まることが重要です。そのため月建・日辰から尅・冲され、忌神に尅されていると吉です。逆に官鬼が旺相していると病気が強くなるため凶です。

(2)官鬼用神の場合、忌神（子孫）は医療や薬を意味するので、発動して用神を尅することは治癒には吉となります。

(3)世爻が用神の場合は月建・日辰から旺相していることが重要です。また忌神が発動していないことも重要です。もし忌神が発動しているならば体力・気力など身体面が剋され悪化しかねません。そのため原神が動爻となることがとても重要です。

(4)久病（上巻255・259頁参照）では、六冲卦や用神空亡になるのは凶。逆に六合卦が出たら吉で、回復が早くなります。

(5)近病（上巻255・259頁参照）では、六合卦や用神空亡になるのは凶。逆に六冲卦が出たら吉で、回復が早くなります。

(6)世爻が官鬼を持つ場合は、病状の重さによって判断が変わります。世爻が官鬼を持つということは、病気が身体にまとわりつく状態です。通常の疾病占では世爻を中心に考え、月建・日辰から世爻が旺相していれば病気も強いですが、本人自身と身体が旺相することで元気になります。逆に休囚死は体力・気力が弱まり、なかなか治らないでしょう。そして最も問題なのが重い病状や脳溢血や心筋梗塞などの突発的な症状の場合で、世爻が官鬼を持つのは非常に危険です。官鬼（病気）を治療しようと剋すると世爻（本人）も弱ってしまうためです。生死の問題が出やすい時にこの形が現れます。

(7)官鬼（病気疾患）が伏神の場合は、無用の伏神ならば特に問題ありませんが、有用の伏神ならば今後病状や症状は重くなる可能性があります。飛神の六親五類がその原因・理由となっています。

・兄弟爻に伏する…栄養不足（妻財を剋するため）、または肉体の酷使、拒食

・子孫爻に伏する…特定の物質の副作用、薬害、栄養過多、不摂生・自堕落
・妻財爻に伏する…暴飲暴食、栄養過多、肥満症
・父母爻に伏する…ストレス・心労、環境からの悪影響
・世爻に伏する　…再発・慢性病、遺伝性の疾患
・応爻に伏する　…感染による発病、医療ミスや薬害

(8) 世爻が空亡や月破ではすぐに回復できません。病症が重い場合に官鬼が空亡では、しばらく膠着状態になり、空亡が開けてから月建・日辰の影響が出るでしょう。

(9) 応爻は病院・医者を表すため、月破や空亡・入墓絶は適切な治療ができないか、医療現場が混雑していて対応が適切ではありません。

手術占（治療占）

手術占の用神

手術占の場合、治療＝**子孫**、病院・医者＝**応爻**、この2つが用神・準用神となります。

《用神…子孫》官鬼（病気疾患）を尅する子孫は治療の用神であり、手術占では無事手術が成功するかは子孫の状態が重要です。

《準用神…応爻》手術占では執刀担当の医師も重要です。そのため医者を意味する応爻で状態をみます。

●手術占の解説

手術占は治療を表す子孫と、医者・病院を表す応爻を、用神・準用神としてみます。

子孫爻が月建・日辰から旺相すれば治療的には吉のため、手術は成功する可能性が高いでしょう。医者を表す応爻が傷つかず旺相していれば、執刀医は問題なく手術を終えることでしょう。

その他は前述した疾病占と同じように判断してください。

症状や部位の判断法

症状や部位に対する判断は以下の通りです。

五行別の疾病象意

・木…肝臓・胆嚢・頭痛・神経系・リウマチ・腸系などの病気

・火…心臓・循環器系・高血圧・のぼせ・熱病・目・血管などの病気
・土…胃腸・消化器全般・脾臓・膵臓（糖尿）・肥満・皮膚病などの病気
・金…呼吸器・気管支・咽喉・肺・喘息・貧血・大腸・アレルギーなどの病気
・水…腎臓・泌尿器・生殖器・性病・女性器などの病気

八卦の疾病象意（断易では五行の象意を優先します）

・乾…頭・肺・大腸などの病気
・坤…胃・腹部などの病気
・震…肝臓・胆のう・足などの病気
・巽…肝臓・胆のう・尻・股・卒中などの病気
・坎…耳・膀胱・尿・腎臓などの病気
・離…目・心臓・小腸・血液などの病気
・艮…背中・鼻・手・腕・胃・脾臓などの病気
・兌…肺・胃・口・大腸などの病気

爻位による疾病の部位

・上爻…頭・頭髪・顔面（鼻・口・耳）・脳・頭蓋骨・髪
・五爻…首・喉（食道）・気管口・肩・腕・手
・四爻…胸部・心臓・肺・乳房・腹部上部（胃・脾臓・肝臓・胆のう）・背中
・三爻…腰部・腹部（小腸・大腸・膵臓・腎臓・膀胱）・臍・臀部・生殖器・肛門
・二爻…腰部（下部）・肛門・生殖器・腸・上脚（股関節・腿・膝）
・初爻…脚・足首・足の裏

安否占

安否占の用神

本人の疾病ではなく、身内・友人・恋人などの疾病については安否占となります。

六親五類別の用神

《用神…父母》親・祖父母の疾病

《用神…子孫》子供・孫の疾病
《用神…妻財》妻・恋人（女性）の疾病
《用神…官鬼》夫・恋人（男性）の疾病
《用神…兄弟》兄弟姉妹の疾病
《用神…応爻》友人・他人の疾病

重病の安否占の用神

進行した癌や脳溢血・白血病など非常に重い病気の場合、安否占であっても主体を病気とする場合は、用神を官鬼として取ります。

《用神…官鬼》安否占でも重病の時は官鬼（病気疾患）を主体と取ります。

《対象者…応爻》父・子・配偶者に関わらず、官鬼を主体とする安否占では応爻をその対象者と取ります。

●安否占の解説

安否占は、身内や他者の疾病占です。その場合は用神が対象者によって変わります。本人の疾病占では病気は官鬼ですが、安否占では用神がそれぞれ違うため、病気を官鬼で判断するとミスにつながります。この場合は用神を剋する**忌神**が病気疾患の役割をします。

ただし、安否占といえども重病で病気を主体に取る占事ならば、あくまでも官鬼を用神として取ります。

●安否占の注意点

(1)用神は変わりますが、おおむね判断法は疾病占と変わりません。

(2)用神を剋する忌神が病気疾患の役割を持ちます。例えば父の病気ならば父母爻が用神となります。月建・日辰から父母爻が休囚していれば、父の気力・体力は衰え、力がありません。そして忌神(病気疾患)の妻財が動爻となり父母爻を剋するのは、安否占としては凶になります。

(3)重病占の場合は、応爻が対象者となり官鬼が病気疾患となるため、応爻が官鬼を持つ状態は非常に危険です。

告知占

告知占の用神

告知占とは、疾患を抱える対象者に病気の告知をするかという占いです。

例えば医者から父の病気は進行した胃癌と言われた場合に、家族が本人（父）に告知すべきかどうかを占う場合です。

《用神…官鬼》官鬼が旺相するならば疾病を知ったことでかえって病気がひどくなる状態です。この場合は告知すべきではありません。逆に官鬼が休囚死するならば、告知が功を奏するのでこの場合は告知をすべきです。

●告知占の解説

告知占に関しては、以前関西の断易家である易八大師から、「告知したらどうなる」「告知しなかったらどうなる」と二通りの占事を行って比較するという方法をお聞きしたことがあります。この方法は非常に慎重を期したやり方で素晴らしいと思います。

「告知したらどうなる」の占断で用神官鬼が休囚して、「告知しなかったらどうなる」の占断で用神官鬼が旺相するならば、二通りの占断の結果が「告知すべき」と断じているため非常に信頼性が高い結果となります。

薬理占

薬理占の用神

薬の効果や相性、サプリメントが合うか、鍼や代替医療・民間医療が合うかなどは薬理占として占います。

《用神…子孫》官鬼（病気疾患）を尅する子孫は治療の用神であり、薬やサプリが本人にとって効果あるかを占断する場合は子孫が用神となります。

《原神…兄弟》子孫を生じ助ける兄弟爻が原神となります。動爻となれば、薬効を阻害する忌神である父母を洩らし、逆に子孫の効果を助けます。

《忌神…父母》子孫を剋する父母爻が忌神となります。父母爻は心労とストレスを象徴する六親で、薬効を阻害する凶神です。

●薬理占の解説

薬品占とは、薬局などで市販されている薬やサプリの効能に対する相性、副作用がないかなどの判断に用いられます。

用神は子孫です。子孫爻が月建・日辰から旺相して動爻となり、世爻に対して物来就我するのが最も効果的な形です。

逆に父母爻は薬効を阻害したり薬害を強める忌神です。動爻で旺相ならば注意が必要です。ですが原神兄弟は父母の凶意を緩和・中和する動きとなり、動爻ならば吉へと変わります。

その他は疾病占と同じ考えで良いでしょう。

五行別の治療に関する判断

疾病占では、子孫が治療のための爻となります。伝統的に子孫爻の五行を見て治療法を選択するという方法があります。現代は医療が発展し医療現場の診断に従うべきですので、参考程度にみてください。

・木…漢方・ハーブ療法・薬膳療法・断食・断酒・加持祈祷・森林浴
・火…お灸・湯治（温泉療法）・ラジウム・殺菌消毒・日光浴・よもぎ蒸し
・土…湿布・食事療法（菜食・酵素など）・毒素排出（デトックス）・自然療法
・金…鍼治療・整体・カイロプラクティック・光線療法・手術切除
・水…冷却法・瀉《しゃ》血・湯治・鉱泉飲料法・ビタミン栄養点滴

治療の方位に関する判断

疾病占では子孫が治療の用神であることは述べました。

そのため、病院の選び方や森林浴や湯治の場所を探すのに、子孫爻の地支が示す方位を吉方位として用いる方法があります。

例えば病院選びで子孫の地支が「子」ならば北方位の病院、湯治場を探す時に子孫の地支が「申」ならば西南西方位を探すと良いでしょう。

【例題1】疾病占

相談者：60代 女性

ずっと膝が痛く、病院でリウマチと診断された。
今後、悪化はしないだろうか？

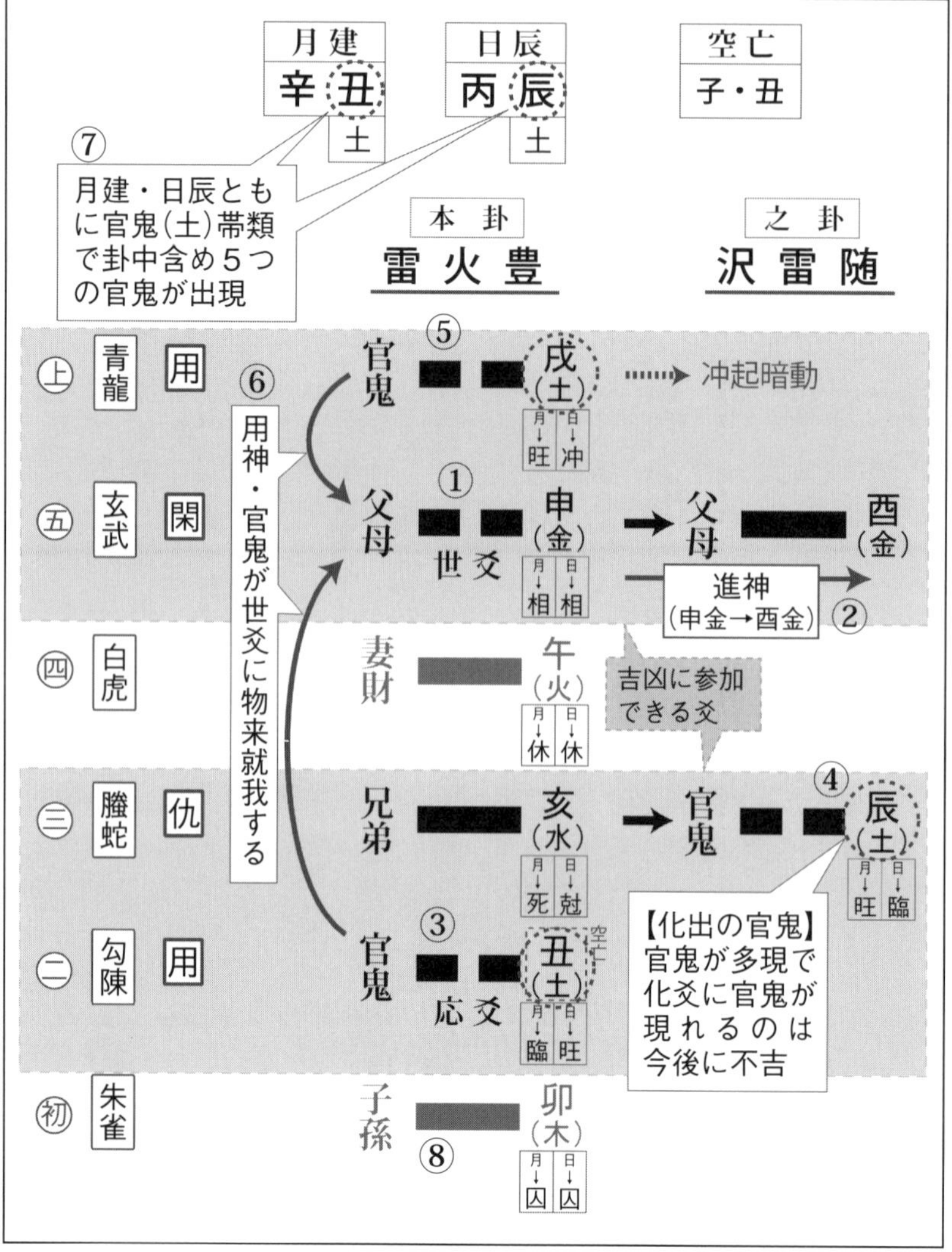

《断の部》吉凶の占断

立卦して得た本卦は「雷火豊《らいかほう》」で、三爻と五爻が動爻となり之卦が「沢雷随《たくらいずい》」になりました。

疾病占の用神は「官鬼」です。同時に身体を意味する「世爻」もチェックします。

吉凶占断に影響する爻は、

・二爻の官鬼・**丑土**（用神）
・三爻の動爻となる兄弟・**亥水**（仇神）
・五爻の動爻となる父母・**申金**（閑神）、世爻が付く
・上爻の暗動する官鬼・**戌土**（用神）

その他に暗動はありません。そのため、二爻・三爻・五爻・上爻が吉凶占断に影響をもたらします。

①五爻の世爻・**申金**は父母を持世しています。月建・丑土から相生、日辰・辰土から相生され、世爻は強い状態で吉です。

②また、この世爻・**申金**は動爻となり、化爻は酉金です。「申金→酉金」で同行の順行の動きですから「進神」となります。疾病占で世爻が進神となるのは有利です。

③二爻と上爻に疾病占の用神である官鬼があります。リウマチで膝が痛いのですから、爻位として二爻

は膝の部位に該当するため二爻の官鬼・**丑土**をメインの用神として見ていきます。**丑土**は空亡ですが月建・丑土から臨んでいるため実が入り空亡が開けた状態です。日辰からも旺じますので、ほぼ実が入り空亡とは言えない状態です。疾病占で官鬼が臨旺するのは凶です。

④三爻の兄弟・**亥水**は動爻です。化爻には官鬼・辰土が出現しているため、化出の用神が現れます。

⑤上爻にも用神である官鬼・**戌土**があります。月建・丑土から旺じ、日辰・辰土から冲を受けるため「冲起暗動」して弱い動爻となります。

⑥用神官鬼は土の地支で、用神・**申金**を物来就我します。そのため疾病占では世爻は官鬼（疾病）の影響を受ける状態となります。四爻の化出の用神である官鬼・辰土も同様に物来就我します。

⑦疾病占や災い占で官鬼が卦中および月建・日辰に3つ以上現れる場合は不吉です。この卦では5つの官鬼が現れています。

⑧官鬼の忌神である子孫・卯木は静爻で、月建・日辰から囚され力なく、用神を制することができません。

【占断の結論】

疾病占としては官鬼が5つ現れ、忌神が弱い静爻となり、官鬼が世爻に物来就我するため、疾病として注意が必要です。特に三爻に化出した官鬼は今後の症状が悪化する懸念を示すことから、病院でしっかり検査すべきです。

《象の部》状況分析と対策

疾病占で官鬼が3つ以上出現するのは不吉ですが、特に化出の官鬼が現れると症状の悪化や転移などの心配があります。二爻（膝）の部位だけでなく上爻（頭）の部位に官鬼があるため、痛みが強い（脳が痛みを感じる）か頭痛などの症状があるかもしれません。

世爻が月建・日辰から相生されているため、体力的にはまだ問題ないと思います。しかし多現している官鬼は旺相しており、今後痛みが増したり（上爻の暗動）、腰痛（三爻の化出官鬼）などの懸念があります。子孫が月建・日辰から囚しており、身体のメンテナンスをあまり意識していないように見受けられるため、今後は病院と連携して改善に努めるべきです。

【結果】

病院でリウマチと診断され、服薬や湿布をするものの今までと変わりない生活を行っていたら、ある時から痛みが増すようになり、医者からも食事療法など生活の改善を指示されたようです。本人もよくやく心配になり、本気になって生活改善を行っているそうです。

【例題2】疾病占（危篤占）

相談者：50代 男性

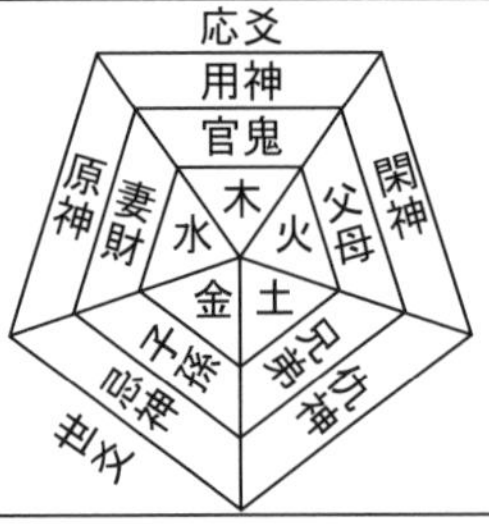

取引先の社長さんが脳溢血で倒れた。
意識不明で予断を許さない。
大丈夫だろうか？

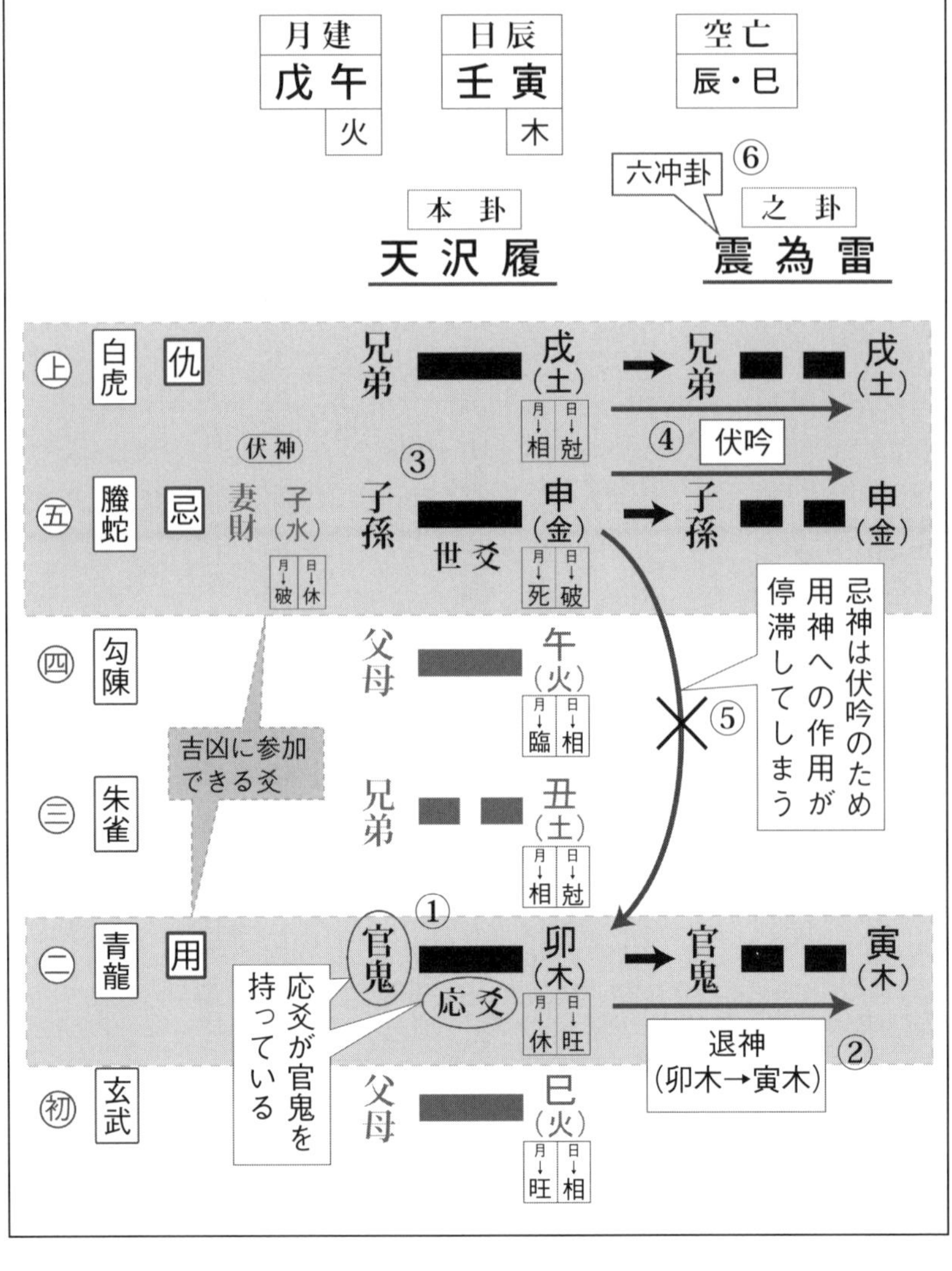

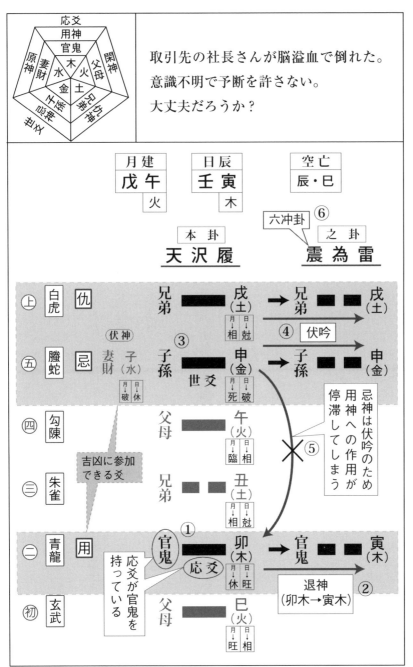

《断の部》吉凶の占断

疾病占の中でも重病や危篤の占断は特に用神と取り方を慎重にしなければなりません。

立卦して得た本卦は「天沢履《てんたくり》」で、二爻・五爻・上爻が動爻となり之卦が「震為雷《しんいらい》」になりました。

疾病占の用神は「官鬼」ですが、知人の容態という占的のため、「応爻」も知人の身体として見て占断します。

吉凶占断に影響する爻は、

・二爻の動爻である官鬼・**卯木**（用神）。同時に応爻が付く

・五爻の動爻である子孫・**申金**（忌神）

・上爻の動爻である兄弟・**戌土**（仇神）

その他に暗動はありません。そのため、二爻・用神と五爻・上爻が吉凶占断に影響をもたらします。

①二爻の官鬼・**卯木**は応爻が付いています。知人の容態のため、他人である応爻が知人の容態・身体となります。危篤状態や重病・重症の占断で官鬼に応爻が付くのは不吉です。応爻は旺相するのが良く、官鬼は休囚するのが疾病占では吉だからです。通常の疾病占では世爻や応爻を優先しますが、重傷・危篤占では官鬼を重視せざる得ないため、官鬼に応爻が付く卦は非常に重い状態を意味するのです。

官鬼・**卯木**は月建・午木から休していますが、日辰・寅木から旺するため応爻にとっては良いです。

②二爻の官鬼（応爻）・**卯木**は動爻となり寅木に化しています。同行地支が「卯木→寅木」と逆行しているため「退神」となっています。官鬼が退神となるのは病気の動きが遅くなるため良いですが、応爻が退神するのは容態にとって良くありません。

③五爻の子孫・**申金**が動爻です。月建・午火から死して日辰・寅木から日破ですから、子孫は傷つき力がありません。本来、子孫は官鬼を剋するため吉ですが、この卦では応爻も一緒に剋するため危険です。

④五爻と上爻が2つ動爻となり、化爻も同地支のため「伏吟」となります。伏吟の現れる卦は全体的に停滞感が伴います。

⑤そして何より五爻の子孫・**申金**が伏吟で、子孫の動きに停滞がでるため、二爻の官鬼への作用が進まず凶です。

⑥之卦は六冲卦です。危篤や重病では六冲卦は凶となります。

【占断の結論】

危篤占で官鬼に応爻が付くのは改善させるのが非常に難しい形です。また忌神の子孫が弱く、さらに伏吟となるのも、官鬼を制することができず良くありません。応爻が日辰から旺じているのが救いですが、動爻となり退神のため意識が戻る可能性は低いでしょう。

《象の部》状況分析と対策

吉凶占から見ると、官鬼に応爻が付いている状態は非常に不吉です。別々の場合ならば応爻が旺相して官鬼が休囚するなら回復の可能性が高くなりますが、危篤や意識不明の状態では応爻が休囚するのは意識不明のままか脳死や死亡の可能性があります。

そして事象として不思議なのは子孫・**申金**が伏吟ということです。治療や手術が止まるというのは、何らかの問題で治療や手術を行えない可能性を示唆しています。もともと子孫が月建・日辰からともに弱いため治療できる可能性が低いですが、その可能性すらつぶしてしまいます。

※伏吟は2つの爻が動爻になって初めて伏吟になるため、片方の動爻はあまり意味がありません。むしろ伏吟という形そのものが重要な場合があります。この占断では五爻の子孫に意味がありますが、上爻の兄弟はそれほど重視しません。または子孫を生じる爻としてフォロー程度に読みます。

【結果】

この方は脳溢血で意識不明の状態となりましたが、以前にも脳溢血で手術経験があったそうです。その後、遺言があったのか「2度目に倒れたら手術をしないでほしい」という意向があったようで、親族間で意見が割れてなかなか治療が進まなかったようです。

その後、1週間くらいで亡くなられました。応期として死亡した日は二爻退神の化爻の寅日でした。

【例題3】薬理占　相談者：50代 男性

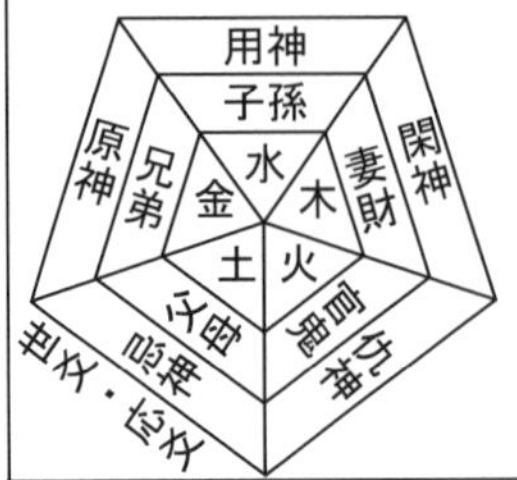

長年腰痛に苦しんでいる。
うまいと定評がある鍼灸院を知り合いから紹介されたが、私に効果はあるだろうか？

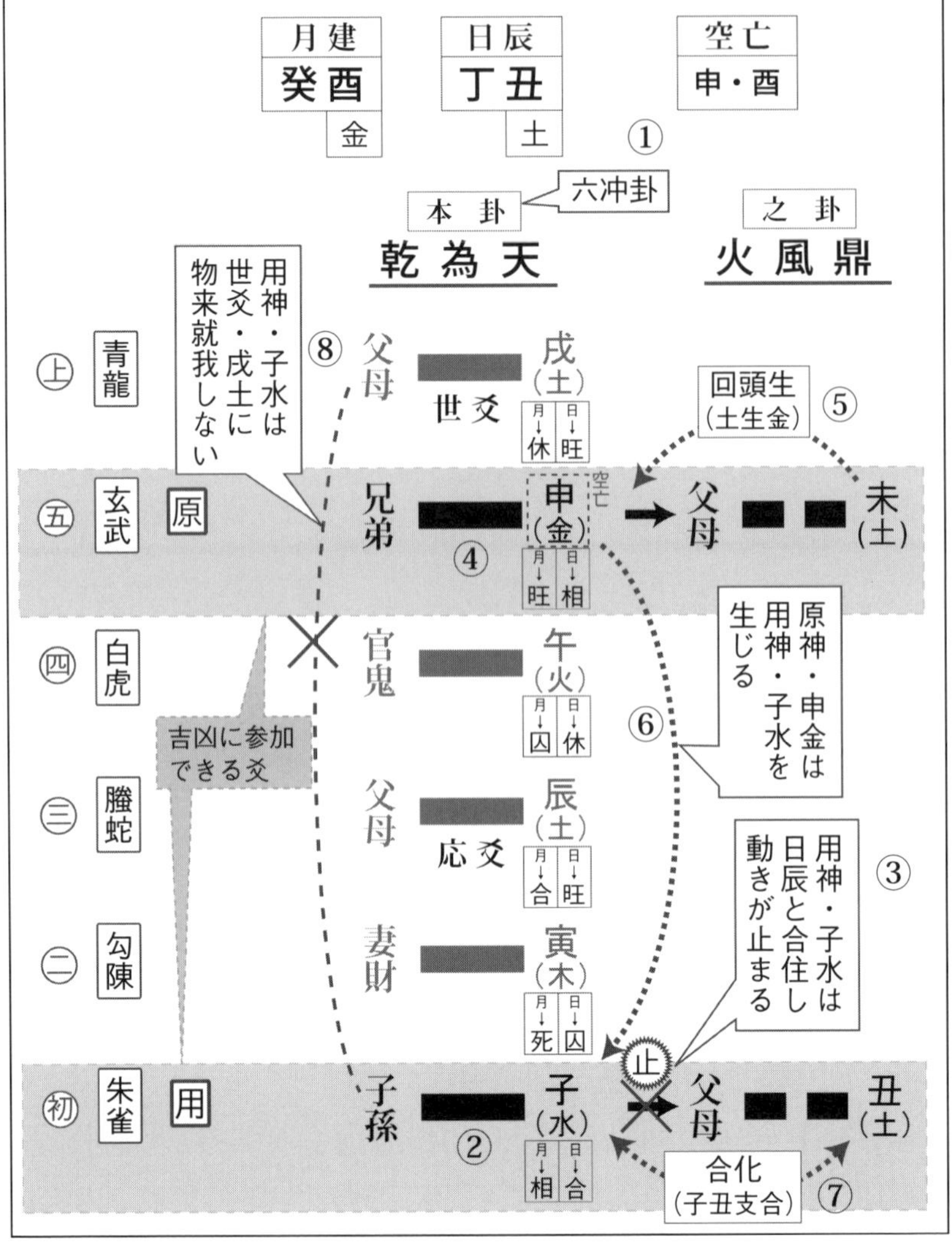

《断の部》吉凶の占断

薬やサプリ、そして整体や鍼灸などの治療の効果を調べる場合は薬理占となります。この卦では長年患っている腰痛に対する薬理占となります。

立卦して得た本卦は「乾為天《けんいてん》」で、初爻と五爻が動爻となり之卦が「火風鼎《かふうてい》」になりました。

薬理占の用神は「子孫」です。そして世爻への「物来就我」がポイントとなります。

吉凶占断に影響する爻は、

・初爻の子孫・**子水**（用神）

・五爻の兄弟・**申金**（原神）

その他に暗動はありません。そのため、初爻・用神と五爻・原神が吉凶占断に影響をもたらします。

①本卦は六冲卦です。長患いの腰痛は久病の部類ですから六冲卦は良くありません。

②初爻の用神である子孫・**子水**は動爻です。月建・酉金から相生され、日辰・丑土から合するため、強められ吉です。

③初爻の用神・**子水**は動爻ですが、日辰・丑土と合するため「合住」となり、動爻の動きが止まります。

④五爻の兄弟・**申金**は動爻となっています。月建・酉金から旺じ、日辰・丑土から相生されるため非常

に強い動爻となります。

⑤五爻の兄弟・**申金**は動爻となり未土に化します。化爻・未土は本爻・**申金**を「土生金」で生じるため「回頭生」となり、**申金**はより強くなります。

⑥五爻の兄弟・**申金**は初爻の子孫・**子水**を生じ助けます。

⑦原神から生じられる用神の子孫・**子水**は合住で動爻が停止しますが、応期が来れば動爻の力を取り戻します。しかし、化爻が丑土のため本爻・**子水**と「子丑の支合」となり「合化」し、またしても動きが鈍くなります。

⑧動きの鈍い子孫・**子水**は動いたとしても上爻の世爻・戌土へ「物来就我」しません。

【占断の結論】

初爻の子孫・**子水**は月建から相生、原神の兄弟・**申金**からも生じられるため強い状態ですが、日辰や動爻から合され、動くに動けない状態となります。世爻への物来就我もありません。そのため治療の効果があまり伝わらないようです。凶とは言えませんが、完治できる効果は期待できません。

《象の部》状況分析と対策

強い子孫であるにも関わらず日辰と合住したり、動爻の動きが「合化」するなど、子孫の動きが悪い卦です。本来、治療占やサプリ占で子孫が強いのは本来効果がある形です。
しかし、合住や合化というのは効果に時間がかかる形です。
また、子孫が世爻へ物来就我しないのも、治療法との相性の問題も感じられます。

【結果】

相談者は知人の紹介で、実績のある鍼灸院と聞き期待をもって訪問したそうです。最初はずいぶんと腰痛も和らぎ効果を実感したようですが、1週間もしないうちに痛みが再発。4カ月通っても同じ状態が続いたため、費用や距離的なことも考え通院をやめてしまったようです。

第二十五章　天気占・天災占

古来より占いの中で最も需要のあった分野とは、実は天気占です。

当然ですが、20世紀になってからようやく科学的に天候を予測できるようになったのです。

それまでは、占い師が天候を読む仕事をしていました。平安時代の陰陽道は天文から天候に至るまで広範囲に調べていたのです。それは明日の天気というレベルではなく翌年の天候まで予測していました。

これは特に農業が生活の豊かさに直結していた時代だからでもあります。天候が乱れれば飢饉になったり略奪の戦争が起きる時代です。天候を予測できる占い師は、生命線だったかもしれないのです。

現在は、日本も気象庁が存在し、詳細な天気予報をしてくれる時代ですから、占いの相談で天気を占うことは稀です。ですが「今週の日曜のイベント、天気予報では雨が降るかもしれないのですが開催できそうですか？」と言った相談は意外とあります。

また、より個人的な天気占は十分需要があります。たとえその日に雨が降ったとしてもタイミング良く被害にあわない幸運に恵まれたりすることが、断易の天気占ではわかりやすく予測できます。

著者自身、最もよく使用する断易占は天気占かもしれません。天気や怪しい時は出かける前にすぐ占えるよう玄関には天気占用のサイコロが置いてあります。大変重宝する占事です。

天気占

天気占の用神

天気占では六親五類にそれぞれ役割がありますが、特に父母と妻財が重要になります。

《雨雪の用神…父母》雨・雪を表す。
《晴れの用神…妻財》晴天を表す。
《快晴の用神…子孫》晴れ・太陽・月・星を表す。
《風雲の用神…兄弟》風・雲を表す。
《雷嵐の用神…官鬼》雷・嵐・台風・天変地異を表す。

「晴れになるか?」では妻財が重要です。「雨が降るか?」では父母が重要です。「天気はどうなるか?」では妻財と父母の両方の旺相や動きを見る必要があります。

天気占での世爻の役割

本人や現在地を表します。

天気占での応爻の役割

到着場所や移動場所、また別の場所を表します。

●天気占の解説

天気占の用神は大きく2つあります。晴れの用神が「妻財」、雨の用神が「父母」となります。「晴れるか？」という問いの場合は主に妻財が用神となります。「雨が降るか？」では主に父母爻が用神となります。通常はもっとアバウトに「天気はどうなる？」という問いかけですが、その場合は妻財・父母両方を見て判断することになります。

また雨が降ると予測しても、世爻と父母爻の関係性によっては依頼者自身が被害にあわない場合がありますす。それは爻の位置が重要になります。その他、快晴の準用神として子孫、風や雲の用神として兄弟、雷・嵐・天災などは官鬼を見て判断します。

●天気占の注意点

父　母

(1)父母が動爻の場合は、月建・日辰からの旺相休囚死に関わらず雨が降る可能性が高いのです。月建・日辰から旺相していれば雨が強く降り、休因ならば小雨となるでしょう。

(2)父母が進神ならば雨脚はだんだん強くなります。退神ならば雨脚は次第に弱くなってくるでしょう。父母爻が旺支となって三合局が成立すれば必ず広範囲で雨が降ります。

(3)父母が静爻で、月建・日辰から休因しており忌神（妻財）に尅されている場合は雨が降りません。

(4)父母爻が動爻でも日辰から合住ならば、父母の地支と冲する日か時間に雨が降るでしょう。また他爻から父母が支合ならば、これも合住に似た形となります。

(5)父母が月破ならば、通常雨は降りません。月破であっても日辰から臨旺、または合起していれば雨が降る可能性があります。

(6)父母が有用の空亡ならば、実が入る日時か開冲する日時に雨が降るでしょう。しかし無用の空亡ならば雨は降りません。

(7)父母が月建と臨んで動爻となる場合、以下のパターンが加わると梅雨のように長期間雨になる可能性が高いです。一つは父母が進神となっている場合、もう一つは日辰が父母の長生支の場合です。

妻　財

⑴父母が静爻で休囚していて妻財が動爻となっている場合は晴れるでしょう。さらに妻財が旺支となり三合局が成立していれば必ず晴れます。

⑵妻財が独発となり子孫に化する（回頭生）と、雲ひとつなない快晴となるでしょう。

⑶日辰の地支が妻財の長生支であれば、雨が降っていてもすぐに雨は止む可能性が高いでしょう。

⑷妻財爻が動爻となり進神ならば天気がだんだん良くなっていきますが、退神ならばだんだん雲が出てくるでしょう。この場合、父母が休囚ならば雨が降るまではいきません。

子　孫

⑴子孫は晴れの準用神です。子孫が動爻となり旺相し、父母が休囚していれば晴れるでしょう。

⑵子孫爻が旺相で動爻となり進神ならばカンカン照りで雲ひとつない快晴になります。退神ならば晴れている時間は短いでしょうが、父母が休囚ならば雨は降らないでしょう。

⑶父母が動爻となり子孫や妻財に化するならば、曇り程度から晴れになるか、雨が短時間降ってその後虹がでるでしょう。

兄　弟

(1)兄弟は主に風や曇りを意味します。そのため兄弟が動爻ならば風が強くなります。さらに旺相していたり三合会局が成立すると強風となるでしょう。しかし休囚ならば対した風は吹かないでしょう。
(2)兄弟と父母が同時に動爻となっているならば、天気が大荒れになる可能性が高いです。
(3)兄弟が動爻となっても父母が静爻で休囚ならば、風が吹くか曇りのままで雨は降りません。

官　鬼

(1)官鬼は天災や災害の用神ですが、通常の天気占では強い作用はありません。例えば官鬼だけが独発しているならば、季節によりますが通常曇る程度で済む場合が多いのです。
(2)官鬼爻が動爻となり父母に化するならば、曇りから雨になるでしょう。
(3)官鬼と父母が両方とも動爻となり旺相していると雷雨になる可能性が高いです。

世爻・応爻

(1)世爻は依頼者本人を表します。父母が旺相し動爻となり世爻が父母を持っていれば必ず雨に降られます。また、父母が動爻となり世爻に対して物来就我していても雨に降られるでしょう。しかし、父母が旺相していても静爻で世爻と父母が六爻上で離れていれば、雨が降っても直接被害にあいません。例えば父母爻が上爻にあり、世爻が二爻にあれば、父母は遠く離れていて世爻への影響が弱いのです。

(2)父母が動爻であっても世爻が妻財を持って旺相ならば、タイミングよく雨の被害にあわない可能性があります。例えば室内にいる時に雨が降って外出する時は晴れる、などです。

(3)応爻は別の場所です。父母が旺相していても静爻で応爻が乗るならば、別の場所で雨が降って本人にはそれほど影響はありません。

(4)しかし応爻は、出張などの外出の場合は到着地となるため、3の状態では家を出る時は晴れていても現地に到着した時には雨が降っている可能性があります。

天災占

天災占の用神

天災占とは、主に台風や地震などの天変地異や自然災害を占う場合の総称です。これらの災害の中でも地震占や火山占は難易度が高い占的ですので、本書では台風・暴風・雷雨などを中心に解説しています。

《用神…官鬼》通常の天気占の範疇を超えた大型台風や暴風警戒、大雨雷雨注意に関しては「被害」という観点から官鬼を用神とします。災い占の場合、用神は弱いことが吉です。旺相すると被害が大きくなります。

《原神…妻財》用神を助ける原神は妻財です。災い占の場合、用神は弱い方が良いですが、原神は用神を助けるため天災占では被害を助長する凶神となります。

《忌神…子孫》用神を傷つける忌神は子孫です。天災占では被害を抑える吉の役割をします。

●天災占の解説

天災占の場合、最も多い占事が台風と地震ですが、目安の付かない地震占は難物中の難物で入門者向きではありませんので本書では割愛しています。台風占は通常、太平洋上に台風が発生したのちに気象庁などの情報から被害の懸念もあって占うか、沖縄や九州南部などのように台風被害に遭いやすい地域の被害予測などが主です。

用神は官鬼です。災いを占う場合は用神が休囚死していれば吉で、用神が旺相するのは凶です。また、官鬼が動爻となり世爻に対して物来就我するのも、依頼者本人や現地に対して被害の影響をもたらす可能性があるため、官鬼と世爻は関連性がない方が安全です。

●天災占の注意点

(1)官鬼が動爻の場合は少なからず影響があるでしょう。月建・日辰から旺相か休囚かは被害の大きさの違いです。

(2)台風占は、用神である官鬼と世爻（本人または本人がいる所在地）の関係が重要なポイントです。世爻が官鬼を持つ状態、または官鬼動爻となり世爻に物来就我する場合は、台風は所在地に上陸・通過するでしょう。官鬼が旺相して回頭生か進神ならば被害が深刻になる危険が高くなります。

(3)子孫は天災の忌神です。官鬼を制するため子孫が動爻または暗動（合起・冲起）するのは被害を抑制する働きをします。

(4)官鬼が日辰に臨んでいる状態は静爻であっても良くありません。臨んでいるということは官鬼の地支と日辰の地支が同じです。これでは日辰そのものが官鬼と同じ役割をすることになります（日辰帯類↓174頁で解説）。官鬼と物来就我していると、日辰を通して官鬼の影響を受けてしまいます。

【例題1】天気占

相談者：30代 男性

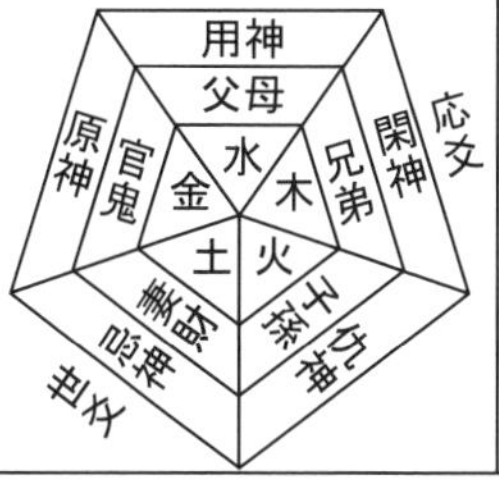

仕事で外出する予定だが、天気予報では雨。
これから出かければ雨に降られるか？

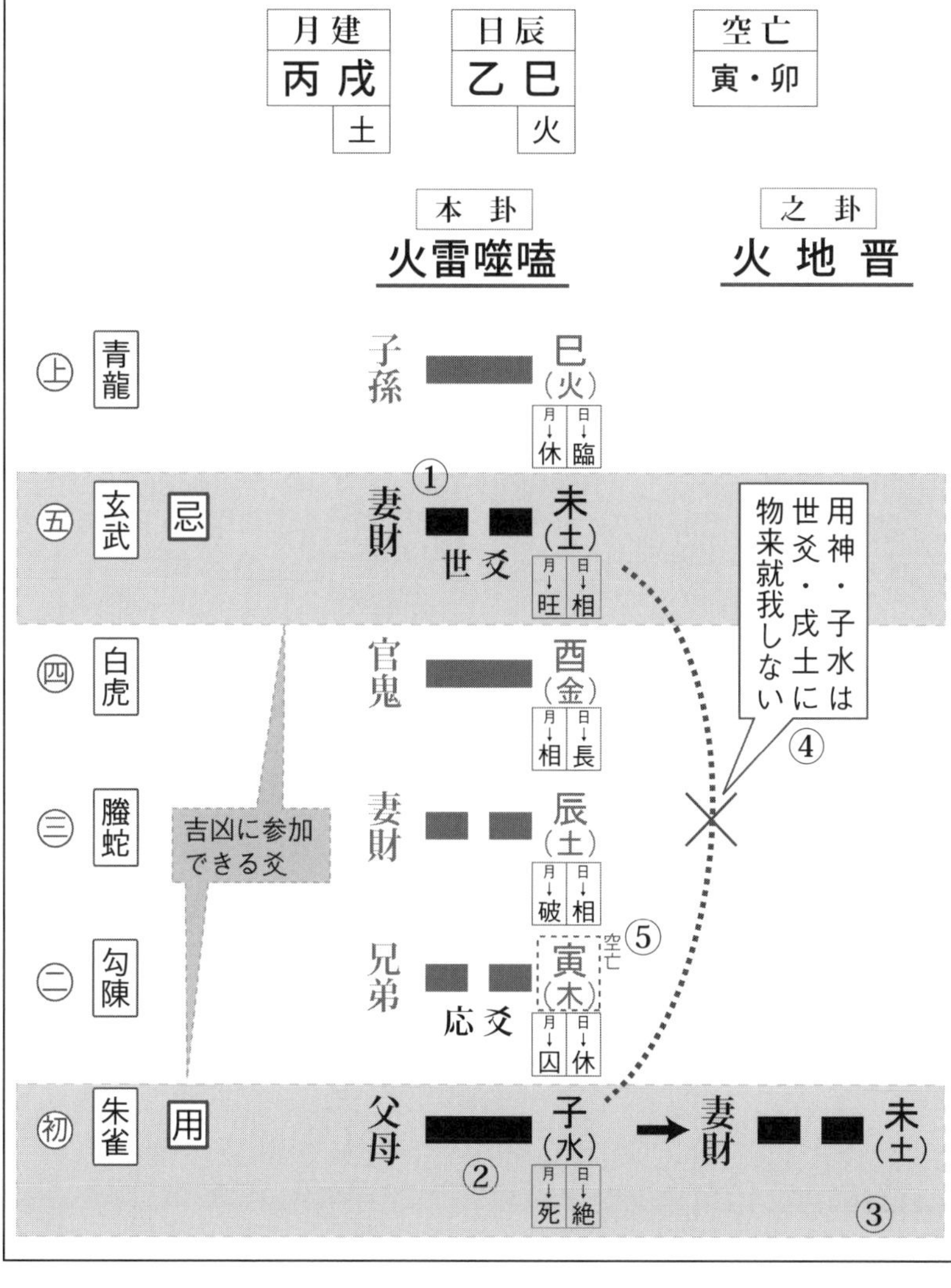

《断の部》吉凶の占断

古書の占例にでてくる天気占に比べ、現代の、特に日本では気象庁の天気予報の精度が高いため、個人的な天気占の需要が明確になってきています。この例はその代表的な例題です。

立卦して得た本卦は「火雷噬嗑《からいぜいごう》」で、初爻が動爻となり之卦が「火地晋《かちしん》」になりました。「雨に降られるか」という相談ですから、メインの用神は「父母」となりますが、晴れの用神である「妻財」「子孫」のチェックも同時に行います。また世爻の爻位も大切です。

吉凶占断に影響する爻は、

・初爻の父母・**子水**（用神）

・五爻の妻財・**未土**（忌神）

他に暗動はありません。そのため初爻の用神・父母と五爻の忌神・妻財、この2つの爻が吉凶に影響をもたらします。

①世爻は五爻にあり、妻財・**未土**を持世しています。晴れの用神である妻財を世爻が持世しているのは良い配置です。妻財・**未土**は月建・戌土から旺じて日辰・巳火から相生され、非常に強い状態です。

②雨の用神である父母・**子水**は初爻にあり、動爻です。月建・戌土から死となり、日辰・巳火から入絶

（四）と弱い状態です。

③**初爻**の父母・**子水**は動爻です。父母は月建・日辰から弱くても動爻になれば雨に動きが出てくるため、不吉です。

④**子水**は月建・日辰から弱いながらも動爻である以上、世爻との関係を見る必要があります。用神・**子水**は世爻・**未土**へ物来就我は起きていません。

【占断の結論】

父母・**子水**は月建から死しており日辰にも入絶するため強くありません。動爻ですが弱くなおかつ世爻・**未土**へ物来就我がないため、雨が降ってもそれほど影響はないでしょう。

《象の部》状況分析と対策

天気占で重要なのは雨の用神である父母の状態だけでなく世爻との関係です。父母から世爻へ物来就我があれば、父母が弱くともある程度は雨の影響が世爻へ流れてきます。しかし物来就我がなく父母が初爻、世爻が五爻と爻位にも距離がある場合、世爻からすると「遠くで雨が降っている」状態となり、影響が非常に少なくなります。ましてや世爻は晴れの用神である妻財を持世しており、月建・日辰から臨旺しているため、世爻の頭上はほぼ雨のない形です。

⑤応爻が出かける場所を表しますが、応爻・**寅木**は父母・**子水**から生じられるため影響があります。しかし、寅木は空亡のため冲開する申の時間までは吉も凶も影響を与えることができません。そのため夕方までは出かけても雨に降られる可能性は低いでしょう。

【結果】

これは占い師の自占です。出かける時に天気予報を見たら都内は雨の予報でしたが、自宅のある地域（川越）は晴れていたようなので、出かける前にサイコロを振った卦が本卦です。その結果、夕方には戻る予定だったので傘を持たずに出かけたようです。都内では、喫茶店で打ち合わせをしている時に雨が降ったようですが、外に出た時には止んでいたそうです。夕方には自宅に戻り、そのあとに川越でも雨が降ってきたとのことでした。

【例題2】天災占

相談者：40代 男性

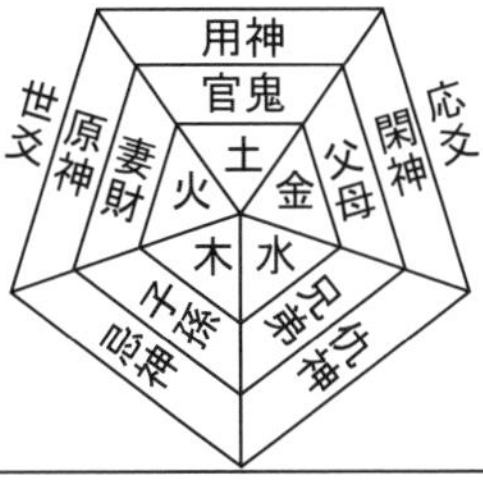

2019年10月、関東に大規模台風が上陸する予報が出た。
自分の住む地域は台風被害に遭うか？

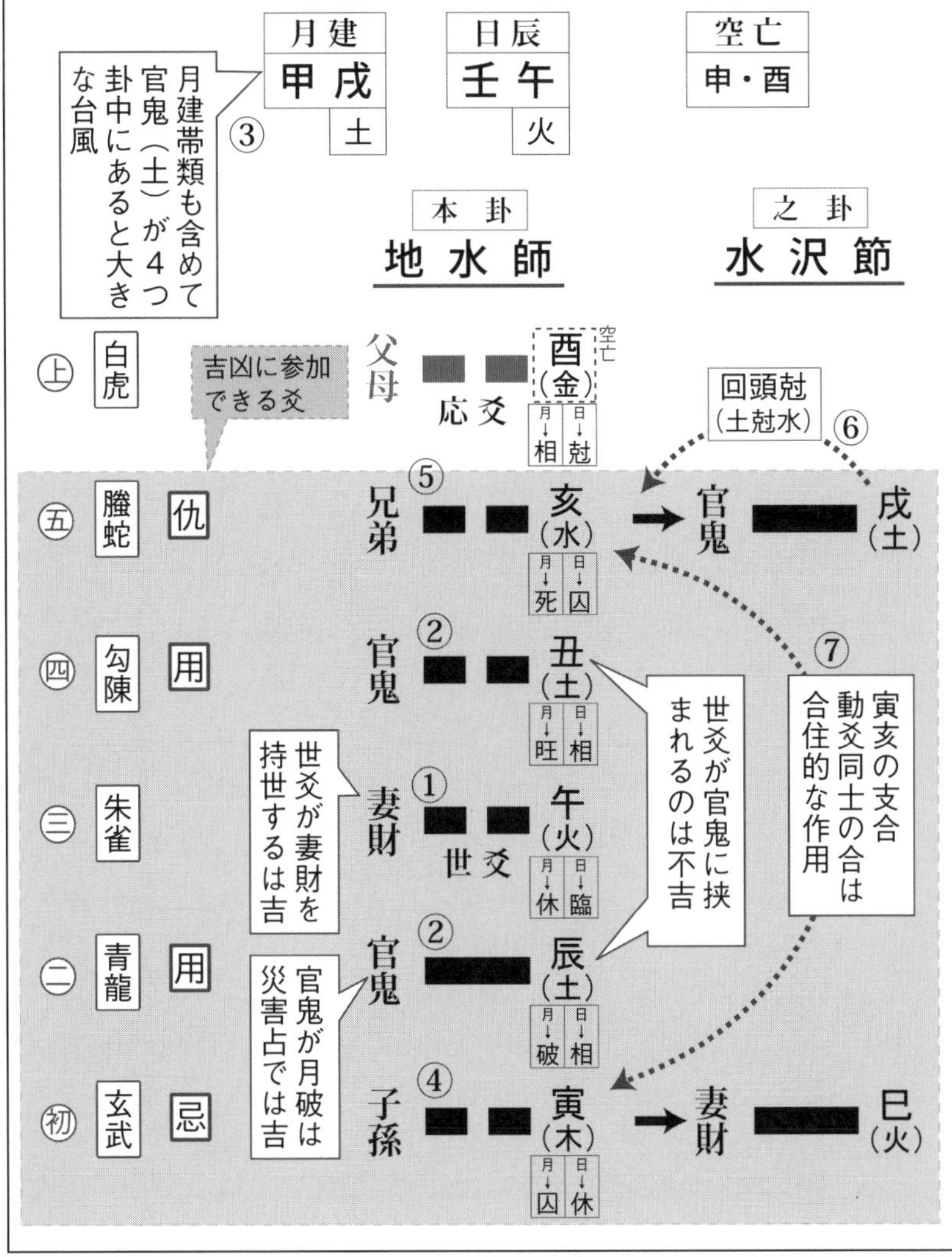

《断の部》吉凶の占断

２０１９年10月、関東に大型台風が上陸するかもしれないという気象庁予測が報じられ、占断したものです。

立卦して得た本卦は「地水師《ちすいし》」で、初爻・五爻が動爻となり之卦が「水沢節《すいたくせつ》」になりました。

災害占の用神は「官鬼」となります。被害の大きさは官鬼だけでなく世爻との関わりも重要です。

吉凶占断に影響する爻は、

・初爻の動爻である子孫・**寅木**（忌神）
・二爻の官鬼・**辰土**（用神）
・三爻の妻財・**午火**（世爻）
・四爻の官鬼・**丑土**（用神）
・五爻の動爻である兄弟・**亥水**（仇神）

その他に暗動はありません。そのため、初爻・二爻・三爻・四爻・五爻の５つの爻が吉凶占断に影響をもたらします。

①世爻が妻財・**午火**を持世しています。妻財は動爻となれば用神・官鬼を生じる原神ですが、静爻なら

ば晴れの象意を持つ六親のため、世爻が持世するのは災害占では吉です。月建・戌土から休ですが、日辰・午火から臨んでいます。災害占では世爻が旺相するのは吉です。

②官鬼が用神多現しています。本来ならば用神は1つにしぼりますが、この場合はどちらも世爻の隣にいるため両方見るべきです。あえて絞るなら月破を受ける二爻です。災害の用神である官鬼・**辰土**が月建・戌土から月破を受けるのは台風の威力を抑えるので吉です。しかし日辰・午火から旺じているため台風自体は弱いものになりません。

③月建の地支も戌土のため五行的には官鬼の地支で、月建に官鬼帯類となります。

④初爻に子孫・**寅木**が動爻となっています。月建・戌土から囚し日辰・午火から休のため、あまり強くありません。

⑤五爻の兄弟・**亥水**は動爻となっています。月建・戌土から死となり日辰・午火から囚するため、強くありません。

⑥しかも五爻は動爻となり戌土に化します。官鬼・戌土から兄弟・**亥水**は回頭剋となり、非常に傷つきます。

⑦五爻の兄弟・**亥水**は初爻の子孫・**寅木**と合してしまうため、子孫も兄弟も動きが止められます。子孫は官鬼を剋する役目を負うことができません。

【占断の結論】

官鬼が世爻と取り囲むような形で旺相しているため、被害はそれなりにありそうで要注意です。しかし世爻が日辰から臨んでいるのは救いです。二爻の官鬼・辰土が月破なのも救いです。周囲の被害はありつつも自宅周辺は大きな被害はないのではと思います。

《象の部》状況分析と対策

世爻を挟みこむように両隣に官鬼が配置されるのは不吉ですし、卦中に4つも官鬼があるのも大型台風が近くを移動する形と見てよいでしょう。

②官鬼が用神多現して世爻の両隣にいます。世爻の両隣から官鬼が挟むのは、台風がほぼ上空か付近を通過する形です。世爻が妻財を持世して旺相しているのが救いですが、それなりの被害が出そうな形になっています。

③本卦に官鬼が3つ、月建帯類のものも含め4つの官鬼があります。災害占・疾病占・病気占で官鬼が3つ以上あると被害が大きくなり、台風占で官鬼が4つあれば大型台風です。

その他にも④~⑥の動きが弱く、官鬼を制することができないのも大型台風がそれほど衰えずに上陸する可能性を表しています。

【結果】

大方の予想通り超大型台風が関東に上陸しました。強風と大雨で心配でしたが、相談者のご自宅は被害は免れました。しかし近郊周辺では避難勧告や一部浸水などがあったようです。

第二十六章　身命占・年運占（年筮《ねんぜい》）

※身命占は難易度が高い占事です。入門者は最初スルーして慣れてから挑戦されてもかまいません。

身命占とは、現代では「全体運占」と判断して良いと思います。古典書には「人生全般の運勢」「寿命占」など遠大な占的・占事も含まれています。

現代ではこのような広範囲の占事に関しては命術をメインとするか併用するのが常です。身命占は「最近の運勢」や「運が良いか」などの漠然とした運勢占がメインとなります。

これに「今年の運勢」「今月の運勢」などの時間の限定が加わると、「年運占」「月運占」となります。「年運占」は別名「年筮」とも呼ばれます。

特に年運占は毎年、年末年初に定期的に訪れるクライアントも多く、「今年のテーマ」や「注意事項」などを聞きに来ます。つまり、どのような卜占を行うにせよ、プロの占術家は必ず年運占の技法を持っているものです。恋愛占や仕事占と同じく必須の項目なのです。

さらに今年の「ラッキーアイテム」「ラッキーカラー」「運の良い時期・悪い時期」というラッキーアド

バイスもよく求められますので、本章で紹介したいと思います。

身命占

身命占の用神

身命占は全体的な運勢を占うため、世爻を中心に六親五類をすべて用います。

《用神…世爻》依頼者本人を表す世爻が身命占の中心です。世爻の旺相休囚、そして六親持世、物来就我が身命占のポイントとなります。

《妻財爻》財運や事業者の場合は商売運をみます。依頼者が男性だった場合の異性運（女性運）や結婚運は妻財をみます。

《官鬼爻》依頼者が女性の場合は異性運（男性運）や結婚運をみます。官鬼は身命占では難易度が高いです。通常官鬼は疾病やトラブルとし、持世は注意です。

《子孫爻》子供運や出産運をみます。また趣味や娯楽などをみます。また旺相していればチャンス運やラッキー運を表す場合があります。

《父母爻》親との関係や運をみます。また引っ越しや住居運をみます。

《兄弟爻》兄弟との関係や運をみます。兄弟は破財爻とも言われ、浪費・出費が現れる場合があります。

《応爻》友人・知人・敵・ライヴァルなど特定の人物を表します。また、どの六親を持つかで、その身内との関係が現れる場合があります。

●日辰帯類《にっしんたいるい》

ここで、前章でも少しふれた重要な用語「日辰帯類」について説明します。

日辰帯類とは、日辰の五行が本卦のどの六親五類の区分と同じかを見るのです。例えば本卦の妻財爻が寅（木）で、日辰の地支が卯（木）ならば、日辰は木＝妻財の六親五類を「帯類」しているとみます。

この場合、日辰は、帯類した六親五類と同じ役割として世爻に影響を与えます。本卦の妻財爻が静爻ならば、本来は妻財爻は他爻に影響し得ませんが、身命占では日辰が帯類した六親の影響を本卦に与えることができるのです。身命占・年運占ではこの日辰帯類をよく使用しますので、注意してください。

●身命占の解説

身命占は我が身の運勢ですので、用神は世爻です。

ただ、用神だけでなく原神・忌神・仇神・動爻など主要な爻についてはすべて判断していきます。

特に注目するのは、①世爻の六親持世、②日辰帯類と世爻との関係性、③動爻の六親、伏神の六親と世爻の関係——です。

①世爻の六親持世によって、強く影響する六親五類が判ります。例えば持世するのが兄弟爻ならば破財や損失・浪費の影響が考えられます。動爻や暗動（特に合起）は財運の妻財を剋すようになるため特に影響が強いです。また世爻の官鬼を持世するならば、月建・日辰から旺相または合していれば名声・栄誉・出世などがテーマになりますが、休囚死や破ならば病気などの問題に注意が必要です。

②続いて日辰帯類と世爻の関係性です。例えば世爻の持世が妻財（地支・丑土）で月建から旺相しているならば、最初は財運に有利です。しかし日辰が卯木ならば日辰帯類は兄弟なので、日辰から世爻・丑土は剋され、最終的には破財・散財・損失などの影響があります。

③日辰帯類による暗動（冲起・合起）は陰や見えないところでの動きになる場合があるので、見落とさないようにしましょう。例えば日辰帯類が官鬼で、日辰から合起暗動する妻財が月建から相生し世爻に対して物来就我していれば、男性・昇進・入賞（官鬼）などの影響から収入（妻財）が入るなどの影響があり得ます。

別の例として、日辰が妻財（地支・寅木）を帯類し世爻（申金）ならば冲起暗動します。この場合、世爻は兄弟を持世することになり暗動します。これは最初に妻財の影響から財運が動く（暗動）ため良い影響があるように思えますが、兄弟（破財）が暗動することになるため、結局知らず知らずのうちに散財・浪費する可能性が高くなります。

④次に動爻となっている六親五類は世爻にどう影響しているのチェックです。例えば世爻が妻財を持世していて、他爻の子孫が動爻となっていれば子孫は世爻（妻財）を相生するため、財運を助力します。また、子供や娯楽・趣味などは世爻にメリットをもたらすでしょう。

⑤他の静爻で特に世爻と関わりのない六親は身命占ではそれほど強く影響しません。ただし、動爻や月建・日辰から尅・破・墓絶となっているならば、その六親五類のテーマは身命占ではあまり有利に働きませんし、問題を抱えやすいでしょう。

⑥伏神になった六親五類は有用の伏神であっても最初はステージ上に上がってないため扱いにくいテーマとなります。無用の伏神ならば凶となります。

●身命占の注意点

⑴日辰が妻財を帯類していて世爻と合住ならば、入ってくる予定の財が入らないなど、もどかしい状態になります。

⑵女性が相談者で官鬼が日辰帯類となり、世爻が月建から旺相して日辰から相生または合起するならば、男性（官鬼）との縁ができる暗示があります。男性の場合は妻財が日辰帯類して同じ形ならば同様の暗示となります。

(3)世爻が有用の空亡ならば、実が入るか冲するタイミングで様々な影響が動き出します。特に動爻の空亡は実が入るか冲開する応期で即座に動き出します。例えば世爻が妻財帯類し空亡の動爻の場合ならば、応期で空亡を開ければ動かなかった財が急に動けるようになるでしょう。

(4)日辰帯類が官鬼だった場合、月建からの休囚死している爻が日辰から冲破・合起する場合は、休囚する爻位（部位・箇所）に病気（官鬼）からの影響（冲・合）がありえます。日辰帯類が官鬼の時は、病気の暗示があるため、日辰からの冲と合の影響は見落とさないようにしましょう。

(5)日辰帯類が子孫だった場合、娯楽・趣味の影響がもたらされる可能性が高いのですが、世爻が官鬼を時世している場合は、子孫の尅を受けて労働意欲が低下したり自堕落な生活を送りやすいです。

年運占（年筮）

年運占の用神

年運占は基本的に身命占と同じですが、年運という時期的制限があるのが特徴です。

《用神…世爻》身命占と同じく用神は世爻です。その他の判断も基本的に身命占と変わりません。

太歳帯類

年運占は年の運勢ですから、太歳の地支の影響が重要です。日辰帯類ともに太歳帯類の六親五類からの影響を判断します。この場合の太歳地支は占う年の地支を用いてください。

年運占を行う時期

周易で来年の年運占は「冬至」の日に行うのが慣習です。断易は特に厳密な指定がありませんが、前年ならば冬至以降、その年の運勢ならば立春前日までに占う方が良いでしょう

●年運占の解説

年運占の判断は身命占と同じです。

●月運占

月運占は年運占と基本的判断は同じです。ただし、太歳帯類は用いません。また月建の帯類も用いませんので、日辰帯類をメインに用いてください。

●日運占

日運占は年運占と基本的判断は同じです。太歳帯類を用いず日辰帯類をメインに用いてください。

●身命占・年運占の開運方位

開運方位は子孫の地支が示す方位です。

方位による旅行・神社仏閣の開運法、お水取り・お土取りの開運法などは、気学などの方位術で用いられる技法です。これら卜占による技法をうまく用いれば、通常の方位術以上の効果を出すことが可能です。

九星や干支から導き出す吉方位は、例えば九紫火星生まれの人々すべてに共通する方位です。しかし卜占で導き出した吉方位は占断対象の個人のみ使用できる吉方位なのです。

用神は吉祥を意味する子孫です。卦中に現れた子孫の地支が開運方位になります。当然、気学や他の方位術を併用すればより開運度が高くなる可能性もあるため、年運占では非常に用いやすいと思います。

ただし、注意があります。子孫が日辰から休囚死の場合は効力は弱くなります。また子孫が月破となる月は効果よりも災いが出かねません。例えば子孫の地支が卯ならば、酉月に方位を用いると月破の作用が加わり、せっかくの開運方位が傷つきかねません。

逆に亥・子・寅・卯月などは相生月なので、他の方位術と吉方位が重なる場合は絶好のタイミングになるでしょう。

子孫の地支が表す方角は表26aの通りです。

地支	五行	方位
子	水	北
丑	土	北北東
寅	木	東北東
卯	木	東
辰	土	東南東
巳	火	南南東
午	火	南
未	土	南南西
申	金	西南西
酉	金	西
戌	土	西北西
亥	水	北北西

表26a　十二支と方位関係
（各方位30度）

●ラッキーカラー&ナンバー

方位と同じくラッキーカラーやナンバーは子孫の地支から出します。

ただし手帳の色など、毎年買い替える物の場合は妻財の地支を使用する場合があります。何年も使用するような財布は命占から導き出した方がよいでしょう。

ラッキーナンバーは、1桁の数字を選ぶ場合は最初に出ている数字が優位です。表26bでカッコ内の数字は副次的に用いてください。

地支	色	数字
子	黒	9
丑	橙・茶	6（8）
寅	青・碧	1（7）
卯	藍	2（6）
辰	黄	5
巳	紫	3（4）
午	赤	4（9）
未	橙・褐	6（8）
申	栗・銀	7
酉	白・金	8（6）
戌	黄	5
亥	深緑・褐	10（4）

表26b　十二支と色・数の関係

●身命占・年運占の開運時期

開運時期は旺相する地支月です。

・子孫の月…旺　相→開運・チャンス・旅行・入院通院などに用いやすい（大吉月）
　　　　　　休囚死→仕事面ではやる気を失いやすい、怠惰・不摂生が起きやすい（凶月）

・妻財の月…旺　相→財運・商売・投資・高価な買い物・所有全般・男性の異性運に用いやすい（大吉月）
　　　　　　休囚死→男性の色情運、過食・飽食・金銭問題などが起きやすい（凶月）

・父母の月…旺　相→学問・引っ越し・不動産・乗物購入・親や身内事に用いやすい（吉月）

休囚死↓心労・ストレス・土地家屋問題・骨肉の争いなどが起きやすい（中凶月）
・官鬼の月…旺　相↓勤労・試験・コンテスト・勝負・女性の異性運などに用いやすい（吉月）
休囚死↓疾病・訴訟・霊的現象・女性の色情運、災い全般が起きやすい（大凶月）
・兄弟の月…旺　相↓勝負・競争・共同作業・兄弟などに用いやすい（小吉月）
休囚死↓破財・ライヴァル、骨肉の争いなどが起きやすい（中凶月）

年運占でラッキーな月を選ぶ場合、日辰から旺相の月は有利です。特に子孫・妻財が旺相する月は非常に幸運度が高い月になります。官鬼・父母・兄弟は特定のテーマに関しては開運月となります。ですが休囚死している官鬼・兄弟・父母に関しては凶意が強く注意が必要です。

【例題1】年運占① 相談者：30代 男性

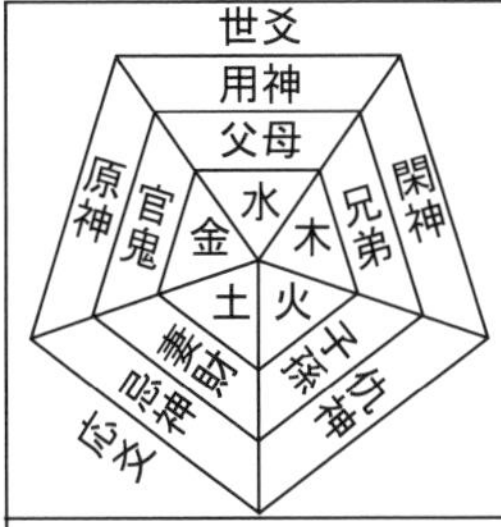

来年の運勢を見てほしい。
仕事は会社勤務だが、副業で音楽の仕事もしている。

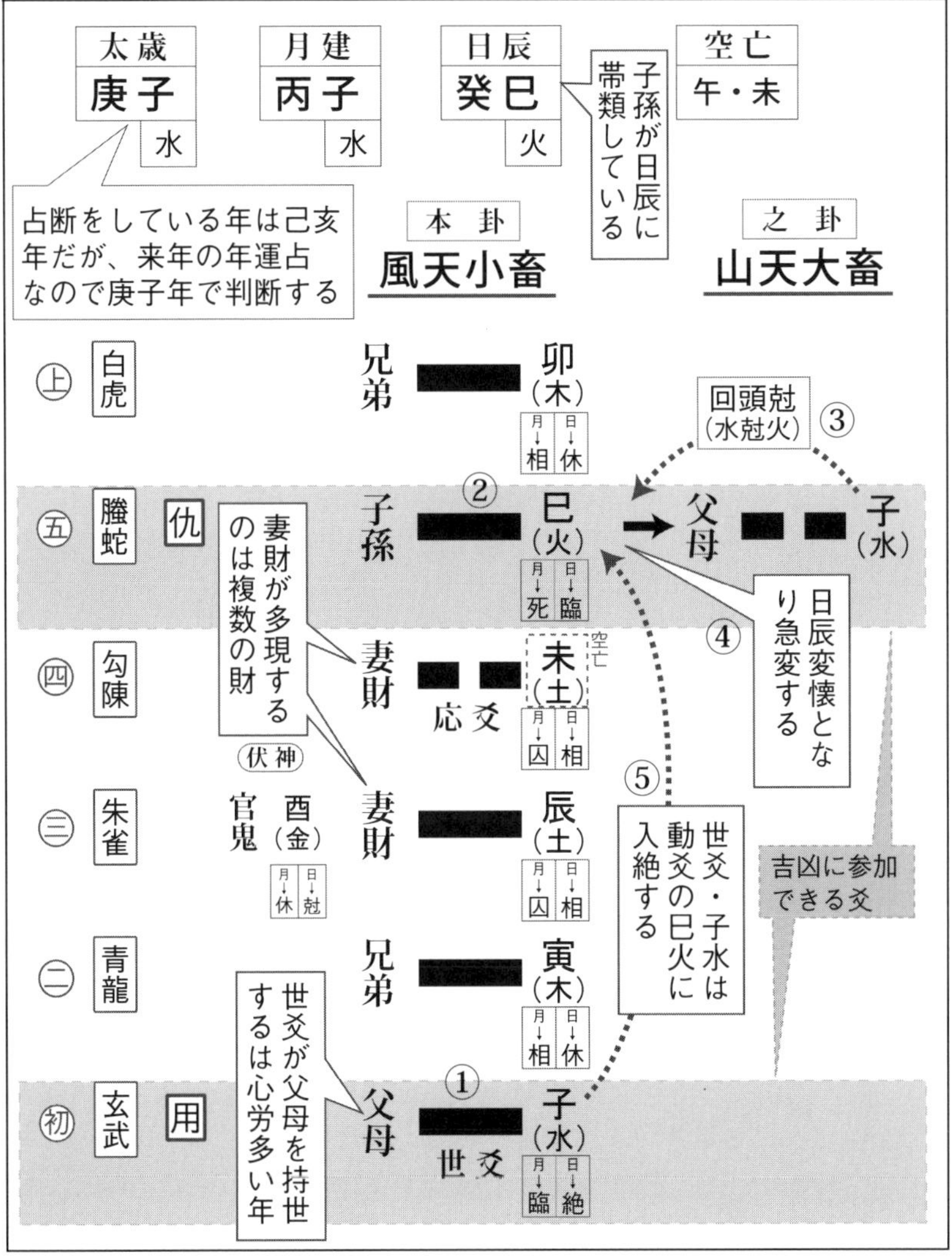

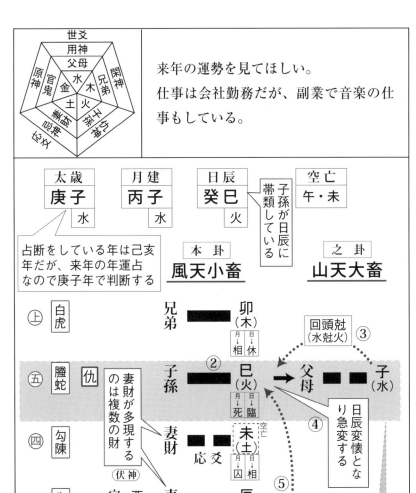

《断の部》吉凶の占断

ある男性が翌年（庚子）の運勢を相談に来ました。

立卦して得た本卦は「風天小畜《ふうてんしょうちく》」で、五爻が動爻となり之卦が「山天大畜《さんてんたいちく》」になりました。

年運占は複数の六親をみます。主として「世爻」が用神となり、六親持世や日辰帯類、動爻との関わりを中心として占断していきます。

吉凶占断に影響する爻は、

・初爻の父母・**子水**。世爻が乗る（用神）

・五爻の動爻である子孫・**巳火**（仇神）

その他に暗動はありません。吉凶占断にはこの２つの爻が大きく影響します。

①初爻に世爻があり、月建・子水から臨んで日辰・巳火からは囚ですが、同時に**巳火**は水の地支の絶となるため入絶します。月建から臨んで非常に強いですが、入絶するため現状がリセットされるような変動運が強い年になりそうです。また、世爻は父母を持世します。父母を持世する年は心労多い年です。

②五爻の子孫・**巳火**が動爻です。月建・子水から死ですが、日辰・巳火から臨んでいます。

③五爻の**巳火**は動爻となり、子水に化しています。化爻が水で本爻が火のため、「水尅火」の回頭尅になっています。

④五爻の子孫・**巳火**は日辰・巳火から臨んで、さらに化爻から回頭尅となります。これは「日辰変懐」（第十九章19頁参照）となり、即刻仇神の子孫・**巳火**は尅されます。

⑤五爻の仇神は日辰に臨んでいるため、世爻は五爻に入絶している形になります。五爻は日辰変懐で激変するため、非常に変動運が強い年のようです。

【占断の結論】

世爻は月建だけでなく太歳の**子水**からも臨んでいるため、年運としては悪い年ではありません。ただし日辰および五爻・**巳火**に入絶するため、非常に大きな変化・変動運がありそうです。世爻持世が父母であることからも苦労も多いでしょうが、五爻・**巳火**が日辰変懐ですぐに尅されるため、変動運は巳月あたりで起きる可能性があります。財運は多現して日辰から相生ですので、複数の収入源がありそうです。健康運は、官鬼が伏神で日辰から尅されるため問題ないでしょう。

《象の部》状況分析と対策

年の重要なテーマとして子孫（**巳火**）が日辰に帯類しています。子孫は娯楽・趣味などが主要テーマとなりそうです。副業の音楽に関して子孫帯類の年は発展性がありえそうです。また、太歳帯類は父母（**子水**）のため心労もあり、日辰子孫帯類とはいえ自堕落な1年にはならないと思います。

五爻の子孫・**巳火**に初爻の用神・**子水**は入絶します。月建から旺相している世爻ですから、入絶しても災いというよりも変動が強く出ます。日辰（五爻・子孫）入絶する年は「リセット・切り替え」が出る可能性が高く、勤め運の官鬼を剋することからも転職など仕事上の変動の可能性があります。五爻の**巳火**は日辰変懐ですから、巳月には変動は落ち着く可能性が高いです。

財運は、妻財が多現して日辰・巳火から相生されているため悪くありません。また複数の収入源があり得ます。ただし破財の兄弟も多現し、日辰から休ながらも月建から相生のため、出費もあるでしょう。

【結果】

この年、この男性はそれまで勤めていた会社を退社されたそうです。その後、副業で行っていた音楽を本業として活動を開始されているそうです。

（この占例は、占術家・水森太陽先生から頂戴いたしました。謹んで感謝申し上げます）

【例題2】年運占② 相談者：30代 女性

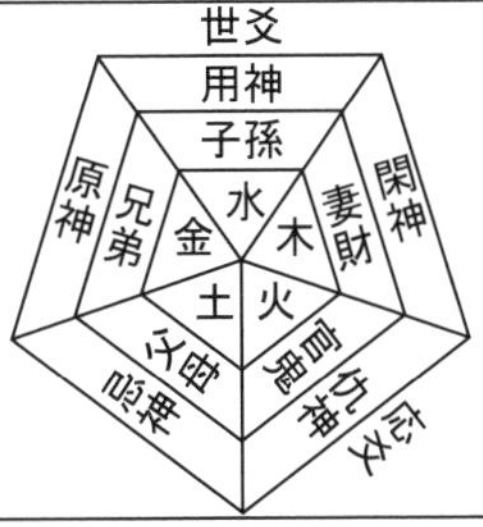

来年の運勢を見てほしい。
結婚して数年経ち、去年子供を出産した。

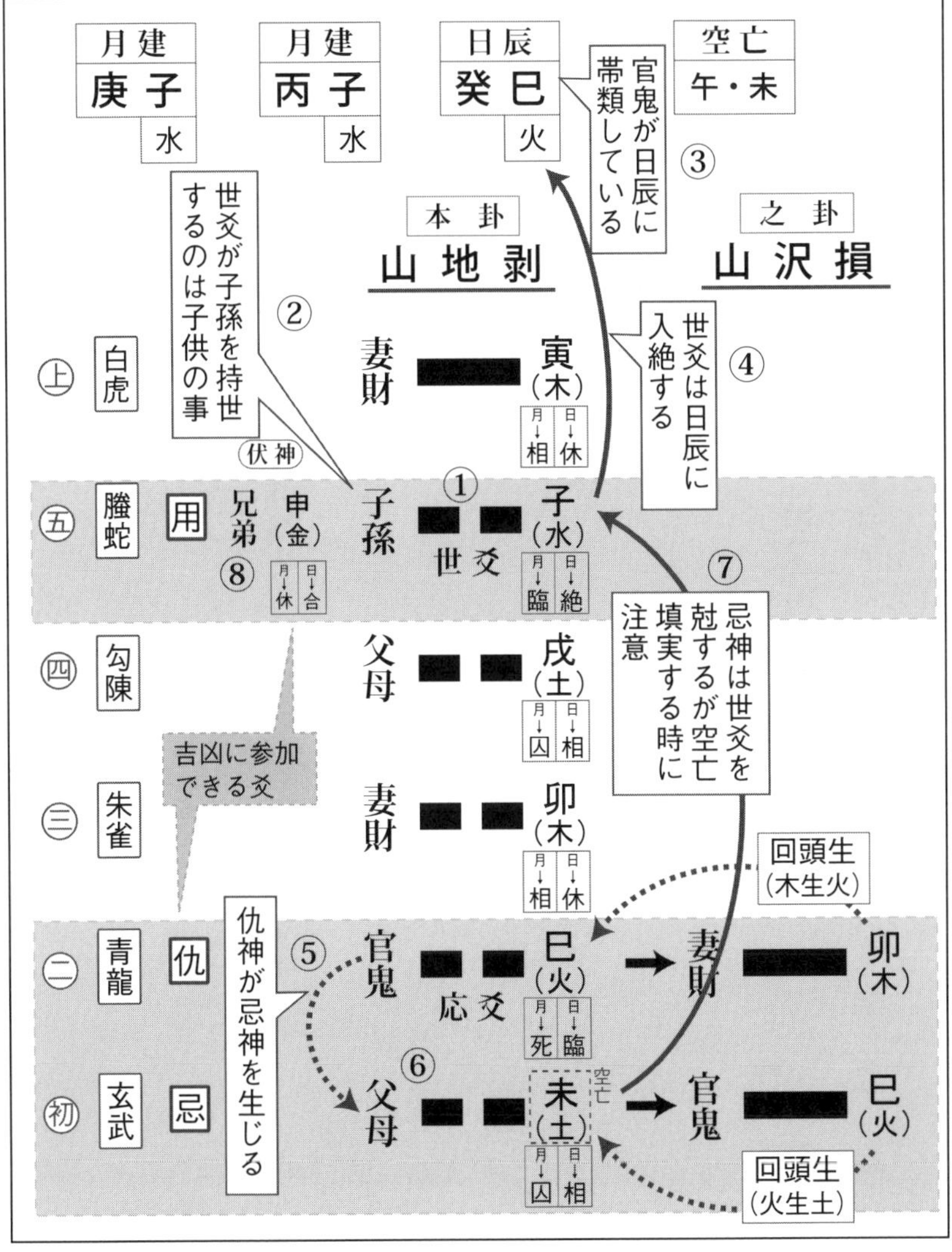

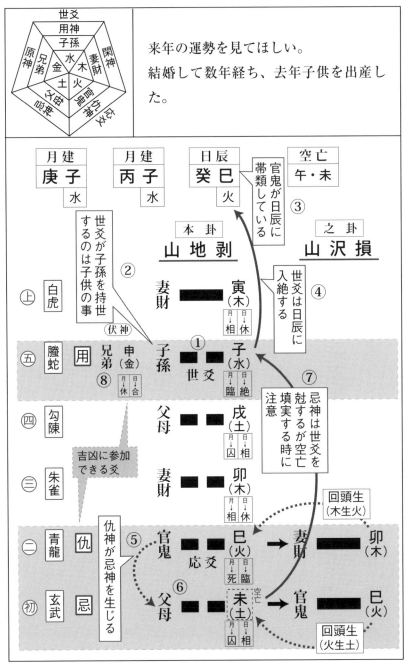

《断の部》吉凶の占断

去年出産された女性が翌年（庚子）の運勢を相談に来ました。

立卦して得た本卦は「山地剥《さんちはく》」で、初爻と二爻が動爻となり、之卦が「山沢損《さんたくそん》」になりました。

年運占は複数の六親をみます。主として「世爻」が用神となり、六親持世や日辰帯類、動爻との関わりを中心として占断していきます。

吉凶占断に影響する爻は、

・初爻の動爻である父母・**未土**（忌神）

・二爻の動爻である官鬼・**巳火**（仇神）

・五爻の世爻が持世する子孫・**子水**

その他に暗動はありません。吉凶占断にはこの２つの爻が大きく影響します。

①五爻の世爻・**子水**は月建・子水から臨んで日辰・巳火に囚します。

②五爻の世爻は子孫を持世しています。持世する六親はその年の主要テーマの一つです。去年出産されたということで今年は育児がテーマとなります。

③日辰・巳火は同時に水の地支の絶でもあるため、世爻は日辰に入絶します。絶の「リセット・停滞・

行き止まり」などの影響が現れる可能性があります。

④日辰に帯類する六親がその年の主要テーマとなります。日辰は巳火で官鬼帯類です。官鬼は病気や災いを表し、今年の注意点です。世爻は日辰に入絶しているため、病気に関する問題が出やすいでしょう。

⑤二爻の官鬼・**巳火**は仇神で動爻です。月建・子水から死ですが日辰・巳火から臨んでおり、さらに化爻の卯木から相生され回頭生となっています。初爻の**未土**が動爻のため、忌神である父母・**未土**を生じます。

⑥初爻の父母・**未土**は忌神で動爻です。月建から囚ですが、日辰から相生しています。さらに化爻の巳火から回頭生となり、活動力があります。

⑦ただし初爻の忌神・**未土**は空亡のため、実が入るか冲開するときのみ活動力を得ます。空亡が解かれたときに忌神として世爻・**子水**を尅するため注意が必要です。

【占断の結論】

庚子の年の運勢として、子供・育児に関することと病気が主なテーマになりそうです。特に空亡の忌神が解かれて動く未月や丑月は注意が必要です。

《象の部》状況分析と対策

世爻が子孫持世のため、育児が主要テーマでしょう。しかし日辰に入絶し日辰帯類が官鬼のため、育児疲れで病気になる可能性があります。また、官鬼は仕事も表すため、育児で仕事ができない問題が出てくるかもしれません。五爻には六獣で騰蛇が付いていますから、メンタル面でノイローゼや鬱などが心配されます。

初爻の忌神が回頭生で、さらに仇神から相生され強いですが、空亡のため解かれた時が注意です。しかし、世爻は月建・子水だけでなく太歳・**子水**からも臨んでいるため、世爻が強く、多少の問題があっても乗り切れる年運だと思います。

【結果】

この年は子供主体の年となりました。そのため仕事との関わり方や自分のアイデンティティについて悩んでいたそうです。それ以外に関しては悪い年ではなかったようです。

（この占例は、占術家・水森太陽先生から頂戴いたしました。謹んで感謝申し上げます）

第二十七章　出行占《しゅっこう》・行方占《ゆくえ》・待人占《まちびと》

「出行」とは日本では聞きなれない言葉かもしれませんが、旅行に行く、よそへ行くなど、外出にかかわる総称と考えてください。「出向占」は旅行全般や移動に関する占いを指します。一般的には「旅行が安全か？」「目的地で○○が見ることができるか？」など旅行・外出の吉凶を主に見ます。また、飛行機や高速道路などの乗物・移動手段の遅速や安全性、吉凶も判断できます。旅行や移動は不確定要素が意外と多く、事前の一般的な予測が当てにならないことも多いため、出行占の需要は比較的多いものです。

「行方占」とは、行方不明・家出・災害や事故などで安否不明の吉凶などを判断します。数年も行方知れずの息子の安否などを高い精度で的中させている例もあり、断易の奥深さが学べる占事でもあります。

「待ち人占」はその名の通り、待ち合わせや打ち合わせの予定が滞りなく行われるか、来客が無事に到着するかなどの判断です。

出行占

出行占の用神

出行占では用神だけでなく六親五類の持世が重要になってきます。特に「旅行が楽しいか」などの占事では六親持世によって決まります。

《用神…世爻》依頼者本人が出行（外出・旅行）する場合の用神は世爻です。

《応爻》旅行・外出には、たいてい目的地が存在します。応爻は目的地を表します。

《父母》出行占では乗物・交通の用神となります。乗物や移動の安全性などは父母をメインの用神とします。その他、出行占では手荷物を表す場合があります。また、天候不良（雨・雪）などを意味します。

《妻財》旅費を表します。また世爻が妻財を持世すると基本的には安全です（旺相休囚で変化します）。

《子孫》順調・安寧・娯楽を意味します。そのため子孫を持世する場合は安全と悦びがあります。

《兄弟》同伴者・喧嘩・口論を表します。世爻が持世すれば出行における出費を表します。

《官鬼》出行におけるトラブル・障害を表します。そのため官鬼は静爻が望ましいです。

《間爻》世爻が出発地、応爻が到着地となるならば、間爻は途中経過・中継点・休憩場所となります。

交通路や乗物の遅速・安全性を占う場合

《用神…父母》交通路の遅速や乗物の安全性を判断する場合は父母が用神です。「高速道路を使って予定通りに到着するか」「セスナでの移動は安全か」などでは父母の吉凶が重要です。

六親からの相談の場合

出行占は本人だけでなく肉親や配偶者からの相談も多いものです。

六親からの相談による出向占では、用神は該当する六親五類を用神とします。

例えば「夫が出張でアメリカに行くが安全か」ならば用神は官鬼（夫の用神）です。同じく「両親に旅行をプレゼントしたが楽しんでくれるか」ならば用神は父母（親の用神）です。

●出行占の解説

出行占ではまず世爻の状態とどの六親を持世するかが重要です。例えば世爻が旺相は吉です。また動爻となり妻財を持世して回頭生（化爻が子孫になる）ならば、楽しく安全、または目的を達するでしょう。逆に世爻休囚死・月破は凶です。入墓・入絶は身動きが取れなくなる、または紛失やひどい時には投獄されることがあります。世爻が空亡では予定が変わりやすいでしょう。世爻が動爻となり回頭尅は計画倒れです。世爻動爻で官鬼に化するのはトラブル・事故に遭遇しやすいです。

また、目的地・到着地である応爻の状態も大切です。応爻が空亡は目的を達成できない、利益がない、無駄足になりやすいのです。応爻が官鬼を持ち動爻ならば、現地でトラブルに遭い、もし世爻を尅するならば病気にかかる、怪我をするなどの可能性が高くなります。応爻が兄弟・官鬼を持ち動爻となっている場合は、世爻へ尅・冲をしていないか注意が必要です。

●出行占の注意点

(1)世爻が空亡の場合、予定通りに進みません。気分が変わりやすく不順となりやすいでしょう。

(2)世爻が動爻となっても、日辰から合住を受けるならば、予定通り出発できなくなる可能性が高いです。いつ出発できるかは合住を脱する応期で出発できるでしょう。

(3)世爻が動爻となり応爻を尅するのは、出行は安定的です。逆に応爻が動爻となり世爻を尅するのは問題多い出行となります。出行占において世爻が動爻となり他爻を尅するのは、指示・命令・通達が他に届き準備が整う形です。応爻が世爻を尅するのは本人は不満がありつつも相手に合わせるか命令にしたがうような形になります。また、世爻が動爻で応爻を生じるのは休（洩らす）の形のため思ったほどの満足を得られません。応爻が動爻で世爻を生じるのは歓迎される形で吉です。

(4)世爻が官鬼を持つ場合、静爻ならば決断できず迷っています。不安を抱えていたり揺れているでしょう。さらに動爻となると災禍に遭う形のため大凶です。特に動爻で入墓や墓絶に化すと怪我や病気などの災難となります。

(5)兄弟が動爻となり六獣で朱雀が乗る場合、同伴者がいれば口論・喧嘩などが起きる可能性があります。応爻が兄弟を持ち動爻となって世爻を剋する場合は破財の形です。さらに六獣で玄武が乗ると盗難等の被害に遭うでしょう。

(6)応爻が妻財を持ち動爻となって世爻を生じるならば、現地で歓迎され接待を受けるなどの悦びや利益を享受できます。仕事の出張ならば利益を得られるでしょう。

(7)出行における妻財は旅費や出行予算です。妻財が空亡ならば予算が少ない、いわゆる貧乏旅行です。さらに剋されれば途中でお金に困るでしょう。月破では金銭トラブルに発展しかねません。

(8)出行占で世爻が日辰に入墓するのは注意が必要です。出行占での入墓は交通機関が停止し身動きが取れない、または入院してしまうなどの動きを封じられる可能性が出るのです。応爻が動爻となり世爻の墓となるのも同様です。応爻に六獣が玄武・勾陳が乗るならば、投獄や拘束の可能性もあります。

(9)父母が動爻となり世爻を剋する、動爻の父母が入墓する、または空亡では手荷物の問題が起きる可能性があります。空港でのミスで到着地に荷物が届かないなどです。

⑽間爻が静爻ならば特に問題なく安全です。妻財・子孫が動爻でも同じですが、官鬼・兄弟が間爻で動爻ならばトラブルの暗示があります。父母が間爻で動爻の場合は世爻を尅すると事故などの危険がありますが、旺相して世爻に尅・冲なければ問題ないでしょう。

⑾六合卦は落ち着いた旅行・出張ですが、六冲卦はあわただしく予定通りに行かない、または飛び回るような動きになりやすいのです。帰魂卦は短期もしくは近場、遊魂卦は長期もしくは遠地への出行となるでしょう。

⑿出行占で伏吟が現れるのは問題が多く、出行できない可能性があります。ただし世爻が伏吟であれば冲開する応期の日時で出発できます。反吟は旺相すれば複数の場所を移動するような形です。しかし尅反吟は想定外の自体になりやすく凶意が強くなります。

⒀出行占で世爻が退神の場合は、途中で引き返すような場合があります。世爻が進神の動きならばスムーズな移動・旅行となるでしょう。

行方占

行方占の用神

行方不明・家出・逃走の帰還、安否の心配、連絡・音信の有無などの占いです。用神は、占う対象となる人物によって変わります。該当する六親五類が用神になるのです。

《用神…父母》父母・師匠・先生・祖父母・叔父叔母・家主・社長
《用神…妻財》妻・愛人、恋人（女性）、部下・目下・事務員・使用人
《用神…子孫》子供・孫・弟子・門弟・弁護士・医者・宗教者
《用神…兄弟》兄弟姉妹・従兄弟、兄弟姉妹の配偶者、親友（＊）
《用神…官鬼》夫、恋人（男性）、上司
《用神…応爻》友人・知人・六親に該当しない他人
＊行方占の場合、兄弟同然の幼馴染や親友・学友ならば兄弟を用神でもよいですが、それほど親密とは言えない友人は基本他人に近い存在なので応爻として取った方が良いでしょう。

行方占での世爻

依頼人本人が世爻となります。行方占では用神と世爻の関係は他の占事以上に重要です。

●行方占の解説

行方占は六爻の動きが重要です。特に用神が静爻では動きなく、なかなか戻らないでしょう。または戻る気になっていません。用神が休囚死、または忌神が動爻で用神を冲・尅いていれば戻らないでしょう。例えば「家を出た子が戻るか」という相談で用神の子孫が静爻ならば戻る気がないです。しかし旺相ならば元気に生活しています。

動爻ならば動きがあります。特に世爻と物来就我しているかが決め手です。例えば動爻となっていても他爻と合では別のところに移動するかもしれないからです。

「戻るか？ 帰るか？」という帰還・発見の占的では、旺相休囚も大事ですが、世爻と用神の関係性、そして用神・原神の動爻がとても大切です。不変卦のように動きがない占断では行動が伴いにくいです。ですが「無事か？ 元気か？」などの安否確認の占的の場合は、用神の旺相休囚、そして忌神の発動が重視されます。行方占では月破と日尅は安否が危ういです。また空亡、入墓は事故や怪我、詐欺などの災いにあっている可能性があります。

●行方占の注意点

⑴世爻が依頼者本人や故郷・実家ならば、応爻は他者や他の土地となります。用神が応爻に乗っている場合は他の人の家や他の土地にいる可能性があります。例えば用神が応爻に乗って静爻ならば別の土地で生活していて戻る気になっていません。

⑵用神が動爻となり世爻に物来就我ならば戻ります。特に用神が世爻を冲・尅していれば、すぐに戻るでしょう。用神が冲起暗動でも動きがありますから、世爻に物来就我ならば戻るでしょう。しかし合起暗動は条件を満たしてなければ動爻になりにくいため注意が必要です。

⑶用神が動爻ならば動きがでてきますが、用神が世爻に物来就我せずに応爻と合したりすると別の土地に転居・移動するだけです。

⑷用神が静爻でも、用神が世爻を物来就我していれば、いつか戻ろうという気持ちはあります。ただし用神・原神の動爻がなければ戻る動きになかなかなりません。用神が旺相して傷がなければ用神を冲する応期で戻って来るでしょう。

⑸用神が静爻でも原神が動爻ならば、人の援助があり無事です。また用神・原神ともに旺相ならば、人の援助を得て戻って来る可能性があります。

⑹家出・逃走などの占的では、用神が進神・退神は注意しなくてはいけません。進神は他の占的ではポ

ジティブな判断をしますが、家出・逃走ではさらに遠くに行く・逃げるでしょう。逆に用神が退神は帰って来る・戻って来るでしょう。

(7)用神が動爻であって、月破・日破・日尅で他からの相生・支合がなければ、問題が起きて戻りたくても戻れない事情があります。回頭尅・墓化・絶化も病気・災難にあって動けなくなっている可能性が高いです。

(8)行方占での世爻が空亡の場合は「欠けたものを埋めたい」という戻ってきてほしい気持ちの表れです。用神が動爻ならば空を埋めるため、すぐ戻ってきます。静爻であっても遠からず戻って来る暗示となります。

(9)逆に用神が無用の空亡ならば絶対に戻ってきません。または探すことができません。行方知れず・消息不明の暗示となり、行方占、特に安否無事を願う占事では危険な形です。有用の空亡の場合は動爻ならば可能性があります。

(10)遠地・外国に逃走・出行していた場合、特に用神が月破・日尅・入墓（墓化含む）・無用の空亡は危険です。用神がさらに休囚死ならば戻ることはありません。

(11)安否確認の場合は、動爻・静爻よりも月建・日辰・動爻からの旺相に注目してください。無事・安全でしょう。しかし月破・日尅は注意です。特に日辰からの尅（死）は行方不明の場合、本当に死を暗示する場合があります。同じように入墓・無用の空亡も安否占では「墓に入る」「滅びる」という死の暗示です。月建から休囚していて日尅・入墓・無用の空亡は災いの強い形です。月破は重大な問題が生じていますが、日辰次第では脱する可能性があります。用神静爻ならば戻らないでしょうが、少なくとも旺相ならば安否は無事だということです。

⑿用神が伏神の場合は、月建・日辰から旺相する有用の伏神であれば飛神が日辰の冲を受ける応期に戻って来るでしょう。

⒀用神が官鬼の下に伏神となっていれば災い・問題が多いとみます。この場合は必ず六獣も見る必要があります。①青龍ならば酒食（酒・薬・色情）の問題、②朱雀ならば口舌・契約・訴訟、③勾陳ならば警察沙汰・犯罪、④螣蛇ならば想定外の事態、⑤白虎ならば病気・事故、⑥玄武ならば不義・詐欺の類いが代表的です。詳細は六獣の章（上巻317頁）を参照ください。

⒁用神が兄弟の下に伏神となっていれば、ギャンブル・喧嘩・破財の形です。玄武ならば特にギャンブル、朱雀ならば口舌・喧嘩の傾向です。

⒂用神が子孫の下に伏神となっていれば、飲酒・遊楽など自堕落な生活を送っています。時に子供・出産や宗教・信仰が芽生えている場合があります。

⒃用神が妻財の下に伏神となっていれば、金銭か女性が関係しています。この時、神煞《しんさつ》で桃花《とうか》（咸池煞《かんちさつ》）を帯びていれば色欲に溺れているでしょう。

⒄用神が父母の下に伏神となっていれば、書類・契約・勉学が理由ですぐには戻れないでしょう。また

祖父母や高齢者のところで世話になっているか、旅館・ビジネスホテルなどに泊まっています。
⑱用神が空亡で月破の場合、非常に凶意が強く、戻らないでしょう。さらに入墓・絶したりすれば消息不明か他所で亡くなっている可能性が高いです。
⑲行方占や待人占で伏吟卦は問題です。動くに動けない事情があるでしょう。
⑳反吟卦も動き回るため、一つのところに落ち着かない可能性が高く、戻ってきてもすぐに出てしまう可能性があります。剋反吟は非常に辛い状況に陥っている可能性があります。
㉑用神が静爻であっても休囚死の傷がなく、世爻が動爻となって用神に対して冲起暗動を起こすか、合起暗動するならば、依頼者本人や代理人（探偵も含む）が訪れ、面会の機会を得るでしょう。
㉒帰魂卦はもともと帰る気がありません。遊魂卦は住居を転々としているか遠くに行こうとしています。
㉓「連絡・音信あるか」の占的では、用神は父母になります。父母が動爻となれば連絡があります。また父母静爻でも旺相するならば、冲する応期に連絡があるでしょう。
㉔同じく父母が動爻となり日辰に臨んでいるならば、その日に何らかの連絡があります。父母が動爻で入墓の場合は冲する日が応期となります。
㉕「連絡・音信」の占的では父母を剋する妻財が忌神です。そのため世爻が妻財の持世して父母が静爻、または妻財が動爻となれば、連絡が来ることはないでしょう。

待人占

待人占の用神

用神は、占う対象となる人物によって変わります。該当する六親五類が用神になるのです。

《用神…父母》父母・師匠・先生・祖父母・叔父叔母・家主・社長
《用神…妻財》妻・愛人、恋人（女性）、部下・事務員・使用人
《用神…子孫》子供・孫・弟子・門弟・弁護士・医者・宗教者
《用神…兄弟》兄弟姉妹・従兄弟（＊）
《用神…官鬼》夫、恋人（男性）、上司
《用神…応爻》友人・知人、六親に該当しない他人（＊）

＊兄弟爻を「友人」の用神とするかは流派によってブレます。幼馴染（兄弟同然）や「友人たち」など複数系ならば兄弟用神でもよいですが、友人は基本他人なので本書では応爻を用神とします。

待人占での世爻

依頼人本人が世爻となります。待人占では用神と世爻の関係は他の占事以上に重要です。

●待人占の解説

待人占ではどんな人物が訪れるかによって用神が変わります。例えば恩師が訪ねてくるならば用神は父母となります。

待人占や行方占では、用神と世爻（本人またはこちら側）の関係性が大切です。用神が動爻となり、世爻に物来就我ならば来るでしょう。さらに用神が旺相ならば待人はすぐに来るでしょう（または予定通り来る）。

そして用神が動爻であることも重要です。用神が休囚した静爻ならば、動きがないため現れない可能性があります。

まとめると、用神が動爻となり旺相、そして世爻に物来就我ならば待人は必ず来るでしょう。

●待人占の注意点

(1)用神が動爻となり世爻に物来就我ならば必ず訪れます。特に用神が世爻を冲・尅していれば予定よりも早く到着するかもしれません。

(2)用神が冲起暗動で世爻に物来就我ならば訪れるでしょう。しかし合起暗動は条件を満たしてなければ動爻になりにくいため注意が必要です。

(3)用神が動爻ならば動きがあり良いのですが、用神が世爻に物来就我せず、他爻と合・冲・入墓などの関係を持つと他の用件に捉われて、来れなくなる可能性があります。

(4)用神が静爻でも、用神が世爻を物来就我の関係ならば、訪れる気持ちはあります。ただし用神・原神の静爻ならばすぐには来訪できません。用神が旺相して傷がなければ用神を冲する応期に来訪されるでしょう。

(5)待人占での進神・退神は行方占と作用が逆になります。用神が進神ならば道中がスムーズです。物来就我ならばすぐに着くでしょう。逆に用神が退神では何らかの理由で引き返している可能性があります。

(6)用神が動爻でも、月破・日破・日剋で他からの相生・支合がなければ問題が起きて出発できない可能性があります。回頭剋・墓化・絶化も病気・災難にあって動けなくなってる可能性が高いです。

(7)待人占では行方占と同じく、世爻の空亡は「欠けたものを埋めたい」という待ち遠しさの表れです。用神が動爻ならば必ず訪れます。

(8)逆に用神が無用の空亡ならば絶対に来ません。必ず双方の齟齬があります。

(9)用神が伏神の場合、無用の伏神ならば今回の来訪に関してあまり乗り気でないか、訪れる気がないでしょう。有用の伏神ならば訪れるでしょう。

(10)待人占で伏吟卦は問題です。動くに動けない事情があるでしょう。

⑾反吟卦では、途中どこかに寄らねばならず、遅れるか来れないでしょう。尅反吟は他の問題で奔走していて来れない可能性が高いです。

⑿帰魂卦は今回の来訪に関して前向きではありません。遊魂卦は来訪することを期待しています。

⒀応爻を用神とする場合、応爻の持世に注目してください。用神が休囚死ならば持世の六親が理由で来訪できない可能性があります。兄弟持世ならば口論・予算の問題、子孫持世ならば遊びや酒食の問題、妻財持世ならば女性や金銭の問題、官鬼持世ならば仕事・病気・男性関係の問題、父母持世ならば親や書類に関する問題などです。

【例題1】行方占　相談者：50代 男性

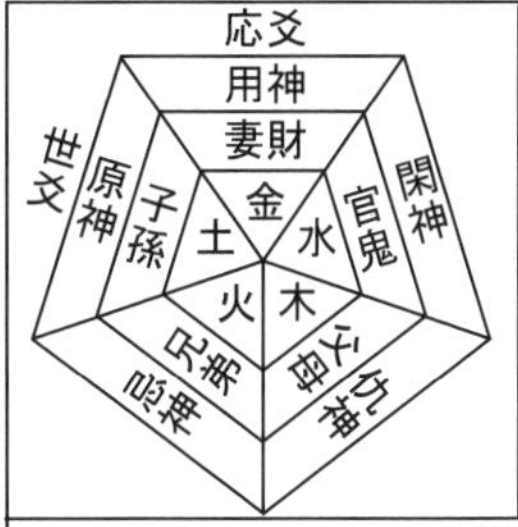

突然、行方が分からなくなった同年代の知人が無事でいるのかを知りたい。

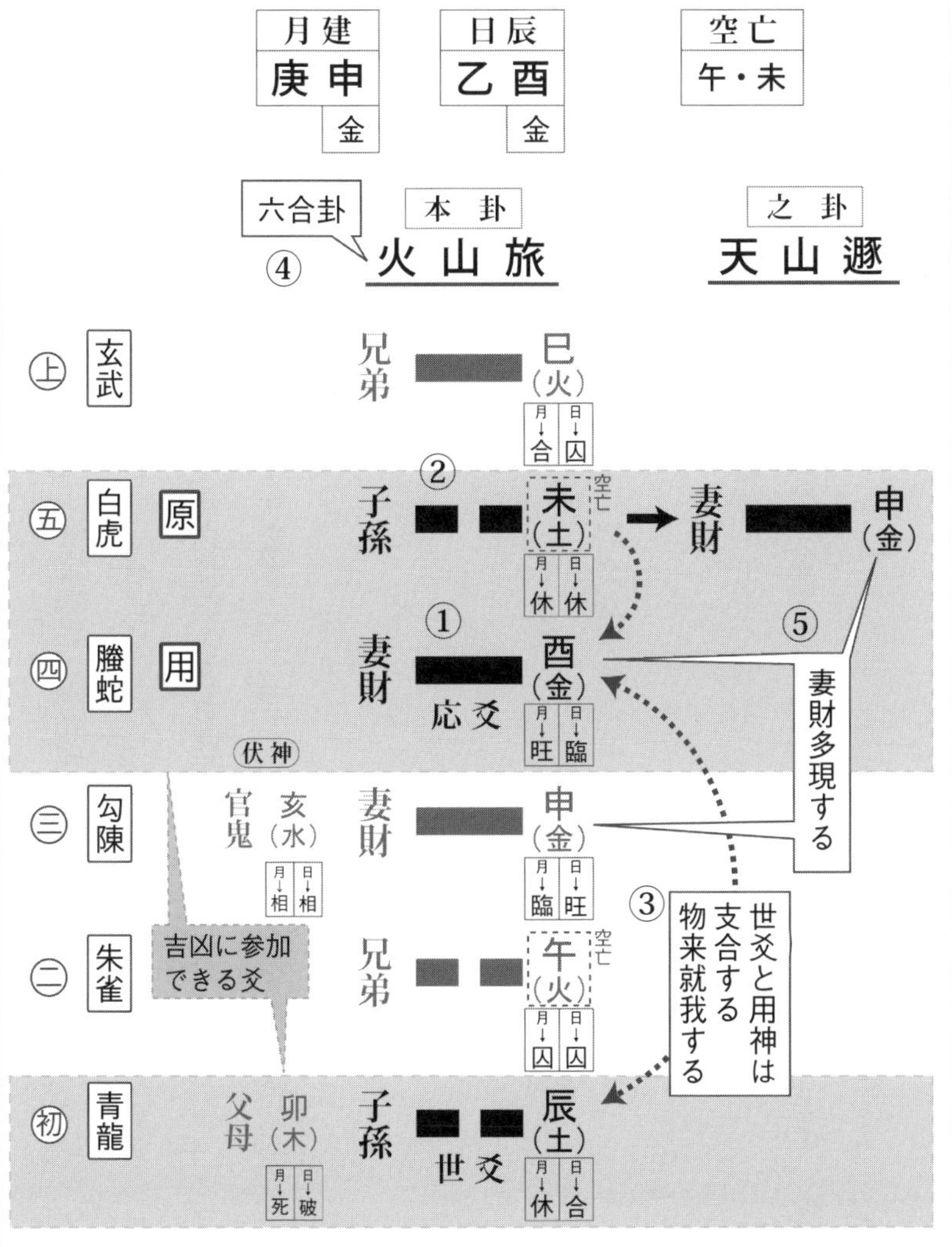

《断の部》吉凶の占断

突然、連絡もなく失踪した知人が無事でいるかという相談です。仕事で親しくしていた友人でもあるそうです。服飾関係の会社に勤めていたようですが、私生活が派手だったのが少々気になっていたそうです。

立卦して得た本卦は「火山旅《かざんりょ》」で、五爻が動爻となり之卦が「天山遯《てんざんとん》」になりました。

行方占で知人・友人を占うため用神は「応爻」となります。

吉凶占断に影響する爻は、

・四爻の応爻が付く妻財・**酉金**（用神）

・五爻の動爻になる子孫・**未土**（原神）

・初爻の世爻が持世する子孫・**辰土**

その他に暗動はありません。そのため、初爻・五爻・四爻が吉凶占断に影響をもたらします。

①応爻は四爻にあり、妻財・**酉金**に乗ります。月建から旺じて日辰から臨んで強いです。

②五爻の原神である子孫・**未土**は月建・申金、日辰・酉金ともに休されます。弱いながらも応爻・**酉金**を生じ助けます。

③用神の応爻は世爻と支合するため、動爻ではありませんが物来就我の関係です。

④本卦は六合卦のため縁が切れない卦です。

【占断の結論】

用神の応爻は月建・日辰から臨旺しているため無事です。弱いながらも原神が助けているため、周囲からの最低限の援助はあるようです。六合卦ですし、世爻と応爻は支合し物来就我なので、落ち着いたら連絡があるか確認が取れるでしょう。

《象の部》状況分析と対策

現在、失踪して行方知れずの知人ですが、月建・日辰から臨旺しているので無事ですし、世爻への物来就我もあるため縁は切れていません。何らかの連絡は期待できる卦です。

⑤問題は、3つ多現する妻財です。1つは応爻に付いていることもあり、金銭的な問題か女性関係のトラブルの可能性が高いです。ある程度助けもあるようなので、それほど心配せずとも確認の取れる時が来るでしょう。

【結果】

後日、無事との連絡があったそうです。多額の借金で首が回らなくなり、実家などいくつかの場所を転々としながらも金策をしているそうです。現在は弁護士も交えて処理に当たっているそうです。

第二十八章　選挙占・試合占

占術家として選挙の相談を問われることがあります。「選挙占」で大切なのは立候補者のことだけではありません。例えば本人が訪れる場合の用神はシンプルで判りやすいものですが、支援者が来る場合や時として対立候補やその支援者が相談に来る場合もあります。

どのような立場の人が相談に来ているかで用神が変わる場合があります。

「試合占」も同様に、試合に挑む選手本人の相談、試合関係者の相談、ファンの相談など様々なです。

また、オリンピックのような日本代表の戦いと、野球やサッカーの国内リーグ戦とでは、用神の選び方だけでなく占い方自体が非常に難しいものです。

特にファン心理が作用している場合と、そのスポーツや試合に関心がない場合とでも、占事・用神などが分かれる場合も多いのです。

選挙占

選挙占の用神

選挙占は、どのような立場の方からの相談かで用神が変わります。

選挙関係者・支援者からの相談

《用神…官鬼》功名・合格・地位を表す官鬼が選挙の用神となります。官鬼によって選挙の当落を判断します。

《原神…妻財》用神を助ける原神は妻財です。選挙支援者・関係者の資産を表し、選挙資金が豊富な状態を意味します。また支援者・ファン層の厚さも判断できます。

《忌神…子孫》用神を傷つける忌神は子孫です。当落に関する問題・スキャンダルなどを表します。

《仇神…兄弟》原神を傷つける仇神は兄弟です。競争者を表し、兄弟の旺相は競争率の高さ、他の候補者の強弱が現れます。

《世爻》立候補者を表します。立候補者の資質や才能を表します。

《応爻》対立候補者を表します。

立候補者本人からの相談

《用神…世爻》自占となるため世爻が最も大切です。

《準用神…官鬼》功名の官鬼は選挙では重要な六親です。官鬼が動爻となり世爻へ物来就我しているかが重要です。

対立候補者の当落に関する相談

《用神…応爻》選挙は必ずしも支援している立候補者を占うだけではありません。「対立候補が落選するか」という相談もあります。自分の陣営でない対立候補者の当落ですから、応爻が傷ついていることが条件になります。

第三者からの相談（または依頼のない占）

《用神…官鬼》功名の用神である官鬼をみます。

《準用神…応爻》第三者的な関心で選挙を占う場合、支援していないのならば立候補者は応爻で判断します。

●選挙占の解説

最も重要なのが功名の用神である官鬼です。官鬼旺相し傷がなく世爻の乗る、または世爻に対して官鬼が物来就我していれば当選するでしょう。

選挙占では子孫が動爻となるのは危険です。良くても苦戦、悪ければ落選です。兄弟が動爻となるのも原神の妻財が剋されるため非常に苦しい戦いとなります。

●選挙占の注意点

(1)官鬼が日辰・月建から旺相すれば、人気が高く当選の可能性が高くなります。ですが選挙占は官鬼爻だけでなく、忌神となる子孫爻の状態を常に判断する必要があります。子孫爻が動爻となり、冲剋を受けたりすると有利であっても苦戦するでしょう。

(2)官鬼が世爻に乗り、月建・日辰から旺相で原神の妻財が動爻ならば当選疑いないでしょう。

(3)官鬼が休囚していても動爻となり回頭生・進神ならば、後半盛り返し当選の可能性あります。この場合、子孫・兄弟が静爻ならば可能性はより高くなります。

(4)官鬼が休囚死となり、子孫が旺相で動爻ならば落選するでしょう。忌神の子孫が動爻で用神の官鬼と合するのも落選の可能性があります。

(5)官鬼が月破、日剋のどちらかを受けている場合はかなり不利です。日辰からの剋（死）は結果に直結しやすいため危険です。この場合、月建から臨み原神動爻となり相生を受けなければ落選します。

(6)官鬼が休囚して無用の空亡・入墓・入絶・月破・日破では原神の支援があっても落選するでしょう。官鬼が動爻であっても回頭剋・退神でも同様です。特に用神が休囚して回頭剋の場合は落選から逃れられないでしょう。

(7)官鬼が伏神の場合は不利な選挙となります。しかし有用の伏神で月建・日辰から旺相となり世爻や原神と相生または合するならば、下位とはいえ当選するでしょう。

(8)官鬼が旺相して有用の空亡、入墓・入絶、墓化・絶化は苦戦しますが、応期が選挙期間内にあれば当選できるでしょう。空亡は実が入る日、墓は冲開する日、絶は長生支の日から盛り返します。

(9)妻財が動爻となれば有利です。選挙支援者・関係者も多く、選挙戦を有利に展開できます。また、妻財が旺相していれば選挙資金が豊富な状態を意味します。

(10)兄弟は対立候補者を暗示するため、兄弟が動爻となると強いライバル・対立候補者の出現を暗示しています。また兄弟が旺相で動爻となれば妻財を剋され、投票が対立候補者に流れる、資金繰りが苦戦するなど苦しい戦いになるでしょう。

試合占

試合占の用神

試合占は選挙占同様に立場により用神が変わります。

オリンピックなどの国際試合

《用神…世爻》特殊な事情がない限り、自国の選手や団体を世爻が表します。
《準用神…応爻》対戦する相手国の選手・団体は応爻が表します。

応援している選手・団体の試合

《用神…世爻》応援している選手や団体を世爻とします。
《準用神…応爻》対戦する選手・団体を応爻とします。

客観的な試合の試合

《用神…世爻》応援する選手がいない試合の場合、どちらの選手・団体も世爻・応爻の判断ができません。そのためどちらの選手・団体も世爻として2回立卦占断を行い、2つの占断を比較することで勝ち負けの判断をします。例えば、野球に興味はないが日本シリーズを占うため巨人VS日本ハム戦を占う場合、巨人が勝つとして卦を立て占断します。そして次に日本ハムが勝つとして卦を立て占断します。これを比較してどちらの占断が勝利に有利かを決めます。

●試合占の解説

試合占は、世爻が日辰・月建から旺相し、それに原神の動爻より旺相・合を受けると勝利は確実です。ただし、動爻が応爻を相生・合するのは良くありません。また応爻が忌神となり、動爻となって世爻を剋するのは不利を免れません。

対戦相手がいる試合の場合は、応爻が対戦相手となりますが、応爻が休囚、無用の空亡、入墓絶していれば勝利する条件としてより有利です。

応援する選手・チームの試合占では用神は世爻、相手が応爻となります。国際試合は日本が世爻、相手国が応爻です。

野球やサッカー、バレーなどのリーグ戦では、どちらのファンでもない客観的な占的ならば、それぞれの用神を世爻として2つの卦を比較する方法が確実です。

試合占では世爻・応爻が甲乙つけがたい接戦の卦がたびたびありますが、決め手は動爻です。特に世爻が動爻となり回頭生・進神は競い勝つことができるでしょう。

※時建の活用

2時間程度の試合の場合、試合の始まる時間の地支（時建）を最終的な決め手にする方法があります。例えばオリンピックやワールドカップなどの大試合では、時建から旺相している方が勝利の決定打を得る場合があります。

●試合占の注意点

(1)試合占では用神または原神の動爻が決め手になることがあります。月建・日辰から旺相して用神・原神動爻は有利です。この場合、回頭尅・退神は逆転負けになることがあり、注意が必要です。

(2)どのような試合でも数分〜数時間で終わるため、用神の空亡はたとえ有用の空亡であっても不利となる可能性があるので注意深く占断してください。リーグ戦のように長期的な勝利での有用の空亡は前半調子が出なくても後半逆転できるような場合がありますが、数分の試合では応期が間に合わない場合が多いのです。

(3)同様に入墓・入絶・墓化・絶化も良くありません。時の運が支配している状況で実力が発揮できずに終わってしまいかねません。

(4)応爻が動爻となって世爻を相生・合すれば御しやすい相手です。ですが世爻が動爻となって応爻を相生・合する場合は、自分の行為が相手を有利にしてしまいます。

(5)伏吟は接戦の卦にたびたび登場します。伏吟が現れている卦では、世爻・応爻のどちらが伏吟の動きをしているかで有利不利が決定します。世爻・応爻がどちらも伏吟の動きがない場合（天風姤《てんぷうこう》や雷地《らいち》豫《よ》などの5爻・上爻動爻がこれに該当）、基本的に世爻が不利です。

(6)反吟も接戦の卦にたびたび登場しますが、伏吟と違うのは展開が見えないスリリングな試合になりやすいのです。有利不利は伏吟と同じ見方をしてください。

(7)六冲卦は試合が早く決着しやすいです。逆に六合卦は長時間の混戦となりやすいです。

【例題1】選挙占①

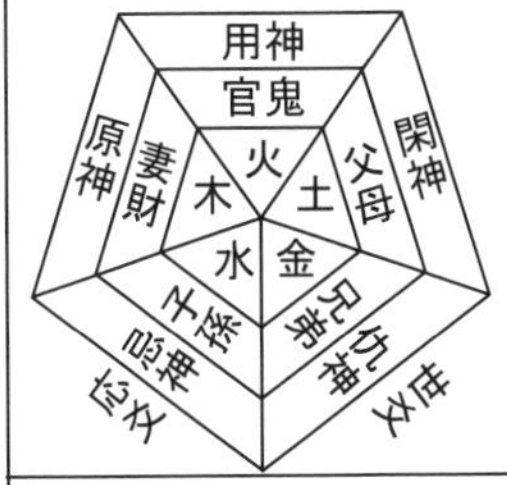

2016年米国大統領選挙。
ドナルド・トランプが勝つか？

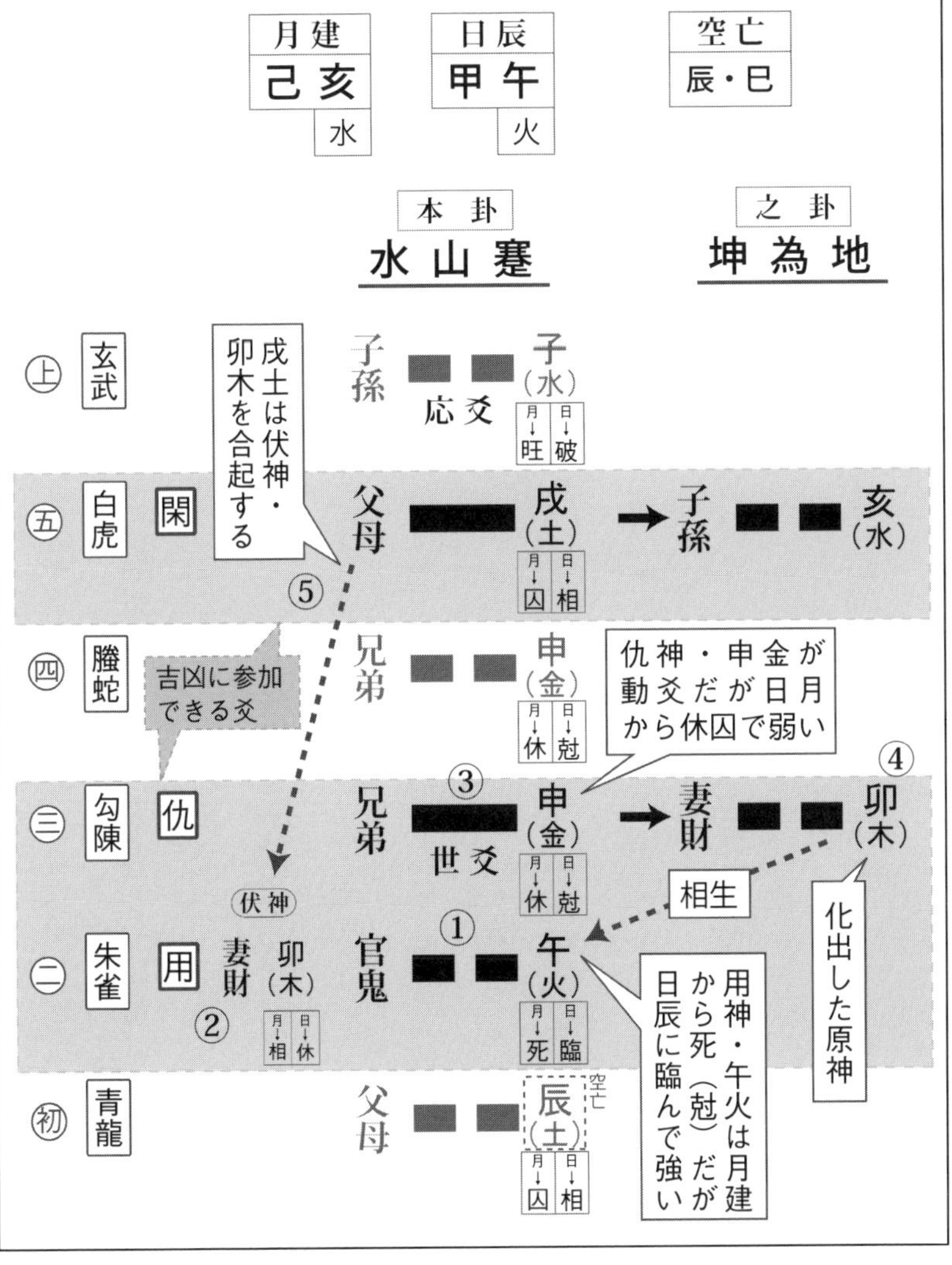

《断の部》吉凶の占断

２０１６年に行われたアメリカ大統領選挙です。ほぼ一騎打ちでしたのでトランプ候補、ヒラリー候補とそれぞれ立卦して強い方が勝つと判断しました。

トランプ候補の卦ですが、立卦して得た本卦は「水山蹇《すいざんけん》」で、三爻と五爻が動爻となり之卦が「坤為地《こんいち》」になりました。

選挙戦の用神は「官鬼」となります。

吉凶占断に影響する爻は、

・二爻の官鬼・**午火**（用神）および伏神の妻財・**卯木**（原神）

・三爻の動爻である兄弟・**申金**（仇神）

・五爻の動爻である父母・**戌土**（閑神）

その他に暗動はありません。そのため、二爻・用神と三爻・五爻が吉凶占断に影響をもたらします。

①二爻の用神である官鬼・**午火**は月建から死していますが日辰から臨んでいます。月建から死（尅）ながらも日辰から臨むのは十分吉度があります。

②二爻の伏神である妻財・**卯木**は用神・官鬼にとって原神です。原神が伏神になるのは良くありませ

ん。月建・亥水から相生され日辰・午火から休します。そして五爻の動爻である**戊土**から合されることである程度活動性があります。飛神が強いので提抜できるか微妙です。

③三爻の兄弟・**申金**は動爻です。月建・亥水から休し日辰・午火から剋されています。本来、仇神は原神を剋しますが、申金は月建・日辰ともに力弱く、剋す力が弱いです。

④三爻の**申金**は動爻となり卯木を化出します。妻財・**卯木**が化爻に出ることで妻財が表舞台に現れるのは吉です。

⑤五爻の父母・**戊土**は動爻となり仇神を生じますが、同時に二爻伏神の妻財・**卯木**に合して妻財に力を与えます。

【占断の結論】

原神である妻財が伏神は選挙戦で問題ですが、化出する原神が現れるのは吉です。用神の**午火**は月建・亥水から死ですが、日辰・午火から臨んでおり、しっかりした地盤を持っていることが見て取れます。ヒラリー候補の卦がこれ以上に良い卦であるかが争点になります。

《象の部》状況分析と対策

用神の**午火**は月建・亥水から死（剋）です。しかし日辰・午火から**臨**みます。時系列的に月建は前半であり表面、日辰は後半であり実体・実情です。表面的には不利で人気がないと思われてますが、日辰を見ると確かな選挙基盤があるようです。支援者を表す妻財が伏神で見えないのは問題ですが、之卦に化出し選挙の時には原神が機能する可能性が高いことを表しています。マスコミなどからも相当バッシングを受けていましたが、兄弟・中金は思ったほど強くなく、用神・原神ともにそれほど剋されていないようです。

【結果】

当初の予想を覆して、トランプ候補は躍進し、主要な州の票を勝ち取ることに成功。大統領選に勝ちました。

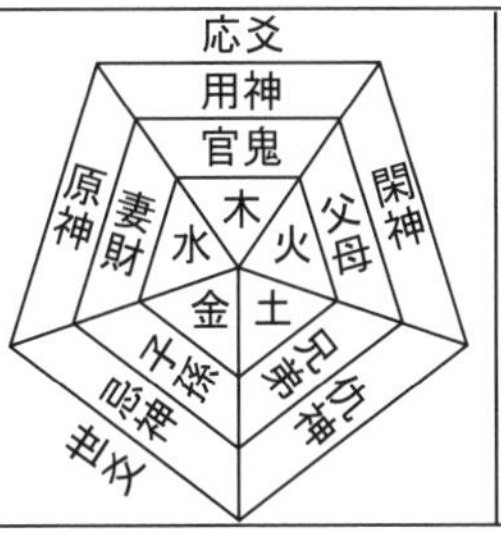

2016年米国大統領選挙。

ヒラリー・クリントンが勝つか？

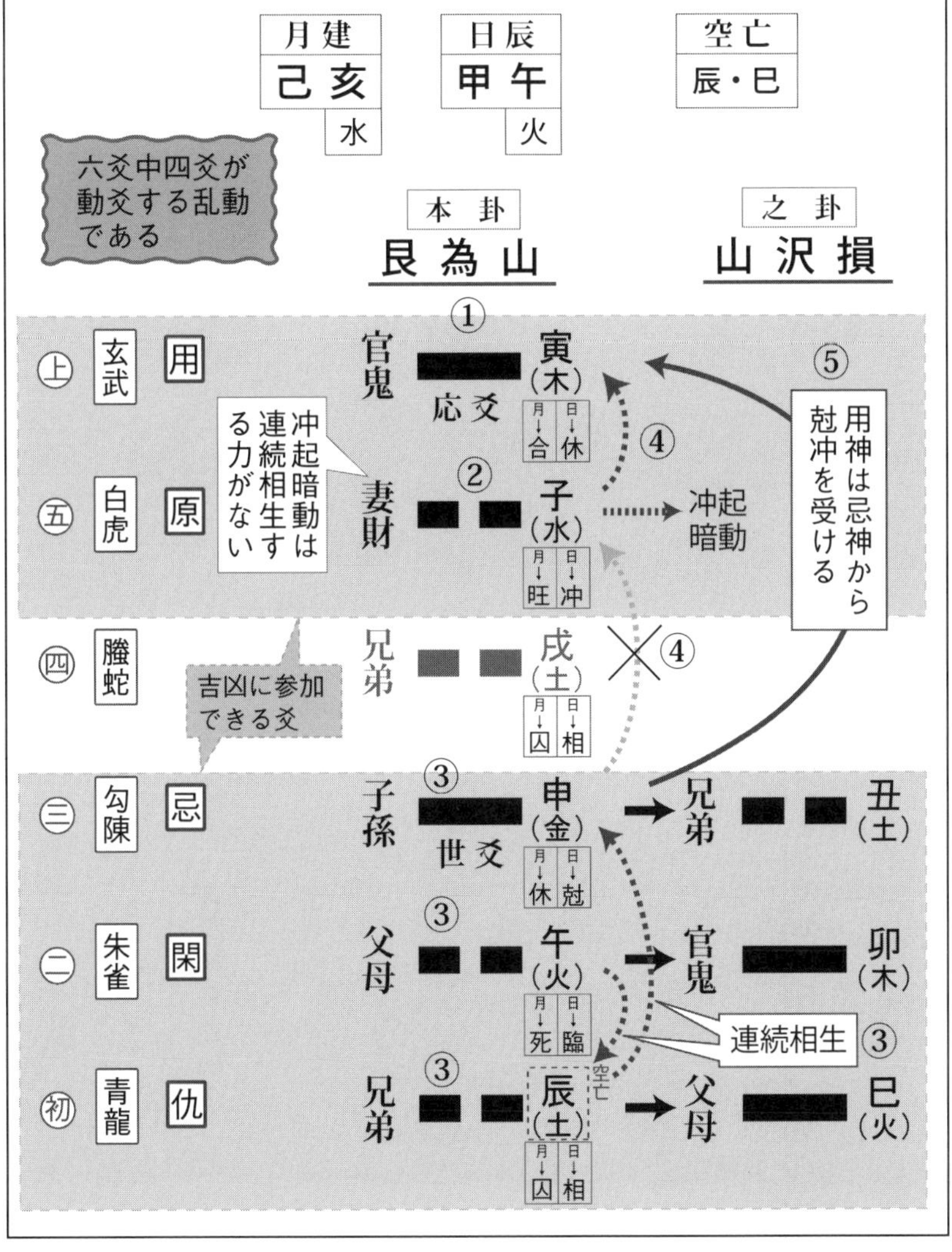

《断の部》吉凶の占断

2016年に行われたアメリカ大統領選挙です。続いてヒラリー候補です。

ヒラリー候補の卦ですが、立卦して得た本卦は「艮為山《ごんいさん》」で、初爻・二爻・三爻が動爻となり、之卦が「山沢損」になりました。

選挙戦の用神は「官鬼」となります。

吉凶占断に影響する爻は、

・初爻の動爻である兄弟・**辰土**（仇神）

・二爻の動爻である父母・**午火**（閑神）

・三爻の動爻である子孫・**申金**（忌神）

・五爻の妻財・**子水**（原神）は冲起暗動

・上爻の官鬼・**寅木**（用神）

その他に暗動はありません。そのため六爻中四爻が動爻となる乱動で四爻を除く他爻はすべてが吉凶占断に影響をもたらします。

①上爻の用神である官鬼・**寅木**は月建から合起し、日辰・午火から休しています。月建からの合起は旺

相するのと同じです。しかし日辰・午火から休していて実態として不安を残します。
②五爻の妻財・**子水**は原神です。一見すると静爻ですが、月建・亥水から旺じ日辰・午火から冲されるため冲起暗動となり、弱いながらも陰で動き用神を助けます。
③初爻の兄弟・**辰土**、二爻の父母・**午火**、三爻の子孫・**申金**と「火→土→金」と連続相生しています。そのため子孫・**申金**は月建・日辰から休・剋ながら連続相生によって強くなっています。さらに子孫・申金は化爻の丑土から回頭生で、時系列的により強くなっていきます。
④本来、用神・官鬼に対して原神が動爻の場合は、忌神・子孫が動爻であっても連続相生（貪生忘剋）のため子孫は用神を剋することを忘れ妻財を生じます。しかし妻財が冲起暗動の場合、正規の動爻でなく陰で動き、妻財はあくまで用神・官鬼を生じるだけで連続相生のため、中核にはなりません。
⑤したがって子孫・**申金**は直接用神である官鬼・**寅木**を剋冲します。

【占断の結論】

用神の官鬼・**寅木**は月建から合起するも日辰から休し、基盤の不安定さがあります。原神の妻財・**子水**は冲起暗動で用神を助けますが、連続相生と回頭生により強い忌神となる子孫・**申金**の剋冲を止めることができません。吉凶占断としては吉度が弱い状態です。

《象の部》状況分析と対策

選挙戦では用神である官鬼の旺相は大変重要ですが、次いで支援者や資金などを意味する原神の状態が大切です。トランプ候補も原神が伏神するなど問題を抱えていますが、ヒラリー候補は妻財が冲起暗動です。冲起暗動は陰で動く爻ですから、「策謀・裏工作」など裏側の動きとなりやすく、密室政治のような部分が強い形です。そして、三爻の忌神である**申金**が回頭生や連続相生を受けて非常に力を増しているのが気になります。当初は思ってみなかった抵抗や反感が出ている可能性が高い卦です。

トランプ候補とヒラリー候補の卦を比較してみるとトランプ候補の方が若干勝っているようです。

【結果】

結果は皆さんご存じのように激戦を制してトランプ候補が勝利を納めました。

【例題3】試合占　相談者：40代 男性

総合格闘技の試合。所属選手が次の試合で勝てるか？ 前試合・前々試合と2戦続けて負けているため心配している。

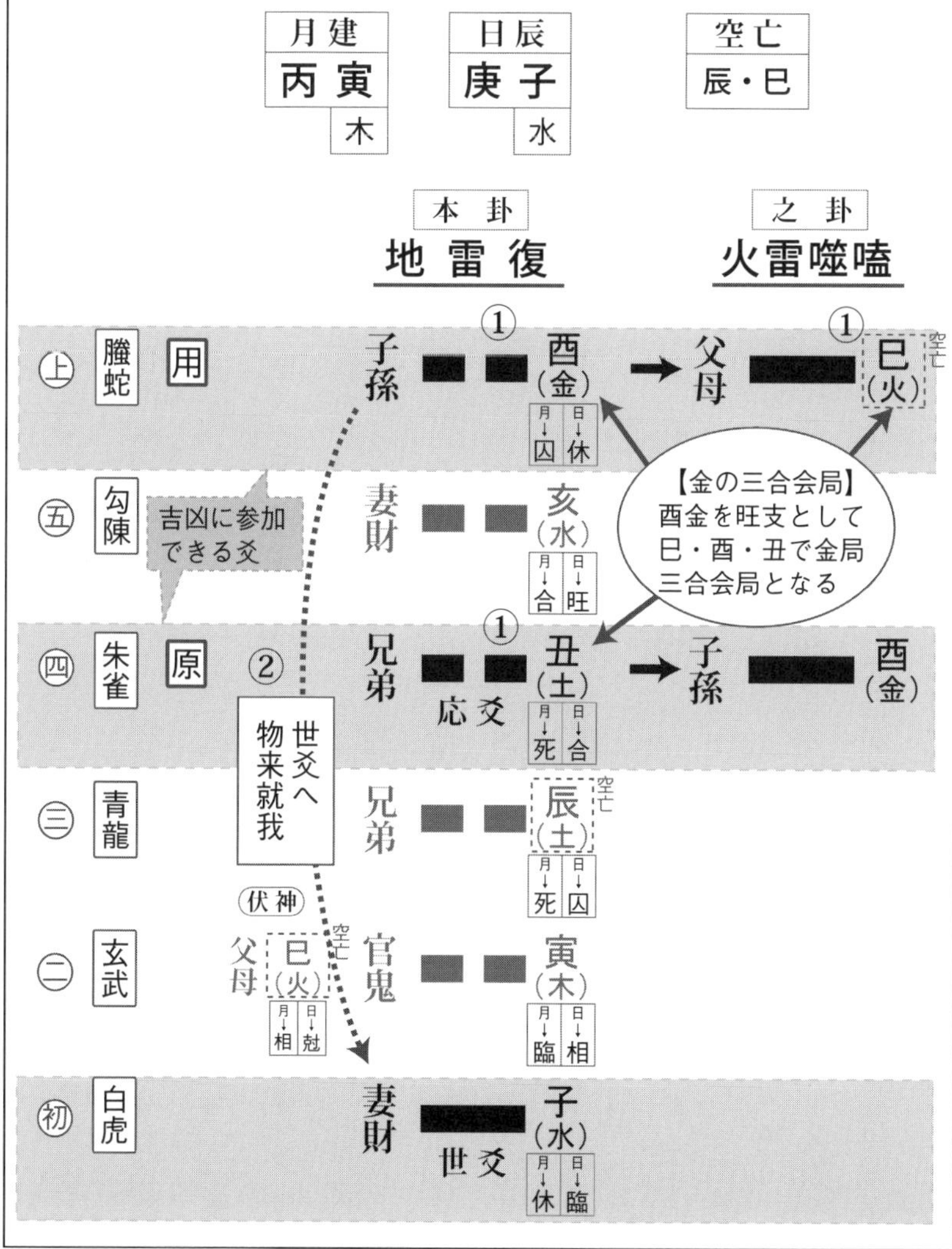

《断の部》吉凶の占断

試合占です。総合格闘技の選手がここ2試合惜敗で、ジムのコーチが次の試合のことを不安視して相談に来ました。

立卦して得た本卦は「地雷復《ちらいふく》」で、四爻と上爻が動爻となり之卦が「火雷噬嗑《からいぜいごう》」になりました。

試合占の用神ですが、今回はコーチから相談を受けたため弟子・生徒の用神として「子孫」を見ます。

吉凶占断に影響する爻は、

・初爻の世爻が乗る妻財・**子水**

・四爻の動爻となる兄弟・**丑土**（原神）

・上爻の動爻となる子孫・**酉金**（用神）

その他に暗動はありません。そのため、上爻・用神と四爻・初爻が吉凶占断に影響をもたらします。

①上爻の用神が動爻となっています。用神の子孫・**酉金**は月建・寅木から囚し、日辰・亥水から休するため、良くありません。しかし、化爻の巳火と四爻の動爻の**丑土**が揃うため「金局の三合会局」が成立します。三合会局の旺支である子孫・**酉金**は他の2つの地支の協力を得て旺相に近い強さになります。

②世爻へ用神の子孫・酉金は物来就我します。

【占断の結論】

用神の子孫・酉金が月建・日辰から休囚するも三合会局で強くなります。その他の爻から用神は傷つけられず世爻への物来就我もあるため、次の試合では勝つでしょう。

《象の部》状況分析と対策

用神の子孫・酉金は月建・日辰から休囚するため一見すると良くありませんが、長生支の巳火、墓支の丑土が動爻・化爻にあるため「金局の三合会局」が起き、旺支である酉金は旺相に近い強さを持ちます。他の爻が協力してくれることから、時期や相手選手との相性なども有利になりそうです。最後に用神は世爻へ物来就我します。この場合の世爻は相談者であるコーチですので、良い連絡がコーチに届くようです。

【結果】

2ラウンド開始早々のノックアウトで、久しぶりの勝利を手にしました。

第二十九章　貸借占・訴訟占

「貸借占」は、「友人から金を借りることができるか」と「貸した金を返してもらえるか」の二通りの方向性があります。前者は一種の融資占と考えても良く、貸借占は「金を返してもらえるか」が中心になる傾向があります。

「融資占」は、銀行・親・友人から希望する金額を借りることができるかという占事となります。

「訴訟占」は親権の裁判、金銭的な争い、相続に関することなど様々な訴訟パターンがありますが、基本はほぼ共通しています。

貸借占

貸借占の用神

《用神…妻財》貸借占では妻財が用神となります。旺相すれば有利です。休囚すると不利になります。

《原神…子孫》用神を助ける原神は子孫です。資金繰りや条件などを表します。
《忌神…兄弟》用神を傷つける忌神は兄弟です。破財を意味します。
《仇神…父母》原神を傷つける仇神は父母です。子孫を傷つけるため資金繰りや条件などでの苦労を表します。

金銭と大半の物品は用神が妻財になりますが、本・資料の貸し借りなどは用神が父母になります。物品の場合は対応する六親五類を用神としてください。

貸借占における世爻

世爻は相談者本人を表します。世爻と用神「妻財」との関係は重要です。

貸借占における応爻

応爻は、「貸す」「返してもらう」などの相手・金融関係を表します。

●貸借占の解説

貸借占の場合、金銭の貸借の用神は「妻財」になりますが、応爻も重要なポイントとなります。用神の妻財の旺相休囚は金銭の動きを作る上で非常に大切です。例えば「貸した金を返してもらえるか」の場合、旺相は返すだけの金がありますが、休囚死破や空亡・墓絶が絡んでいると金銭的に工面できない状態である可能性が高くなります。さらに用神が世爻へ物来就我しているかが「貸した金銭が戻るか」のポイントです。

また占的が「貸して大丈夫な相手か？」の場合は応爻の状態が大切です。応爻が旺相して動爻となり世爻へ物来就我していれば信頼性が高いです。しかし休囚死するならば信頼に値しません。応爻が空亡は、話が「食い違う」「勘違い」などの問題が起きやすく注意が必要です。

また、貸借占や融資占は全額・満額で成立するかが争点に含まれるため、貸借占は「全額返してもらえるか」などの金額の判断を忘れてはいけません。

●貸借占の注意点

(1)「貸した金銭物品が戻るか」の場合、妻財が旺相し原神が動爻は非常に良い状態です。世爻に対して物来就我ならば金銭物品は戻ってくるでしょう。しかし妻財が死破で忌神発動、世爻と関係がなければ戻ってくることはないでしょう。妻財が休囚は、他に傷がなければ全額にならないですが、ある程度は戻るでしょう。

(2)「貸して大丈夫な相手か」を判断する時は応爻が用神となります。応爻が旺相し動爻となり世爻へ物来就我ならば信用に足るでしょう。

(3)貸す相手、貸した相手として応爻が空亡の場合は、返す気がないでしょう。入墓・墓化すると私事（遊び・賭博など）に金銭が消えて、返す当てがないなど問題を抱えています。

(4)特に応爻の冲破や入絶・絶化は要注意です。相手が問題児かかなりの曲者で、簡単には返ってこないでしょう。この場合、月建・日辰から一切旺相合になっていなければ、期待しない方がいいでしょう。

(5)貸借している場合、応爻または世応双方が空亡となれば、返す段階になった時に揉める可能性が高く、容易に話が進みません。

(6)妻財が休囚死や空亡でも、六合卦ならば返す意思はあります。しかし何らかの問題を抱えているため、応相談に応じるべきでしょう。

(7)貸した金銭が「全額返って来るか」、貸す場合に「希望通りの金額を貸してよいか」は、用神が旺相ならば問題ないでしょう。しかし休囚する場合は全額になりにくいです。金額に関しては融資占の欄を参考にしてください。

訴訟占

訴訟占の用神

訴訟占は、基本として原告・被告に関わらず世爻が相談者本人、応爻を彼または訴訟争における相手とします。訴訟では必ず用神として判断すべき六親が出てきます。

《損害賠償・金銭に関わる訴訟の用神…妻財》原告・被告に関わらず支払いなどの損失が関わる訴訟では妻財が用神となります。旺相すれば有利です。休囚すると不利になります。

《離婚訴訟（妻から）…官鬼》用神は夫を象する官鬼です。離婚訴訟は、別れたいのであれば、官鬼が休囚死破などで傷つき弱ければ有利、官鬼が旺相すると抵抗が強く難航または不成立となります。

《離婚訴訟（夫から）…妻財》用神は妻を象する妻財です。

《親権裁判…子孫》用神は子供を象する子孫です。親権を得たいならば、用神旺相することが重要です。

《土地・家屋の問題（明け渡し・退出）・遺産問題…父母》用神は土地や不動産を象する父母です。

その他「名誉棄損」「権利侵害」など多種多様な訴訟があります。しかし、損害賠償を求めるタイプの訴訟に関しては基本的に用神は妻財になります。

訴訟占における世爻

原告・被告に関わらず世爻が相談者本人です。

訴訟占における応爻

応爻を彼または訴訟争における相手とします。

※弁護士を選定する場合

訴訟などで弁護士を選ぶ場合は、訴訟占とは区別して分占するべきです。弁護士の用神は子孫です。子孫旺相で世爻に対して物来就我ならば有益な弁護士です。

●訴訟占の解説

訴訟占はどのような訴訟であっても、「勝敗」という観点を最重視する占断ならば、世爻の状態が最も重要となります。そういう意味では勝負占に近いといえます。世爻が旺相し原神が動爻、そして応爻が休囚し応爻に対する忌神が動爻となるならば勝訴となるでしょう。

それに加え、世爻へ用神の物来就我ならば確実に勝訴です。しかし、用神が応爻へ物来就我するならば、たとえ世爻が旺相で有利であっても完全勝訴とはならない可能性があります。

勝敗に関しては世爻が重要ですが、賠償や権利の有利不利に関しては用神の旺相と物来就我が重要になります。

●訴訟占の注意点

(1)勝敗という要素がある時点で世爻が強いことが重要になります。世爻が月建・日辰から旺相・合起、原神が動爻するなどが勝訴の要素、条件です。ただし、世爻が強くても応爻まで強いのは「互角」となり問題です。応爻は休囚・空亡・墓絶・忌神発動となれば有利となります。
(2)世爻旺相で、用神が動爻となり物来就我が用神に行われているならば、有利な条件で、勝訴は確実です。ですが、用神が応爻へ物来就我するならば、完全勝訴とはなりにくいのです。
(3)離婚訴訟は用神である官鬼・妻財が休囚死・破の状態、または忌神が動爻ならば離婚は成立しやすいでしょう。世爻・応爻の関係が尅・冲ならばより確実です。ただし、六合卦や世爻と用神が合する状態は前記の状態であっても長引く可能性が高くなります。
(4)親権裁判は用神の子孫が旺相、原神が動爻、忌神が休囚し静爻ならば有利です。さらに世爻に対して物来就我ならば非常に有利な条件で手中にできるでしょう。
(5)家屋の問題（明け渡し・退出）や土地・不動産の遺産争いなどは父母が用神です。父母が旺相し、世爻と物来就我ならば勝訴でしょう。

⑹応爻が空亡、世爻・応爻が両方空亡では、一方が話し合いに応じないか、双方ともに話し合いの余地がなく、調停などは時間がかかります。

⑺世爻が応爻に優位な形であっても、用神が訴訟の条件の完全性（満額回収できるかなど）を表すため、用神が休囚、または旺相しても忌神が発動しては、たとえ勝訴であっても想定した条件を完全に満たせない可能性が高くなります。

⑻世爻が原告の場合、世爻を生じる原神、又は用神を生じる爻が弁護士となります。弁護士を頼りになるかは原神が旺相して動爻となり用神を相生するならば信頼に足るでしょう。

⑼弁護士選定は訴訟占とは別です。弁護士の用神は子孫、旺相し発動、世爻を物来就我ならば有益な弁護士です。

【例題1】貸借占

相談者：30代 男性

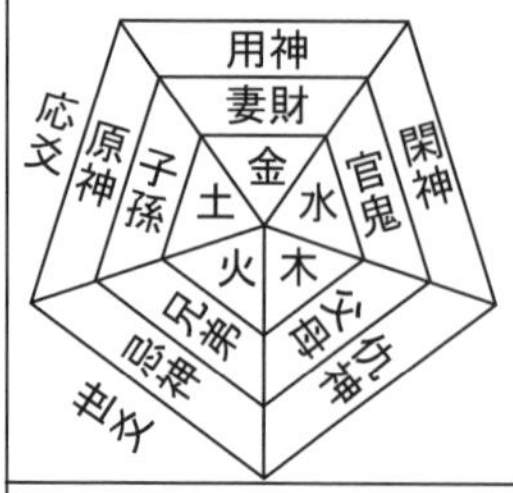

海外にいるらしい投資コンサルに100万円預けたが、話が進まず心配だ。最悪でも元金は返ってくるか？

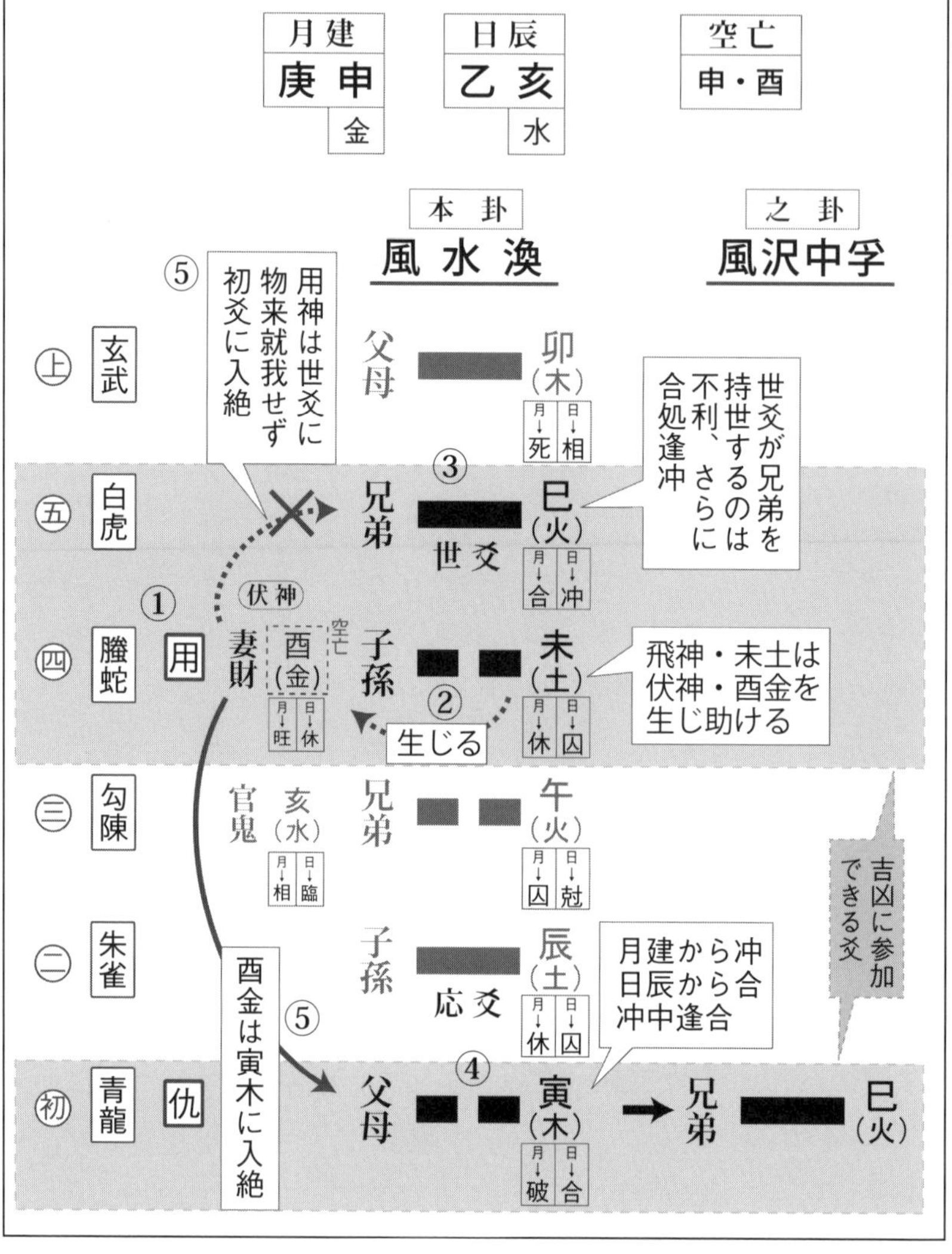

《断の部》吉凶の占断

投資コンサルに渡した元金１００万円が戻って来るかという相談です。一歩間違えれば犯罪占なのですが、とにかくお金が戻って来るかを判断するので貸借占の範疇で見ていきます。

立卦して得た本卦は「風水渙《ふうすいかん》」で、初爻が動爻となり之卦が「風沢中孚《ふうたくちゅうふ》」になりました。

貸借占の用神は「妻財」となります。

吉凶占断に影響する爻は、

・四爻に伏神する妻財・**酉金**（用神）、および飛神である子孫・**未土**

・初爻の動爻である父母・**寅木**（仇神）

・五爻の世爻が乗る兄弟・**巳火**

その他に暗動はありません。そのため、初爻・四爻・五爻の３つの爻が吉凶占断に影響をもたらします。

①用神の妻財・**酉金**は四爻に伏神しています。月建・申金から旺じてますが日辰・亥水からは休します。さらに**酉金**は空亡です。伏神の空亡は不利です。

②四爻の本爻は伏神に対する飛神です。子孫・**未土**で月建から相生し日辰から囚して、用神の妻財・**酉金**を生じ助けます。伏神の妻財・申金は日辰から休してますが、月建・申金から旺じ飛神からも相生

されるので空亡を開ければ提抜できる可能性があります。

③貸借占では世爻の状態も大切です。世爻は兄弟・**巳火**を持世しています。金銭問題を占って世爻が破財を意味する兄弟を持つのは不吉です。月建・申金から「巳申の支合」で合起します。日辰からは「巳・亥の冲」で冲散するため「先に合に逢い後に冲する」という合処逢冲に該当します。後で来る冲散が強くなります。

④この卦の中で一番トリッキーな動きをするのが初爻の動爻である父母・**寅木**です。月建から月破ですが日辰からは「亥寅の支合」となります。これは「先に冲に逢い、後に合となる」という冲中逢合に該当します。最初は月破で弱いですが、日辰からの合により後により勢いを増します。日辰との合だけを見ると合住になりますが、月建・日辰の関係から冲中逢合を優先して取ります

⑤貸借占ではお金が戻って来るかの占事です。そのため用神・妻財が世爻へ物来就我することが大切です。妻財・**酉金**は世爻・**巳火**に対して物来就我しません。それだけでなく妻財・**酉金**は初爻の父母・**寅木**に入絶することになります。

【占断の結論】

用神である妻財・**酉金**は世爻・**巳火**には物来就我しません。世爻が兄弟を持世するため破財の匂いがあり良くありません。また初爻の父母・**寅木**は冲中逢合となり、後で非常に強い爻となって妻財・**酉金**を入

絶してしまいます。これでは用神の妻財は提抜することができず「有用の伏神」になることは不可能です。空亡の妻財・**酉金**が填実となる酉月には入絶が確定してしまうため、それ以降元金は戻ってこないでしょう。

《象の部》状況分析と対策

世爻が兄弟を持世するのは財で損をする典型的な形です。しかも妻財は伏神で空亡です。飛神は伏神を生じているのは有利ですが、初爻の冲中逢合している父母・寅木に入絶するため、元金が返金されることは「絶える」でしょう。世爻が兄弟を持世し用神の物来就我を得られない時点で致命的ですが、世爻が合処逢冲では後に散じるため運がありません。

【結果】

投資後しばらくして1回目の振り込みがあったそうですが、その後は連絡が途絶えがち。不安になり、元金を戻してほしいと連絡をしました。最初は元金を戻すという連絡がきたそうですが、何度かやり取りをしているうちに返信がなくなったそうです（酉月になってから返信はいっさいないとのこと）。どうも相手は海外にいるらしく、消費者センターなどにも相談したそうですが、結局泣き寝入りになってしまったそうです。

【例題2】訴訟占（離婚占）

相談者：30代 女性

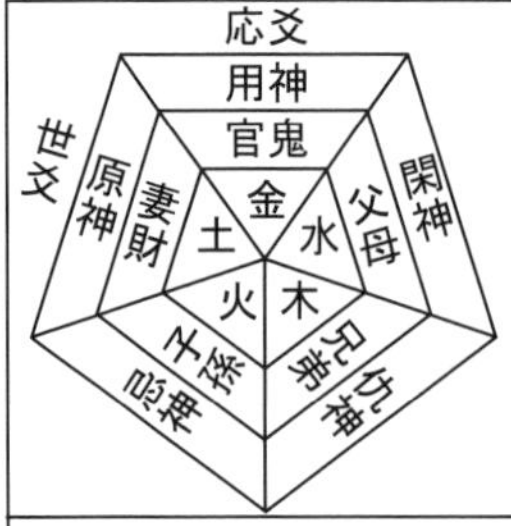

結婚5年目、離婚を考えている。
現在、弁護士を通して離婚調停中（12カ月目）。スムーズに話が進むか？

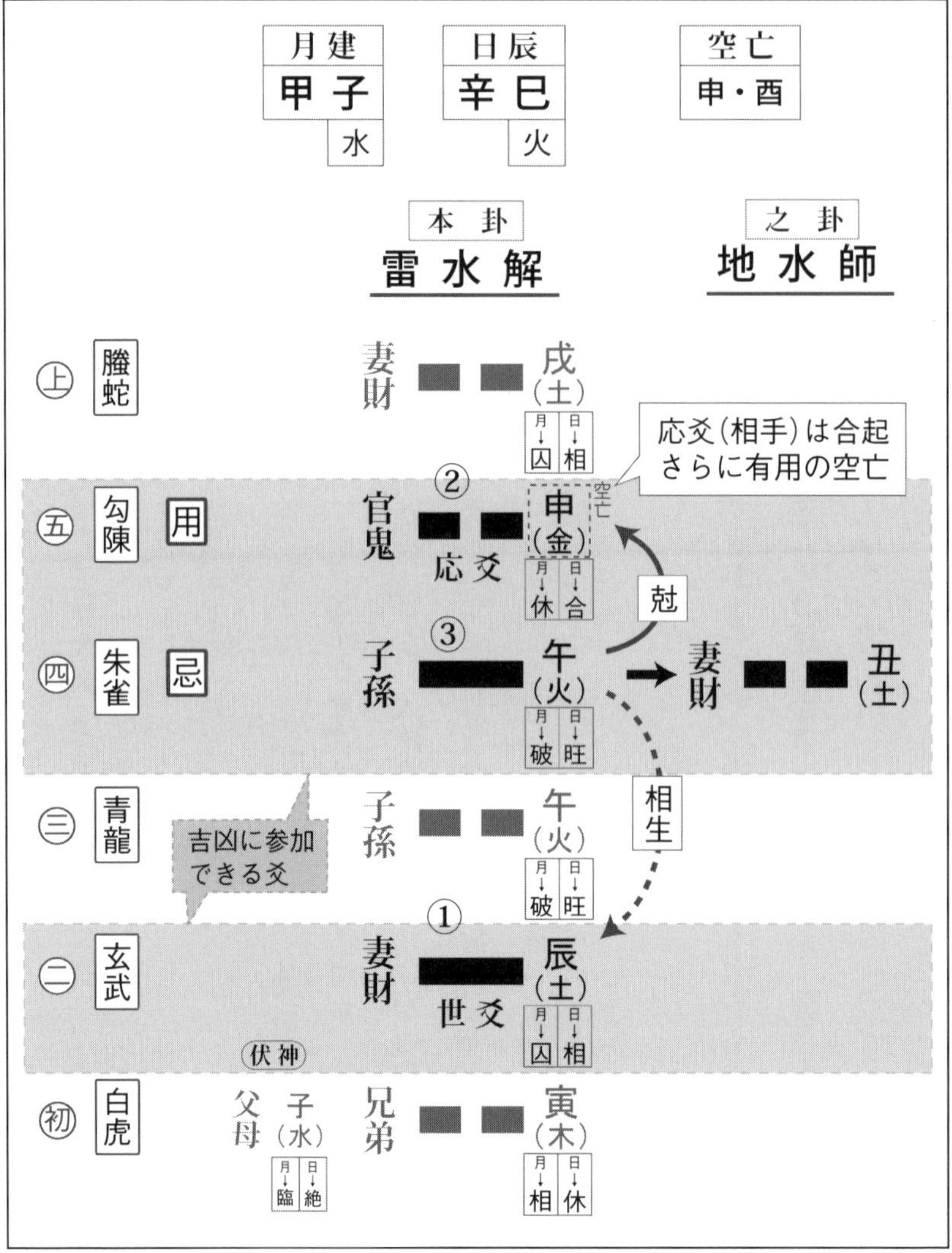

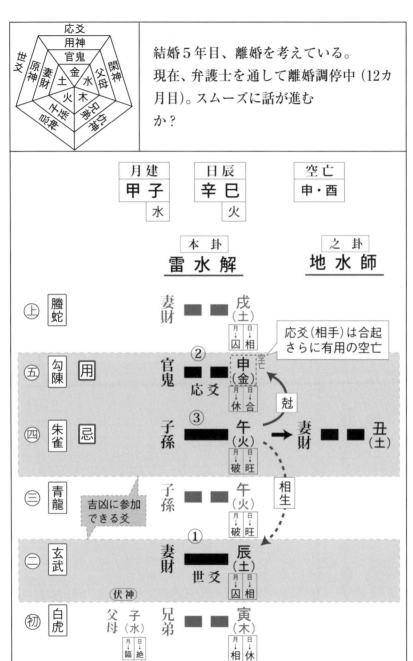

《断の部》吉凶の占断

離婚したいが夫が受け入れず、離婚調停中の女性からの相談です。

立卦して得た本卦は「雷水解《らいすいかい》」で、四爻が動爻となり之卦が「地水師《ちすいし》」になりました。

夫婦占や離婚占の用神は、女性（妻）からの相談ですから夫を表す「官鬼」となります。また相手の心情面を表す「応爻」と相談者を表す「世爻」の関係も重要になります。

吉凶占断に影響する爻は、

・二爻の世爻が乗る妻財・**辰土**

・四爻の動爻となる子孫・**午火**（忌神）

・五爻の応爻が乗る官鬼・**申金**（用神）

その他に暗動はありません。そのため、二爻・世爻と四爻忌神・四爻用神が吉凶占断に影響をもたらします。

①世爻が乗る妻財・**辰土**は月建から囚し日辰から相生されます。日辰の相生があるのは世爻には吉です。

②用神の官鬼・**申金**は応爻が乗ります。月建から休しますが、日辰から合起して旺相のパワーを得ます。

さらに官鬼（応爻）は空亡で、日辰から合起しギリギリ「有用の空亡」となっています。
③四爻の忌神である子孫・**午火**は、月建から月破を受けます。日辰から旺じるため最初は力がありませんが、月節を抜けると動爻としての力を増していきます。

【占断の結論】

四爻の動爻忌神である子孫・**午火**は世爻を相生しますが、応爻で官鬼の**申金**を尅します。しかし、**申金**は空亡のため吉も凶も影響を受けません。空亡が解ける応期になって用神は忌神の尅を受けることになります。空亡は通常は空亡支が「**臨む**」「冲する」「出空」のいずれかが条件ですが、日辰から合起しているため「冲する地支」の応期が空亡冲開の可能性となりえます。日辰から合起する官鬼・**申金**といえども忌神の子孫・**午火**は日辰から旺じている強さがあるため、尅されれば不利となります。また、子孫・**午火**は同時に世爻を相生するので世爻には有利です。来年の寅月から離婚調停も進みそうです。

《象の部》状況分析と対策

応爻が空亡になる時は相手が心情的に「聞く気がない」「受け入れない」状態で、話し合いも調停も簡単に進みません。話し合いの占断では、応爻の空亡は注意が必要です。空亡が開けてからでないと話ができません。また日辰から合起し旺相の勢いがあるため頑固に抵抗するでしょう。

四爻の子孫・忌神に関して問爻の子孫は弁護士を意味する六親でもあるため、空亡を開けた後は弁護士を通した話も進展があるでしょう。

【結果】

浮気やDVなどの明確な証拠がなかったため離婚調停はなかなか進展しませんでしたが、翌年の春ごろ、夫側から突然話し合いに応じると連絡がありました。実は離婚の話が出たころから付き合い始めた女性との結婚話が浮上したためとのことです。弁護士によると浮気の証拠などは見つからなかったのですが、相手の女性が結婚を急ぎたいと要求したようで、夫は急に離婚に承諾することになりました。慰謝料などもそれほど高い金額を要求していなかったこともあり、その後スムーズに離婚が決まりました。

第三十章　失脱占（紛失占）

落とし物や忘れ物をした場合、または盗難にあっている可能性がある場合などは「失脱占（紛失占）」の範疇となります。

亡くなったものを探し出す行為は、占いの醍醐味の一つです。著者も初めて占断によって失くし物を発見した時は感動したものです。

卜占それぞれに失脱占の得意ポイントはありますが、断易は発見できるか・できないかの判断が非常に明確です。また、盗まれているかどうかもはっきりと表れます。

失脱占の用神

失脱占は紛失した対象物によって用神が変わります。

《用神…妻財》金銭・財布・宝飾品・貴重品・日常品・食料品・預金通帳・キャッシュカード・クレジットカード・携帯電話・スマートフォン・携帯型音楽プレイヤーなど

《用神…父母》書類・手紙・身分証明書・パスポート・免許証・乗り物（自転車・バイク）、家や車の鍵、衣類・会員カード（証明カード）など
《用神…子孫》医薬品・医療用器具（補聴器・眼鏡・サポーターなど）・玩具・酒など

その他の紛失物は六親五類の対応により用神を決定します。

眼鏡は視力補強という医療器具の性質を求める場合は子孫が用神。UVカットサングラスは身体を守るため父母が用神。ファッションサングラスは妻財が用神とします。

袋や箱に入っている未開封品の場合、中身がどんなものであれ用神は妻財となる場合があります。

◆盗難に関して
《官鬼》官鬼は盗賊を意味します。そのため、官鬼の状態に注意してください。

《玄武》六獣のうち玄武は詐欺や盗賊を意味します。そのため用神に付くのは注意が必要です。

◆失脱占の爻位（探すべき場所）
宅　内
《初爻》地下・床下・井戸・排水溝・暗い場所・靴箱・井戸など穴・トイレ

《二爻》厨房キッチン周辺・庭・トイレ・部屋（自室）
《三爻》ベッド・寝室・玄関・ホール
《四爻》玄関・窓・トイレ・化粧室・風呂・戸棚
《五爻》廊下・階段・家長の部屋・はしごを使用するような高い場所
《上爻》上の階・屋根裏・屋根・神聖な場・神棚・屋上・屋根・棟と梁

室　内（部屋の中）

初爻は足元や低い場所です。上爻は高い場所や天井に近い箇所です。五爻から二爻は人体部位の位置と同じです。例えば二爻では膝や腿の高さの箇所を探すべきです。

宅外含む

《初爻〜四爻》室内と同じ（四爻は玄関前・家の周辺）
《五爻》道路・首都・旅館・都心・大学
《上爻》遠地・辺鄙な場所・神社・お寺

外出時に紛失

二爻は宅爻で自宅、五爻は会社（勤め先・外出先）です。三爻・四爻は自宅と外出先の間です。上爻は遠地です。初爻は地下や河川等です。

その他の象意
《初爻》地下・窪地・穴・河川・農村・田舎・幼稚園・橋
《二爻》妻の実家・町・小都市・町役場
《三爻》市役所・主要都市
《四爻》大都市・高校・専門学校
《五爻》道路・首都・旅館・都心・大学
《上爻》外国・遠地・辺鄙な場所・神社・寺・先祖の墓

●失脱占の解説

失脱占では、他のケースと大きく違うポイントがあります。それは「用神は静爻を喜び、動爻を嫌う」ということです。落とした物は足が生えて動くことはありません。つまり用神が動爻になるということは自分が知らないところで「移動している」ということです。これは電車やタクシーに落とした場合もありますが、盗まれている可能性も非常に高くなるのです。用神が動爻となり玄武が付いたり化爻が官鬼（玄武・官鬼ともに盗難の象を持つ）では、盗難の可能性が強まります。しかし用神が動爻であっても回頭生や退神（進神は戻ってきません）ならば、戻って来る可能性はあります。

用神は旺相して静爻で、原神が動爻で相生すれば発見できるでしょう。

●失脱占の注意点

紛失の象

(1)用神が空亡で動爻してさらに空亡に化していれば見つかりません。ただし、用神が旺相した空亡で原神発動して相生されている場合は、発見される可能性も高くなります。
(2)原神が動爻となり用神が旺相して強ければ、落し物は見つかります。
(3)用神が内卦にあり静爻ならば、家の中（仕事場でなくしたならば職場の中）にあります。用神が内卦で動爻し官鬼に化していれば、身近な人が隠し持っている可能性が高いです。
(4)用神が空亡で忌神が動爻となるならば、紛失物は発見できません。
(5)用神が月建・日辰に臨めば発見できます。月破・空亡ならば発見できません。
(6)用神が休囚しており外卦にあれば、外で失くしている可能性が高く発見するのは難しいです。
(7)用神が動爻の場合は、回頭生や進神などの化爻と用神の関わりで判断します。

(8)旺相の用神が動爻となり世爻を剋するのは発見できる可能性が高いですが、世爻が動爻となり用神を剋すると難しいです。
(9)用神が旺相で入墓の場合は、墓冲の日に見つかります。倉庫・墓地・地下・容器などを調べるべきです。
(10)用神が日辰と支合していると目に見えない場所に隠れています。
(11)子孫はうっかりミス、六獣の螣蛇は物忘れを意味します。そのため、世爻が子孫を持っていれば自分でどこかに置き忘れています。螣蛇が世爻に付くと忘れ物をしています。
(12)用神が伏神である場合、飛神から生じられれば見つかる可能性が高いですが、飛神から剋されれば見つけるのが難しくなります。

盗難の象

(1)紛失占では用神・用爻は静爻であることを喜びます。動爻とは「紛失物が動いている」ことを意味するため盗難の可能性が高くなり、よくありません。
(2)用神が動爻となり官鬼に化している場合は盗難の合図です。また、用神に玄武が付くのも盗賊の暗示であり危険です。官鬼が動爻となって用神と生・剋・合・冲または墓絶などは盗難になっている可能性が高いです。

(3)官鬼が動爻になる、化爻に官鬼となっていても日辰から官鬼が冲されている場合は、目撃者がいるなど盗難者が発見されやすいことを表します。

(4)官鬼が動爻となり世爻に物来就我をすると、恨み・妬みなどによる盗難の可能性があります。さらに官鬼に勾陳が付き世爻に冲・尅している場合は身内・友人・内部の犯行の可能性があります。

(5)官鬼が多現して両爻が動爻となっている場合、盗難に関して内部・身内に犯行を補助している可能性があります。

(6)官鬼の地支によって盗難者の所在を示します。方角や所在の形象は地支を中心として爻位・六獣を加味して判断します。

探し場所の象

(1)紛失物の探し場所は、用神の地支の方角・方向や高さ位置が大切です。

(2)用神と合・冲する地支の爻位に注目してください。用神が違う場所に移動している可能性があります。例えば用神が四爻にあれば位置として胸あたりですが用神が初爻の地支と合したら足元に落ちている可能性が高いです。

(3)探し場所を占う場合、用神の地支は方角や所在の形象、爻位は所在や位置（高さなど）、六獣は所在の形象によって判断します。

(4)落とした場所を占う場合、用神が伏神ならば1の情報に加え、飛神の六親五類にも所在の情報があります。

・子孫に伏せば、子供の部屋、ペットの場、生徒の家、酒食に関係する場、遊び場など
・兄弟に伏せば、兄弟姉妹の場、友人・同僚の家、ギャンブル場など
・妻財に伏せば、店舗、内卦にあれば妻の部屋、部下・従業員の場、外卦は彼女・愛人の部屋など
・父母に伏せば、家の中、書庫、学校、衣服の中、車・電車の中、父母の部屋など
・官鬼に伏せば盗難だが、盗難でない場合は神域（神棚・仏壇含む）、職場、夫や彼氏の部屋など

(5)帰魂卦や遊魂卦は、自宅や出発地に置き忘れている可能性があります。

【例題1】失脱占①
相談者：40代 男性

店の鍵が見つからないと店員から連絡があった。店から外には持ち出してないようだ。
鍵はすぐに見つかるか？

月建	日辰	空亡
庚申（金）	丙戌（土）	午・未

本卦
風地観

爻	六神	用神	伏神	六親	十二支	月	日	備考
上	青龍			妻財	卯（木）	死	合	
五	玄武		兄弟 申（金） 月→臨 日→相	官鬼	巳（火）	合	休	
四	白虎	用		父母	未（土） 空亡	休	旺	① 世爻
三	螣蛇			妻財	卯（木）	死	合	
二	勾陳			官鬼	巳（火）	合	休	
初	朱雀	用	子孫 子（水） 月→相 日→尅	父母	未（土） 空亡	休	旺	② 応爻

吉凶に参加できる爻

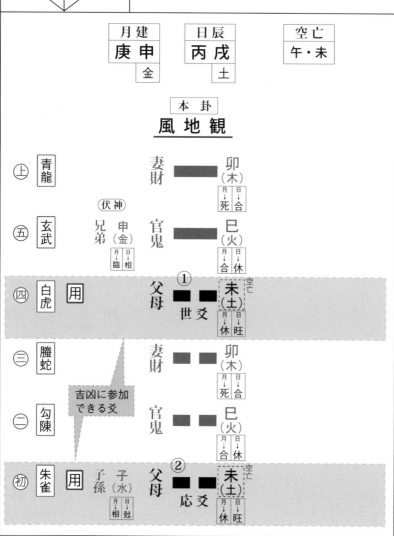

《断の部》吉凶の占断

小さな店舗（店舗はマンションの一室）を経営されている方から、店の鍵がなくなったという相談です。持ち出してはいないようなので室内での紛失占となります。

立卦して得た本卦は「風地観《ふうちかん》」で、動爻がなく「不変卦」です。

紛失占の場合、失くした物によって用神が変わりますが、鍵の用神は「父母」となります。

吉凶占断に影響する爻は、

・初爻の父母・**未土**（用神）

・四爻の父母・**未土**（用神）

不変卦のため動爻はなく、他に暗動もありません。そのため、初爻と四爻の用神が吉凶占断に影響をもたらします。

①用神多現しています。初爻の父母には応爻が乗っていて、四爻の父母には世爻が乗っています。通常は四爻の世爻側を用神としますが、場所を特定する場合も含め、失脱占では多現する用神はすべて判断します。たまたま、多現する用神はどちらも父母・**未土**です。月建・申金から休し、日辰・戌土から旺じていますまた空亡ですが、日辰から旺じているので「有用の空亡」です。

②初爻の応爻が付く未土も四爻と旺相は同じです。

【占断の結論】

日辰から旺相し「有用の空亡」です。月建から休しているため、すぐではないでしょうが鍵は見つかるはずです。

応期としては未土が冲開する丑日か填実する未日に発見できるでしょう。日辰（本日）が戊日ですから丑日には見つかると占断しました。

《象の部》状況分析と対策

用神が多現するには意味があります。場所を特定するために多現する場合もありますし、紛失物が複数のある場合などです。

今回は店内（マンションの一室）での紛失で、外に持って行った形跡はないとのことで、四爻の用神は場所に関係している可能性が高いです。四爻は入口付近（玄関）を表し、六獣が白虎で「道路・通路」を表します。四爻の地支は未土で、未の示す方角は南西です。店舗の入口は店舗中心からみて南西寄りの場所に注目です。

その付近にはレジがあるため、その周辺にある可能性があります。もう一つの用神は初爻にあり、レジ付近の下の方に落ちている可能性が高いです。

【結果】

鍵を失くしたあと、経営者が持っていたスペアの鍵をしばらく使用していたそうです（用神多現の別の象）。その後、店員がレジ周辺の隠れた場所から鍵を発見したそうです。発見した日は丑日でした。

（この占例は、占術家・水森太陽先生から頂戴いたしました。謹んで感謝申し上げます）

【例題2】失脱占② 相談者：女性

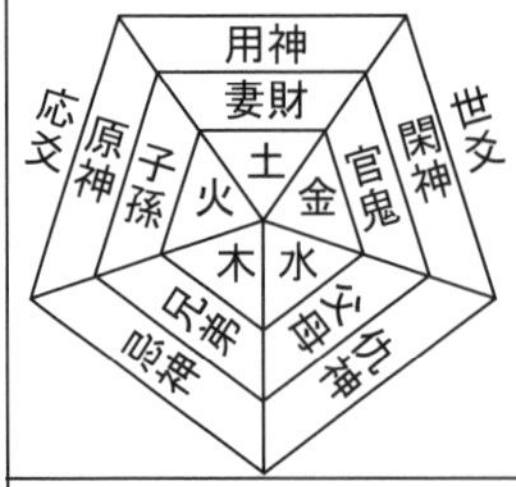

PC増設用に購入したメモリーをうっかり失くした。部屋に持って帰った記憶はあるので部屋にあると思うが、出てくるだろうか？

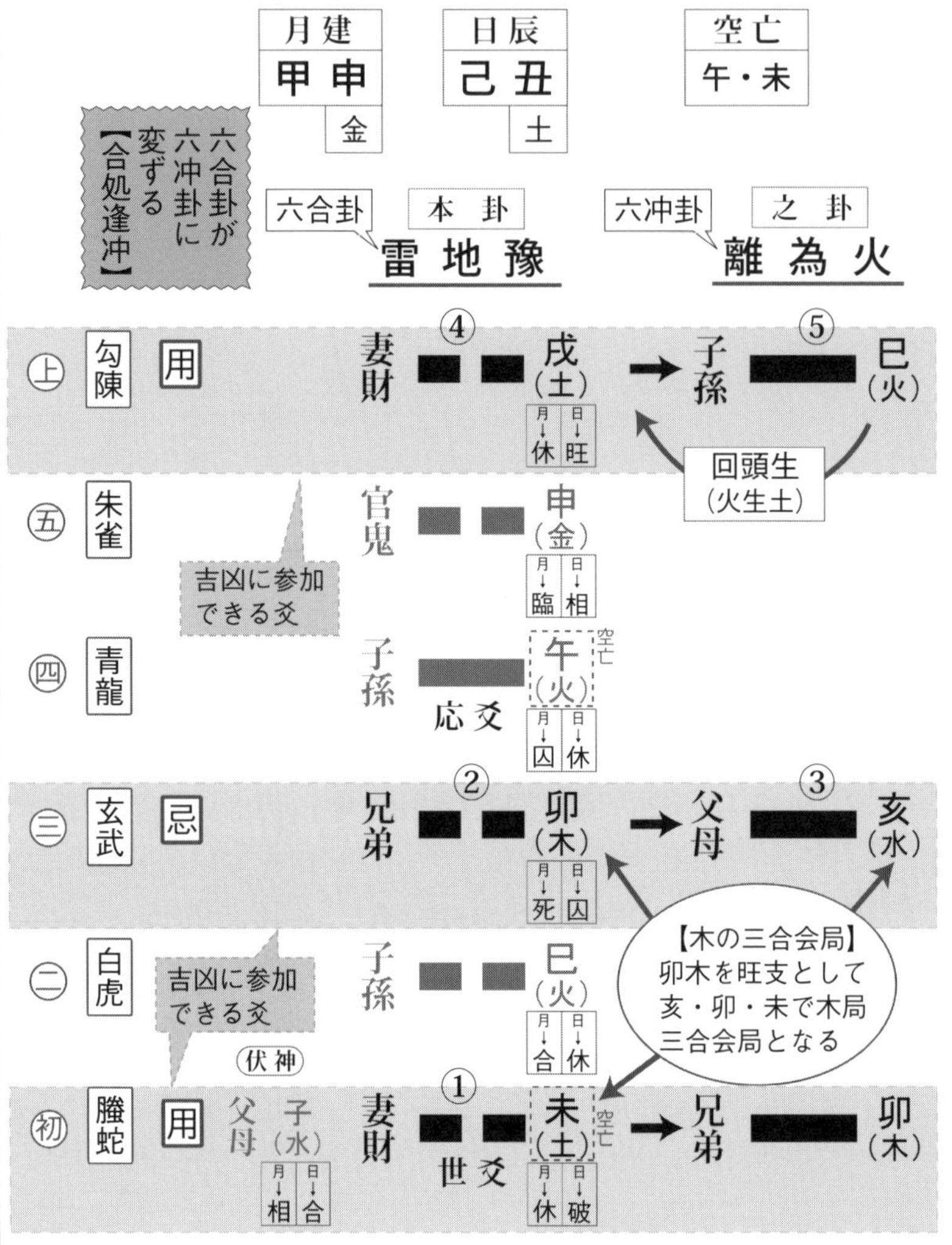

《断の部》吉凶の占断

家の中でＰＣ増設用のメモリーカードを紛失したという相談です。これは断易を勉強されている方の自占です。

立卦して得た本卦は「雷地豫《らいちよ》」で、初爻・三爻・上爻が動爻となり、之卦が「離為火《りいか》」になりました。

紛失占の場合、失くした物によって用神が変わりますが、メモリーカードのような部品は「妻財」を用神とします。

吉凶占断に影響する爻は、

・初爻の動爻となり世爻が持世する妻財・**未土**（用神）

・三爻の動爻となる兄弟・**卯木**（忌神）

・上爻の動爻となる妻財・**戌土**（用神）

その他に暗動はありません。そのため、初爻と上爻の用神と三爻が吉凶占断に影響をもたらします。

①初爻と上爻に用神・妻財が多現しています。自分の部屋での紛失ですから、内卦の世爻が乗る初爻・妻財が用神です。妻財・**未土**は月建から休し日辰からは日破となり非常に傷ついています。また空亡です。さらに動爻となります。紛失占の場合、用神が動爻となるのは凶です。本来動かない物が移動

するのは発見が難しくなるからです（外での紛失なら盗難の可能性もあります）。

②三爻の兄弟・**卯木**は用神に対する忌神です。忌神の動爻も紛失占では良くありません。

③三爻の兄弟・**卯木**は動爻となり亥水に化しています。この時点で三爻の**卯木**、化爻の亥水、そして初爻の**未土**で「亥・卯・未」が揃うため「木局の三合会局」が成立します。用神である妻財・**未土**は旺支である兄弟・**卯木**に協力することになります。紛失占では他爻と合するのは見失いやすく凶です。

【占断の結論】

本卦が六合卦で之卦が六冲卦では「合処逢冲」です。最初はあった（合）ものが後に離れる（冲）形なので紛失占では不吉な動きです。

用神・**未土**は日破で空亡、動爻のため辛うじて「有用の空亡」ですが、紛失占では動爻となることは凶です。さらには忌神と三合会局することで余計に発見することが難しくなります。メモリーカードは見つからないでしょう。

《象の部》状況分析と対策

用神が他の爻や地支と支合や三合するのは「何かに付いて移動する」「物や袋に挟まれたり入ってしまう」ようなものです。旺支・**卯木**を中心に三合会局が成立し忌神にくっつくのは何かに混ざっている形です。

木局なので布の袋や本などに挟まれている可能性がありますが、六獣の玄武や用神に付く螣蛇は「暗い・何かの中」や「判りにくい・はっきりしない」などの意味が強調されるため、発見は非常に難しいかもしれません。上爻の妻財は別のメモリーカードではないかと思います。④と⑤では上爻の妻財・**戌土**は日辰から旺じて化爻の巳火から回頭生です。

初爻の用神は発見が難しそうなので、別のメモリーカードを用意する形ではないかと思います。


【結果】

何度も部屋の中を探したが発見できず、もしかしたら部屋の本などを断捨離した時に一緒に捨ててしまったかもしれないと思ったそうです。結局、増設がいつまでもできないので新しいメモリーカードを購入したそうです。

（この占例は、占術家・天乃愛湖先生から頂戴いたしました。謹んで感謝申し上げます）

第三十一章　出産占

子孫繁栄に重きを置く中国圏では、出産占は非常に需要のある占的です。

出産占とは「将来、子供ができるか」「無事に出産できるか」「妊娠出産はいつになるか」などの出産に関わる相談です。

妊娠や出産の相談に訪れる方々は、初産で経験がないため不安を抱えていたり、妊娠ができず悩んでいる方も多く、デリケートな領域です。以前は妊婦の安否（出産できたが母体が重傷または死亡など）も重要な占事項目でしたが、現在は医療も進んだため母体に無理をさせる出産は大分少なくなりました。そのため、現在は「出産の可否」「出産の安否」「胎児の性別」「出産の応期」が主な項目となります。

出産占の用神

《用神…子孫》出産占の用神は基本的に子孫となります。子孫が旺相で忌神が静爻休囚ならば出産に有利です。

《原神…兄弟》出産占の原神は兄弟です。原神が動爻となり用神を相生するのは出産に有利です。

《忌神…父母》出産占の忌神は父母です。兄弟が静爻で忌神・父母が動爻となり用神・子孫を剋するのは出産に危険です。
《仇神…官鬼》出産占の仇神は官鬼です。原神を剋する仇神は出産占では忌神と同等の凶意を持ちます。

出産占における世爻

世爻とは相談者本人を表します。

出産占における応爻

出産占での応爻とは占事によってケースバイケースですが、近代では出産する病院などを表すことが多いです。

※胎爻について

出産占では他の占事では使用しない用爻があります。それが「胎爻」です。
胎爻とは、主に現在または近い未来に胎児を宿すかの判断に用います。出産占すべてに用いるわけではありません。（近い未来といっても数年単位では胎爻は現れません）
本卦（伏神含む）・之卦・月建・日辰に胎爻がなければまだ妊娠（おなかに胎児がいる）していない

と判断します。

胎爻の「胎」とは十二運（上巻101～103頁参照）の中にある「胎」です。五行ごとに胎爻はあります。
・木の地支（寅・卯）の胎爻→「酉」
・火の地支（巳・午）の胎爻→「子」
・土の地支（丑・辰・未・戌）の胎爻→「午」
・金の地支（申・酉）の胎爻→「卯」
・水の地支（子・亥）の胎爻→「午」
胎爻は使用法について見解が分かれ、出し方も主に2つあります。
①子孫の地支から見て十二運の胎となる地支
②日辰の地支から見て十二運の胎となる地支
本書では①の胎爻を用いています。台湾では①の方法でチェックした後、②の方法で再チェックする技法もあるようです。

●出産占の解説

出産占での用神は「子孫」です。子孫が月建・日辰から旺相し原神が動爻となり相生ならば無事出産となります。ですが、子孫が休囚し忌神が動爻となるならば流産・病気・障害など思わしくないでしょう。用神の旺相休囚も大切ですが、出産占では忌神である父母の発動は最も注意です。また、出産占で仇神の官鬼は忌神と同等の注意を必要とします。

胎爻は「妊娠しているか」「胎児は無事成長しているか」などの相談では重要です。しかし「将来、子供に恵まれるか」の場合、現状胎児は存在しないので胎爻を見る必要はありません。

●出産占の注意点

⑴用神となる子孫が月建・日辰から旺相して原神が動爻となり相生するならば、無事出産するでしょう。

⑵忌神・仇神は休囚死で静爻が望ましいです。忌神・父母が休囚であっても動爻となり用神を剋するならば、出産はできても障害や健康上の問題がでるかもしれません。

⑶出産占は母体と胎児が「離れる・別れる」ようなものです。そのため「支合」は問題となります。六合卦は難産の卦となります。また、忌神・仇神が動爻となり用神・子孫と合するのも不吉です。忌神・父母が動爻となり用神と合する場合は、胎児は傷つき障害を持つ可能性があります。仇神・官鬼と用神の合は流産となりやすいでしょう。

⑷用神・子孫は静爻が安全です。出産間近で子孫が動爻となるのは自然ですが、妊娠3～6カ月程度で

子孫が動爻するのは不自然です。母体や胎児に問題がないか注意する必要があります。さらに動爻して回頭尅・退神は流産を暗示します。

(5)用神・子孫が動爻であっても、月建・日辰から旺相で進神や回頭生ならば元気な子を産めるでしょう。特に回頭生は大きな子である可能性が高いです。

(6)六冲卦は出産占では順調であることを表します。

(7)出産占では尅は危険ですが冲は六冲卦の例もあるように一概に危険ではありません。用神・子孫が月建から旺相し日辰から冲を受ける、または他の動爻から冲されるのは、順当な出産の場合があります。冲で危険なのは官鬼からの冲と合です。

(8)出産占で官鬼は「鬼籍」を意味するため流産を暗示する仇神です。官鬼が動爻となり用神に冲・合は流産となります。また、子孫が動爻となり化爻が官鬼となるのも同様です。

(9)用神・子孫の月破・空亡は出産を妨げる形です。特に月破は流産の暗示が強く、他も用神の旺相休囚によって危険のため良い医師・病院の指示が必要です。

(10)用神・子孫が入墓するのは難産の暗示です。妊娠初期~3カ月程度の入墓は流産の暗示です。臨月に近づき子孫が旺相しているならば、入墓であって難産であっても冲開した時に出産するでしょう。

(11)妊娠しているか、または胎児が順調かを判断する場合は、子孫のチェックだけでなく胎爻の判断も必要です。「妊娠しているか」の場合、子孫が旺相していても胎爻が本卦・之卦・月建・日辰に現れていなければ妊娠していません。逆に胎爻が現れている場合は妊娠しています。胎爻の月破や空亡は流産の暗示です。胎爻が動爻となり回頭剋、官鬼に化す、墓絶に化すのも、同じく流産の暗示のため胎爻は静爻が安全です。

⑿胎爻が父母に付いていれば初産です。

⒀子孫・胎爻がそれぞれ卦中に2つあれば双子が生まれる形です。また子孫が動爻となり進神と化すのも同様です。

⒁母体・妊婦を判断する場合、用神は妊婦本人および代理人の場合は世爻となります。夫が相談者の場合は、母体は妻財となります。

⒂姉妹兄弟の妻の出産の場合、用神は子孫でなく兄弟とします。

胎児の性別について

《用神…子孫》

医療の発達によって早期から胎児の性別判定が可能になったこともあり、占いとしての需要は減っていますが、「次に妊娠する子の性別は?」という、医学がまだ手に届かない領域での問いかけはまだまだ存在します。

胎児の性別の判定法は複数方法がありますが、代表的な方法は以下のとおりです。

①通常の妊娠占や出産占で胎児の性別を判定する場合は、六爻のうちで子孫が付く爻位が陰か陽かで占断できます。陽爻（⚊）は男児、陰爻（⚋）は女児を表します。また、本爻と化爻に複数子孫が出現している場合は化爻の陰陽を取ります。

②胎児の性別を別占する場合、子孫が旺相すれば男児、休囚すれば女児という判断法もあります。著者は①の方法によって性別を判定していますが、この方法で判定が難しい場合に別占して②の方法で再占しています。

【例題1】出産占

相談者：20代 女性

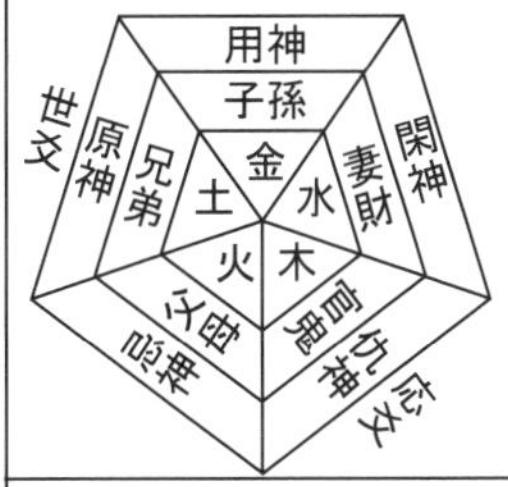

3年前に流産を経験した。妊活をしているが、今後子供に恵まれるか？

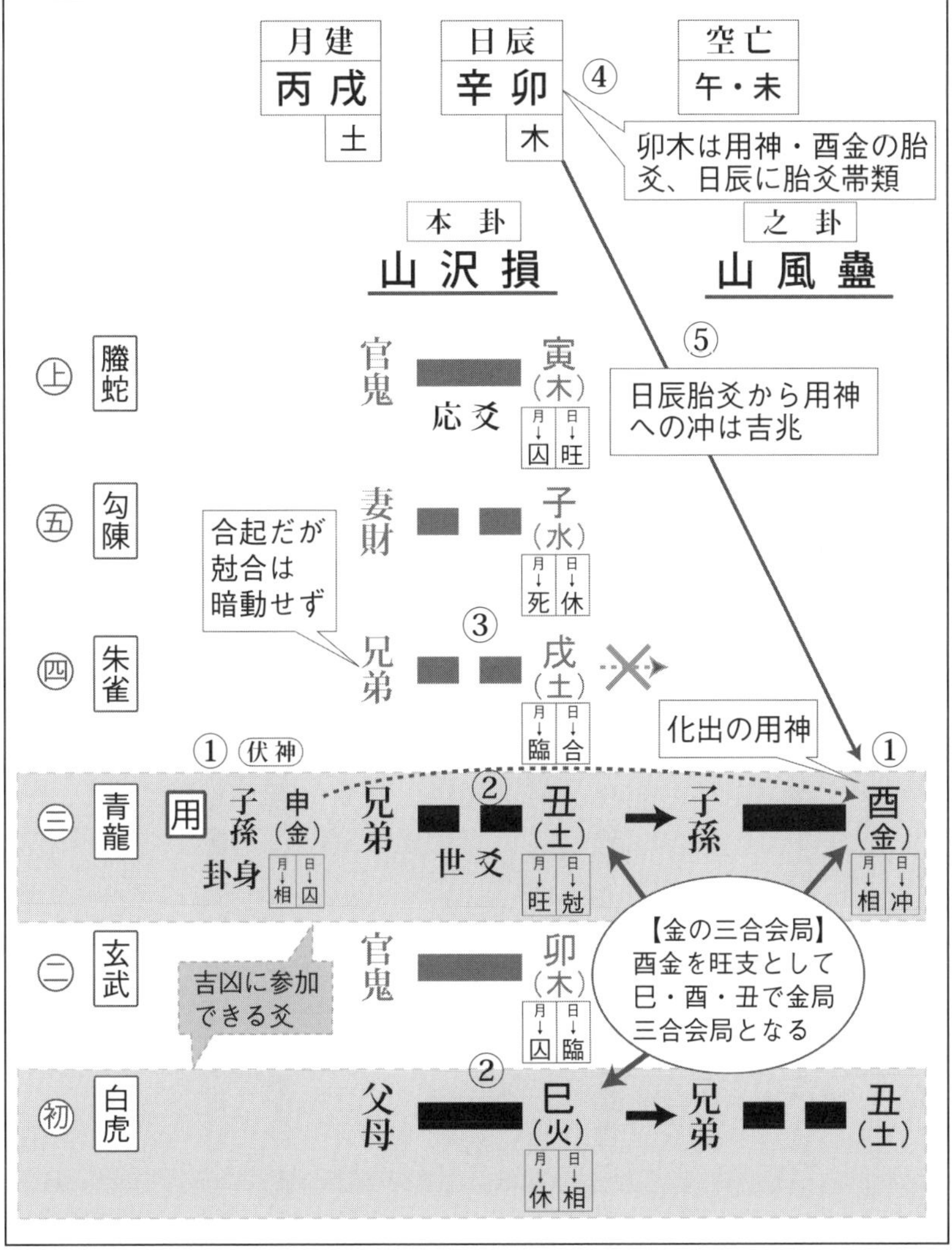

《断の部》吉凶の占断

妊娠できるか、出産できるかという相談は「出産占」の部類です。

立卦して得た本卦は「山沢損《さんたくそん》」で、初爻と三爻が動爻となり之卦が「山風蠱《さんぷうこ》」になりました。以前流産を経験しており、妊娠よりも出産に重点を置くため用神は「子孫」となります。ただし「胎爻」も必ずチェックします。

吉凶占断に影響する爻は、

・初爻の動爻である父母・**巳火**

・三爻の動爻である兄弟・**丑土**。世爻が乗り、伏神の子孫・**申金**（用神）

四爻は合起しますが暗動になりません。そのため、初爻・三爻および三爻伏神が吉凶占断に影響をもたらします。

①用神の子孫・**申金**は三爻に伏神となっています。出産を占う場合に子孫が伏神は不利です。また、出産占では「卦身」も重要視しますが子孫の地支に卦身が付くのは吉です。

三爻は動爻となります。化爻に子孫・**酉金**があり「化出の用神」となっています。子孫・**酉金**は月建から相生、日辰から冲されますが、出産占では用神が日辰から冲されることは特別の意味を持ちます。

②三爻は世爻があり兄弟・**丑土**を持世しています。用神・子孫にとって兄弟は原神であり、世爻が乗るのは吉です。兄弟・**丑土**は月建から旺じて日辰から剋され、原神としてはあまり強くありません。しかし、初爻も動爻となっています。父母・**巳火**が動くことで化出の用神である**酉金**、三爻の兄弟・**丑土**、そして初爻の父母・**巳火**と「巳・酉・丑」が揃い、「金局の三合会局」が成立しています。そのため旺支である用神の**酉金**は非常に勢いを増します。

③四爻の兄弟・戌土は月建に臨み日辰からも合起となります。原神として強いですが「卯―戌の支合」は剋合のため暗動することはなく静爻のままで用神に対して動けません。

④日辰は卯木で用神の子孫（金の地支）にとって胎爻となります。日辰に胎爻帯類は出産占・妊娠占に特別な意味を持ちます。

⑤胎爻帯類した日辰・卯木から用神の子孫・酉金は冲されます。胎爻の冲は吉兆です。

【占断の結論】

化出の用神となった三爻の子孫・酉金は「金局の三合会局」となり非常に勢いがあります。月建からも住生され、なおかつ日辰に胎爻が帯類し卯木から冲されるため、妊娠・出産に吉兆です。伏神の子孫・**申金**に卦身が付くのも吉です。出産できる卦です。

《象の部》状況分析と対策

世爻が乗る三爻から動いて化出の用神が現れるのは、妊娠・出産としては世爻から「生まれる」形であり、吉兆です。しかも世爻に伏神として子孫・申金があり卦身を帯びているため、三爻内で「伏神（体の中）→化出（体外）」という出産のイメージが強調されています。

また、日辰に胎爻帯類はすでに妊娠しているか近く妊娠する形です。今後1年以上妊娠しないようならば胎爻は卦中にないはずです。日辰に胎爻が帯類する場合、六爻どの爻に対しても日辰は影響が与えるので吉兆なのです。子孫も月建から相生で三合会局するので元気な子を産む形となっています。

ちなみに子孫・酉金は陽爻なので、男の子の可能性が高いでしょう。

【結果】

翌々月の検査で妊娠していることがわかりました。マタニティクリニックの指示に従って慎重に妊娠生活を送り、翌年に無事、男の子を出産しました。母子とも元気でした。

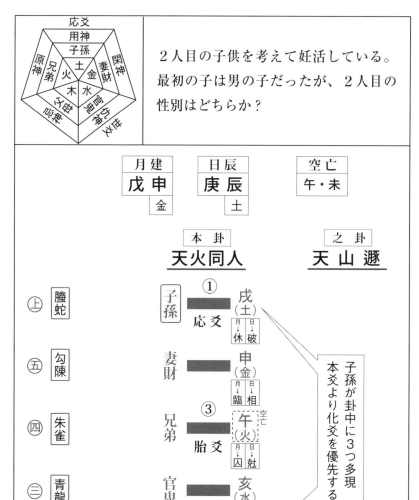

【例題2】出産占（性別占）

相談者：30代 女性

2人目の子供を考えて妊活している。最初の子は男の子だったが、2人目の性別はどちらか？

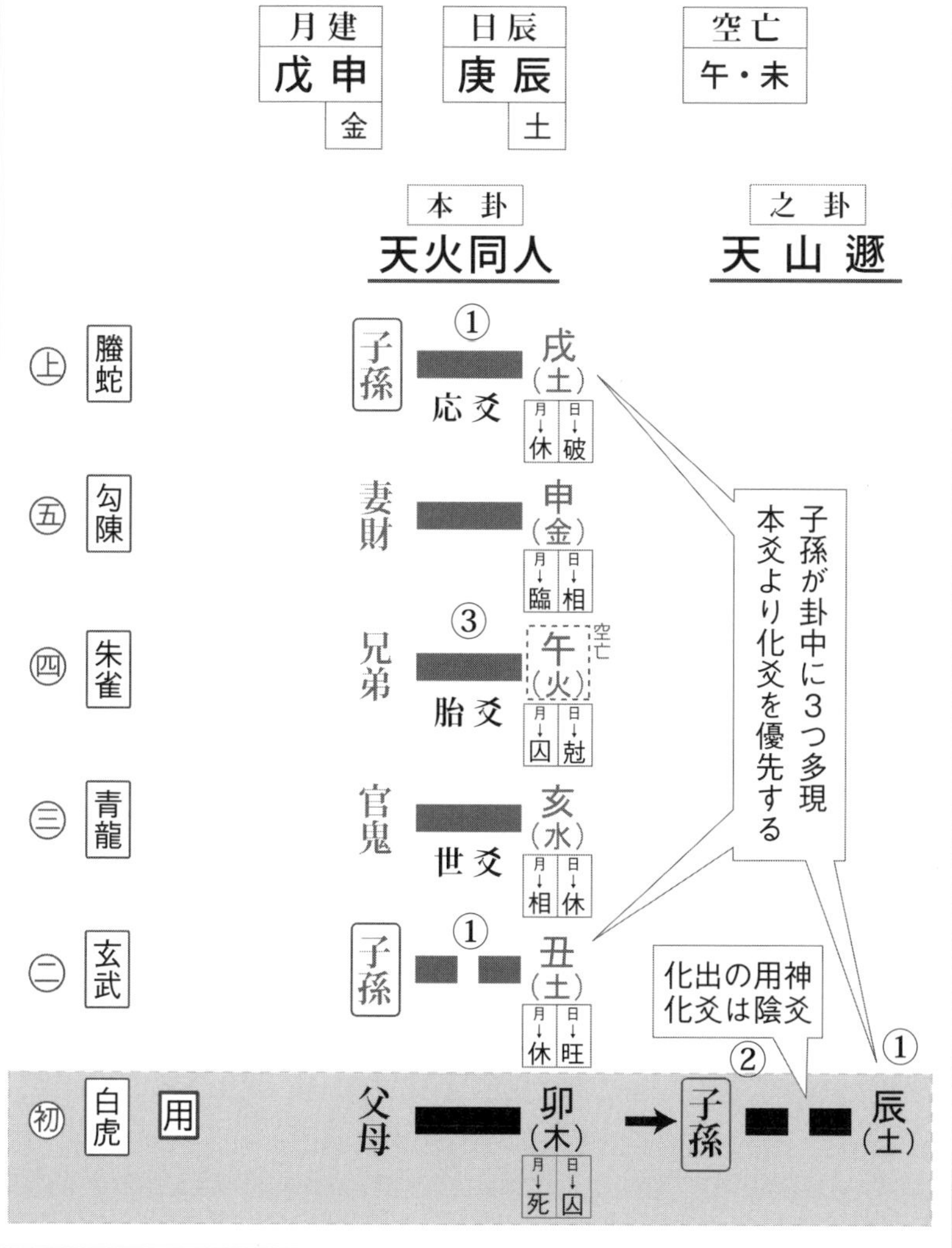

《断の部》吉凶の占断

2人目の子供の性別は男女どちらかという相談です。

立卦して得た本卦は「天火同人《てんかどうじん》」で、初爻が動爻となり之卦が「天山遯《てんざんとん》」になりました。

出産する子供の性別を占う場合、用神は「子孫」となります。

今回、性別を判定する占いのため吉凶占断はありませんが、見るべき爻として、

・初爻の化爻に出現する子孫・**辰土**

・二爻の子孫・**丑土**

・上爻の子孫・**戌土**

以上の3つの子孫をチェックしていきます。

《象の部》状況分析と対策

吉凶占断ではなく性別の判定なので卦の形や事象を優先的に見ます。

①用神である子孫爻が3つ出ています。本卦に2つ、化爻に1つです。これは別に三つ子が生まれるわけではありません。用神多現の場合、出産・妊娠占に関しては「伏神→本卦→之卦」の順で優先順位が高くなります。つまり性別を見る限り、化出の用神があれば優先するのです。

②初爻の化出の用神である子孫・**辰土**の爻は「陰爻（⚋）」です。

③四爻に胎爻がありますが、静爻であり空亡です。妊娠占としては確定的ではないですが、空亡が冲開する子か填実する午の応期で妊娠される可能性があります。

子孫・**辰土**の爻は「陰爻（⚋）」なので、次に生まれる子供の性別は女児でしょう。

【結果】

翌年の午月に妊娠されました。その後の検査から女児でした。

翌々年に無事女児を出産されました。

第三十二章　ペット占・畜産占

「ペットが行方不明」「ペットの病気」「ペットとの相性」などの占いはすべて「ペット占」です。「畜産占」とは、畜産に関わる全般の占事です。家畜の判断は幅広いので、用神の判断にも注意が必要です。

ペット占

ペット占の用神

《用神…子孫》ペット占の用神は子孫となります。子孫が旺相で忌神が静爻休囚ならば有利です。占い方は行方占や疾病占に準じます。

ペット占における世爻

世爻とは相談者本人（飼い主や代理者）を表します。

ペット占における応爻

ペット占で応爻とは、別の場所または一時的にペットを預かっている人物、発見者などを表します。

●ペット占の解説

ペット占は、犬・猫・他の動物の区別なくペット全般の占いです。占事として「ペットの行方」「ペットの病気や寿命」「ペットを飼うべきかの吉凶」などです。

用神は子孫です。ペットであっても「行方」や「病気」は通常の行方占や疾病占と同じ判断法です。ペットを飼うべきかの判断は子孫が月建・日辰から旺相し忌神が休囚静爻、さらには世爻に対して物来就我していているならばペットとして良いです。

●ペット占の注意点

(1)「ペットの行方占」は、第二十七章の「行方占」（277頁）と同じ判断法です。

(2)「ペットの疾患や寿命」に関しては、第二十四章「疾病占」（128頁）と同じ判断法です。

(3)「ペットを飼うべきかの吉凶」に関しては、用神の子孫が月建・日辰から旺相して忌神・仇神が休囚し静爻ならば悪くありません。世爻に物来就我しているかが重要です。基本は第二十章「相性占」（34頁）と同じ判断です。

畜産占

畜産占の用神

畜産占とは六畜（牛・豚・羊・鶏など）の酪農・畜産に関する占事のことです。

《用神…子孫または妻財》六畜の用神については、『断易精蘊』に「六畜禽虫一切の主星は子孫」とあるように、動物や虫の用神は子孫です。

しかし、酪農・畜産に類する占事のほとんどは商業的視点での相談が多く、その家畜を飼育することで利益を得られるかという判断ならば用神は基本的に「妻財」となります。

家畜の価値を図る占事は用神として「妻財」、また労働に使役する馬や牛なども同様です。しかし、経済的損失などの利害抜きの家畜に関する占事は用神として「子孫」を取るべきです。

【例題1】ペット占　相談者：60代 男性

猫を数匹飼っているが、1匹外に出たまま帰らない。郊外なので1～2日の外出はよくあるが、今回は1週間戻らない。無事戻ってくるか？

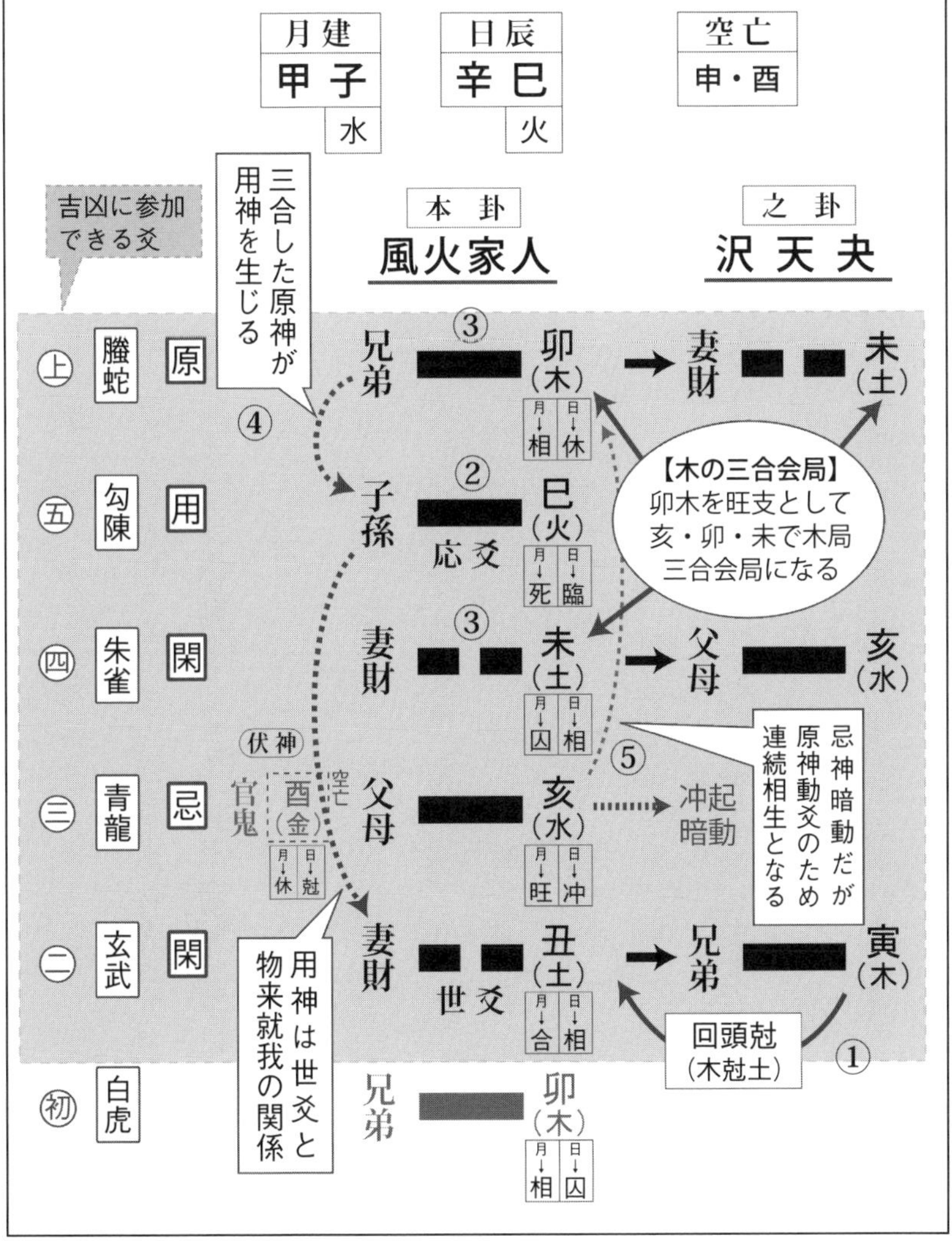

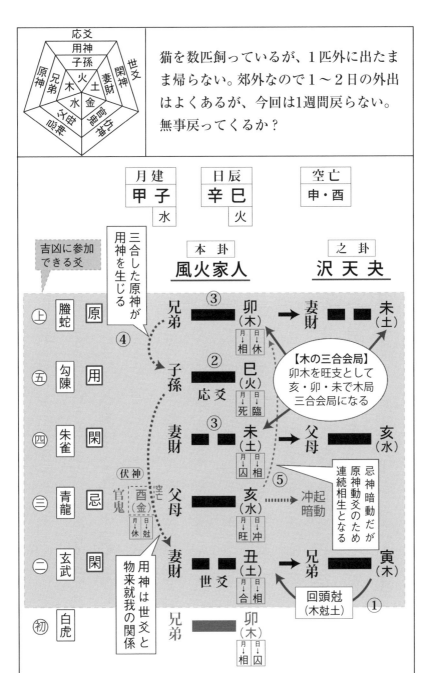

《断の部》吉凶の占断

ペットの猫が外に出たまま1週間以上戻ってこないということで「ペットの行方占」となります。

立卦して得た本卦は「風火家人《ふうかかじん》」で、二爻・四爻・上爻が動爻となり之卦が「沢天夬《たくてんかい》」になりました。

ペット占の用神は「子孫」となります。

吉凶占断に影響する爻は、

・二爻で世爻が乗り動爻の妻財・**丑土**（閑神）
・三爻の冲起暗動となる父母・**亥水**（忌神）
・四爻の動爻である妻財・**未土**（閑神）
・五爻の子孫・**巳火**（用神）
・上爻の動爻である兄弟・**卯木**（原神）

その他に暗動はありません。初爻を除く二爻～上爻が吉凶占断に影響をもたらします。

①二爻の世爻は妻財・**丑土**を持世しています。妻財・**丑土**は月建から合起で旺じ、日辰から相生と強いですが、動爻となり化爻の寅木から尅のため回頭尅です。

②用神の子孫・**巳火**は静爻です。行方占や失脱占の場合は、用神が静爻の方が吉です。**巳火**は月建から

死（剋）ですが、日辰から臨んでいます。日辰から臨旺ならば無事でしょう。

③用神・子孫の原神である兄弟・**卯木**は上爻で動爻となっています。また、四爻の妻財・**未土**は動爻となり化爻に亥水が出現しています。これで「亥・卯・未」の「木局の三合会局」が成立します。

④三合会局の旺支である**卯木**は勢いを増し、用神・子孫を生じ助けます。

⑤三爻の忌神である父母・**亥水**は月建から旺じ日辰から冲されるため冲起暗動で動爻化します。本来であれば用神・子孫を剋しますが、卦中の原神・**卯木**が動爻となっているため連続相生（貪生忘剋）となり原神を助けます。

【占断の結論】

用神の子孫・**巳火**は静爻で日辰から臨んでおり、原神の**卯木**が三合会局の旺支となり強力に用神を助けます。原神が発動しているため冲起暗動している忌神も原神を助け、用神は傷つきません。用神・子孫も世爻へ物来就我の関係ですから猫は戻るでしょう。

「応期」に関しては用神の子孫・**巳火**が日辰から臨んでいます。月建から死のため判断が難しいですが、休囚と判断するならば巳が合起する申の日、旺相と見るならば巳を冲する亥の日が、可能性として高いです。

《象の部》状況分析と対策

世爻が旺相しているのは猫に戻ってきてほしいと強く願う形です。また動爻となり探しているかもしれませんが、回頭尅ではご自身で発見することは難しいでしょう。

用神の子孫は月建から死ですが、日辰から臨んでいます。月建から死なのでどこか怪我をしているかもしれませんが、日辰から臨んでいるので身体は問題なく健康でしょう。また用神・子孫が静爻なのもそれほど遠くに行ってない形です。用神が動爻だとかなり遠くに移動している可能性が高く、戻れないことも多いのです。

さらに子孫は、世爻・妻財を生じ物来就我の関係となっているのも戻る可能性を示します。

上爻の原神・**卯木**が三合会局して用神・子孫を助けるのは、猫が迷った先で誰かが餌を与えたり休む場を提供したりしている可能性があります。

用神・子孫は五爻にあるため、もしかすると爻位の意味「道路」がイメージできるため、大きな道路を渡って戻れなくなっている可能性があります。

【結果】

飼い主である相談者があれこれ探していましたが1週間近く現れないため、諦めかけていた矢先に猫は自ら帰ってきたそうです。不思議と毛艶も良く痩せてもいなかったので、猫好きな人に餌をもらっていたのかもしれないと思ったそうです。前足にちょっと怪我がありましたが、大したことはなく健康体だったようです。

戻ってきたのは占った**巳火**から4日後の申日で、応期もぴったりでした。

第三十三章　家宅占（風水占）・墓相占（陰宅占）

風水や家相の相談は様々ありますが、台湾では風水診断に断易を加える術師も見受けられます。

本来の家相・風水的判断を無視するのは危険ですが、断易独自の判断法に有益な部分があります。

例えば「購入したい家（マンション）が抽選で当選するか」「気になる物件があるが住んで良いか」「風水的に気になる箇所があるか」などです。

台湾の風水師の中には風水処方をした後に断易によって最終チェックをするケースもあるようで、家宅・風水占では非常に有益です。

家宅占（風水占）

家宅占の用神

物件が入手できるか

《用神…父母》土地・家屋の用神は父母です。そのため「土地や家屋が入手できるか」という占事では父母と世爻の関係が重要になります。

用神・父母が月建・日辰から旺相し忌神が**休囚静爻**で、世爻に**物来就我**するならば入手できるでしょう。

用神・父母が月破、無用の空亡は日辰から臨んでいない限り入手は難しいです。入墓絶では冲開する応期が抽選日や締め切りに間に合わなければ入手できません。

特に物件が競争率高い抽選では世爻への物来就我がなければ難しいでしょう。

住んで良いか（災いないか）

《用神…世爻と六親五類（特に官鬼の関係から導く）》「住んで良いか」と「住んで災いないか」は占的が本来変わりますが、家宅占では通常身命占と同じ判断法をします。特に一軒家を購入するような人生で大切な物件購入に関しては身命占として扱う必要があります。それに対して安い賃貸アパートで「住んで災いないか」だけをチェックする場合は特に官鬼（災い）をピックアップし世爻との関係を見ます。身命占としては世爻の**六親持世**を重視します。

《兄弟》兄弟が旺相して動爻となる、または世爻が旺相した兄弟を持つ場合、破財爻が機能するため金銭問題や口舌の問題が発生しやすいでしょう。家族で住む場合は不和に発展しやすい物件です。

《子孫》子孫が旺相して動爻となる、または世爻が旺相した子孫を持つ場合、官鬼を剋するため災い少なく子供に恵まれやすく吉相家宅でしょう。

《妻財》妻財が旺相して動爻となる、または世爻が旺相した妻財を持つ場合、金銭物品に恵まれる吉相家宅です。特に世爻が妻財を持つか妻財が動爻で世爻に物来就我している物件はより吉相です。

《官鬼》官鬼が旺相して動爻となる、または世爻が旺相した官鬼を持つ場合、災いを意味する官鬼が強くトラブルや霊的現象、悪縁など様々な悪影響が訪れる凶相家宅です。

《父母》父母が旺相して動爻となる、または世爻が旺相した父母を持つ場合、心労の象を持つ父母のため家・土地・親・教育に関して悩み心労多く、馬車馬のように働き続ける凶相家宅でしょう。

特に官鬼の地支が示す方角には注意が必要です。例えば官鬼・南西の場合、風水的に家宅の南西側には注意が必要です。また、南西は裏鬼門でもあるため風水処方やリフォームが必要な場合があります。
風水の理気法と断易を組み合わせる場合、家宅の八方位の中の吉方位と子孫の地支が重なる方角があれば、寝室など安らぐ場所として最適です。また玄関や応接室の方角が妻財の地支が当たれば財運の恵まれた家宅です。

●「入手できるか」の解説

「家を購入できるか」「マンション購入で抽選に当たるか」など、家屋・マンション購入に関する占事の用神は父母です。土地や家屋の購入の場合、「物件を購入して利益が出るか」など投資目的の購入に関しては、用神は妻財になります。居住目的の物件購入は父母が用神です。

父母が旺相し忌神が静爻休囚ならば、良い物件です。入手できるかは世爻へ父母が物来就我しているかが焦点となります。

また、この占事では「卦身」（上巻342頁参照）を参考にする方法もあります。二爻（宅爻）か五爻（人爻）に卦身があるのは吉兆です。父母からの物来就我が卦身に向かうのも吉とします。家宅・風水占では卦身の記入を忘れないでください。

●「住んで良いか（災いないか）」の解説

「住んで良い物件か」「賃貸アパートは住んで災いないか」などでは世爻が用神となります。これは風水占といっても焦点・中心は「住人」です。そのため住む人を用神とします。特に家屋や土地を購入する場合は一生モノですので、身命占と同じ扱いになります。

身命占では世爻が持世をしている六親がポイントです。兄弟・官鬼・父母（この場合は辛労の六親）を持世するのは良い物件と言いがたいです。そして妻財・子孫を持世するならば吉相の物件です。

また、身命占と同じく日辰に帯類する六親五類に注目です。これも妻財・子孫帯類は良いですが、兄弟・官鬼・父母帯類は不利です。

妻財・子孫が世爻に絡み月建・日辰から旺相ならば、物件としては良いでしょう。

続いて賃貸マンションやアパートに引っ越す場合は身命占ほど慎重に見ていると住める物件がなくなる場合が多いため、よほど悪運に見舞われてない限り「住んで災いないか」という占事で行います。

この場合は用神を官鬼とし、官鬼が静爻で休囚し世爻と関わりがなければ住むのに問題ない物件です。さらに世爻が妻財・兄弟を持世していれば吉相の物件です。

●「住んで良いか（災いないか）」の注意点

他に関しては身命占と同じ判断をしてください。

風水診断の用神・事象

《用神…父母》

家屋・土地の用神は父母です。家に欠陥がある場合は父母が傷ついてる可能性があります。

他の六親の風水事象

《兄弟》トイレ・玄関・門・窓・ドア・壁・塀・遮蔽

《子孫》廊下・道路、ペットやペットの寝床、子供部屋

《妻財》キッチン・物置・クローゼット

《官鬼》会社・公共施設

陽宅風水における爻位

《初爻》地下・土台・井戸・排水溝

《二爻》部屋・厨房・庭・家屋、宅爻のため家屋の用爻

《三爻》ベッド・寝室・玄関・ホール

《四爻》玄関・窓・トイレ・化粧室・風呂

《五爻》廊下・階段・家長の部屋、人爻のため住人の用爻
《上爻》外堀・屋上・屋根・棟と梁

陽宅風水における六獣
《青龍》新築・裕福・洗練・喜び事
《朱雀》競売・公団・火災・活気
《勾陳》陽宅・醜陋・土地・田土・凸凹
《螣蛇》死気・墓・怪異・霊・自殺
《白虎》血・事故・災害・破財・葬式
《玄武》不正・盗賊・日陰・湿気

●風水診断について

風水診断として占断する場合、用神は父母となります。まず用神の父母が旺相して忌神が静爻休囚ならば良い物件です。

しかし、風水診断は一般の断易占断よりも若干複雑です。何より「爻位」を大切します。

用神の父母以外にも、宅爻の二爻と人爻の五爻を用爻として使用します。父母と同様に二爻が傷つかない方が良いです。二爻と父母の関係も大切です。また、動爻から二爻や五爻が剋されている物件も住みやすいとはいえません。二爻が傷つけば物件に問題があります。五爻が傷つけば住人に悪影響です。

本来は通常の風水鑑定に断易占断を加える方法が多いですが、断易のみで鑑定する場合は父母・二爻・五爻のチェックをよくしてください。

●風水診断の注意点

(1)良い物件であるかを問う場合、父母は静爻が望ましく動爻は不吉です。家屋を意味する父母の動爻によって変化するのは、不安定な物件である可能性が高いからです。

(2)父母が日辰に入墓、または他の動爻に墓する、父母自ら動いて墓化するのは、その物件に墓の因縁があります。居住する物件としては不吉です。

(3)父母が月破・日破・無用の空亡の場合は、物件に問題がある可能性が高いです。

墓相占（陰宅占）

墓相占の用神

日本の墓相と中国圏の陰宅（墓）風水では根本的な概念が違うため、陰宅占をそのまま日本で行うことができません。そのため日本の墓相に該当する部分を重視し、それ以外は割愛する説明になります。

《用神…世爻》墓の用神は世爻です。墓の中心はカロート（骨壺を納める納骨室）です。中国では土葬が主のため遺体を納める場所を中心ととります。別名「穴爻」と呼びます。世爻が「穴爻」の役目となります。

他の六親の風水事象

《子孫》福神として吉方位や吉日を選ぶ時、また供養を意味します。

《官鬼》先祖運として、旺相はあり、休囚はなしとします。

《父母》墓石、墓碑銘。

爻位として初爻・二爻を穴爻・陰宅爻とする考えがあり世爻が初爻・二爻にあれば、吉と見る方法もあります。

他の風水事象

《応爻》墓の向かい側　《間爻》墓の明堂

《青龍》墓の左側　《白虎》墓の右側　《朱雀》墓の前方

《玄武》墓の後方　《螣蛇》墓の前の路　《勾陳》傾斜・坂

●風水診断としての見方

⑴世爻の六親持世が墓の状態です。妻財は吉、子孫は福神として大吉です。他は凶となります。

⑵世爻（穴爻）は旺相、進神、回頭生は吉です。回頭尅、退神、休囚は問題あります。

⑶墓の問題は世爻の地支の五行別に判断します。木は樹木や根っこ、火は日当たり、水は水はけや地下水、金は金属物、土は砂利や石などです。

⑷間爻に空亡や月破があると、明堂がないか問題があります。

⑸墓石（竿石）が欠けていたり、刻み文字に問題がある場合は、父母に注目してください。空亡や休囚・月破では障りが出ます。

(6)六獣は墓の周辺の問題を指します。例えば青龍が付く爻が空亡や月破では、墓の右側に問題がありま
す。螣蛇が付く爻が空亡や月破ならば、墓に向かう路に問題があります。また螣蛇が世爻や父母に付
き月破や退神・回頭尅では、墓や墓石が傾いている可能性などがあります。

(7)墓の改修・移動等は官鬼（先祖）を用神として判断します。旺相ならば良いですが、休囚では供養が
できていません。旺相して世爻と官鬼が物来就我していれば障りはありません。

(8)子孫は福神として供養する吉日選定、墓を建てる方位、墓を購入する方位などに様々用います。

【例題1】家宅占

相談者：50代 男性

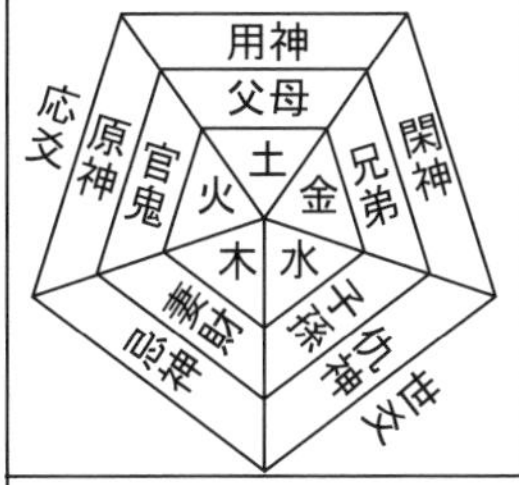

ある物件の購入を考えている。
予算的に少し高いが、間取りや立地など魅力的。
購入してもよいか？

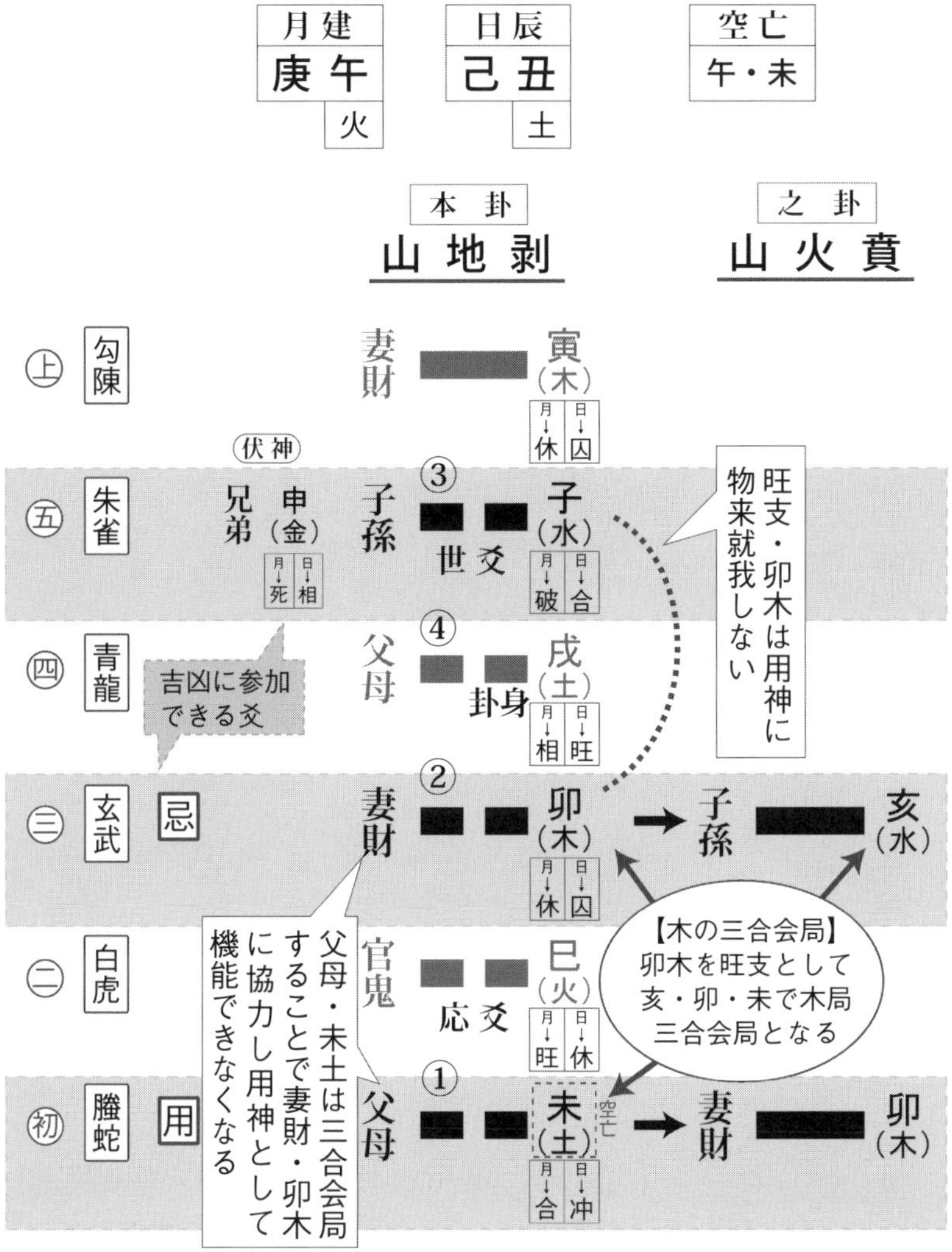

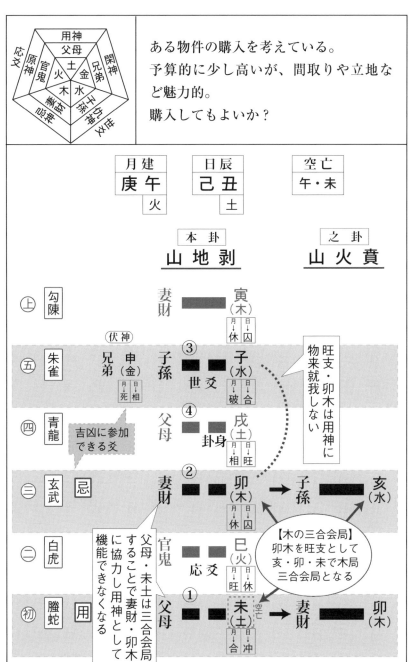

《断の部》吉凶の占断

住宅を購入して良いかという相談ですので「家宅占」です。

立卦して得た本卦は「山地剥《さんちはく》」で、初爻と三爻が動爻となり之卦が「山火賁《さんかひ》」になりました。

家宅占の用神は「父母」となります。

吉凶占断に影響する爻は、

・初爻の動爻である父母・**未土**（用神）

・三爻の動爻である妻財・**卯木**（忌神）

・五爻の子孫・**子水**（世爻）

その他に暗動はありません。そのため、初爻・用神と三爻・五爻が吉凶占断に影響をもたらします。

①用神である初爻の父母・**未土**は、月建・午火から生合ですが日辰・丑土から冲されます。さらに空亡ですが動爻となるため「有用の空亡」です。

②三爻に忌神である妻財・**卯木**があり、月建・午火から休し日辰・丑土から囚するため強くありませんが、動爻となり亥水に化しています。初爻と三爻が動爻となるため「亥・卯・未」が動爻に関わり「木局の三合会局」が成立しています。元々用神の父母が空亡は問題がありますが忌神が動爻も良くあり

ません。さらに忌神の**卯木**を旺支として三合会局が成立するため用神の父母は忌神に協力することになり、本来の父母としての機能ができなくなります。忌神の**卯木**は亥水と**未土**の協力を得て強く勢いを増します。

③五爻の世爻は子孫・**子水**を持世しています。三合会局の旺支である三爻の**卯木**は世爻・**子水**に物来就我しません。父母・**未土**は世爻・**子水**に物来就我できるのですが、妻財に協力しているため直接的に物来就我できなくなります。

④卦身が四爻の父母・戌土に付き旺相するのは良いですが、静爻で世爻に物来就我しておらず、吉凶に参加できていません。

【占断の結論】

住宅の購入に関しては、用神が旺相して忌神は静爻休囚していること、そして世爻に用神が物来就我することですが、用神が空亡して忌神に三合会局し、物来就我も成立できないことになるため物件の購入は難しいでしょう。

《象の部》状況分析と対策

父母・**未土**は空亡であり、忌神・**卯木**が三合会局で父母が協力するという形は金額的に折り合いが付かない可能性が高いでしょう。または住宅ローンを申請するのならば審査の結果、満足の行かない金額しか通らない可能性もあります。いずれにせよ金額的な部分がネックになる可能性が高いでしょう。

【結果】

住宅ローンの審査結果が思わしくなくローンだけでは金額的に難しいため、他からも借りるか考えた末に、この住宅はあきらめたそうです。別の物件を探している最中とのことでした。

【例題2】家宅占（引っ越し占）

相談者：30代 男性

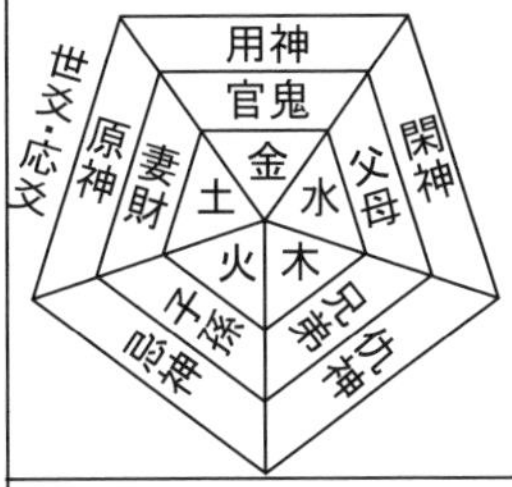

近く引っ越しをする必要があり、賃貸物件を探していたら、一見条件を満たす物件が出てきた。
こちらに引っ越して問題ないか？

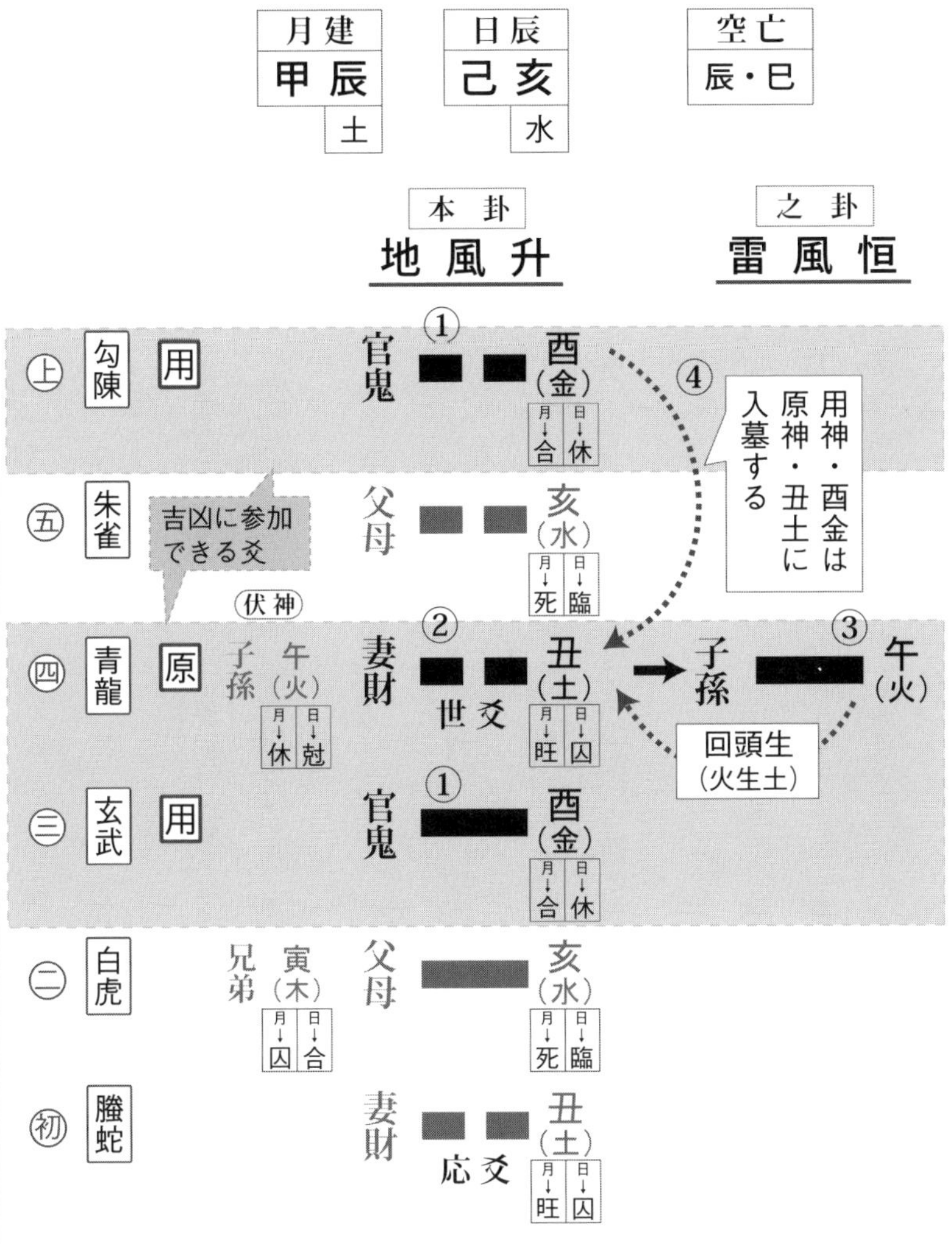

《断の部》吉凶の占断

引っ越しのための賃貸物件の吉凶を看ます。家宅占となります。

立卦して得た本卦は「地風升《ちふうしょう》」で、四爻が動爻となり之卦が「雷風恒《らいふうこう》」になりました。

家宅占ですが「引っ越して問題（災い）ないか」という占事のため用神は「官鬼」となります。

吉凶占断に影響する爻は、
・三爻の官鬼・**酉金**（用神）
・四爻の動爻である妻財・**丑土**（原神）、世爻が乗る
・上爻の官鬼・**酉金**（用神）
その他に暗動はありません。そのため、三爻・上爻の用神と四爻が吉凶占断に影響をもたらします。

①三爻と上爻に官鬼が用神多現しています。特に差がないため用神多現のルール（上巻222頁）から外卦を用神とします。月建・辰土から合起、日辰・亥水から休しています。災いや問題の用神である官鬼は休囚している方が良いのですが、月建から合起して旺相する強さを持つのは良くありません。
②四爻の世爻は妻財・**丑土**を持世しています。月建・辰土から旺じて日辰・亥水から囚します。
③四爻は動爻になっています。妻財・**丑土**は動いて午火に化しています。化爻・午火は本爻・**丑土**を生

じ回頭生となります。世爻が回頭生は悪くありません。

④しかし、世爻が持世する妻財は動爻となり土生金と用神・官鬼を生じます。また、妻財・丑土は「金の墓」ですから官鬼・酉金は妻財・丑土に入墓します。物来就我ではありませんが、官鬼は世爻が持世する妻財に墓する形で関係が出ます。

【占断の結論】

随官入墓（129頁参照）ではありませんが、災い占で官鬼と入墓が関わるのは不吉です。賃貸物件として官鬼が合起し世爻に入墓する物件は選ばない方が無難です。

《象の部》状況分析と対策

用神多現しており上爻の官鬼は世爻に入墓してきます。これは同じく三爻の官鬼・酉金も同じく四爻・世爻に入墓します。世爻が回頭生で相談者はこの物件を気に入っている可能性はありますが、多現する官鬼がどちらも世爻に関わってくる物件は不吉です。上爻の官鬼ということもあり、賃貸の部屋よりも建物の上部や屋根などに問題あるかもしれません。

【結果】

相談に来た時は、この物件以外にも5～6件の候補を持ってきて吉凶を占っていました。あいにくその中に断易で良い卦が出た物件はありませんでした。

現在住んでいる部屋の更新時期の問題があり、急いでいることもあって、自分が一番気に入っていたこの物件に引っ越したそうです。たまたま他の占い師から聞いた吉方位にこの賃貸物件があったのも選ぶ条件だったようです。（この話は後日聞くことになりました）

住み始めて半年以上は特に問題なかったようですが、翌年の2月に関東圏で記録的な積雪の日がありました。その翌日、積もった雪に屋根が耐えられず、溶けた雪が天井から流れてきて居間やキッチンなど水漏れ被害にあったそうです。

管理をしている不動産屋の対応の悪さもあり、結局この物件から引っ越すことにしたそうです。その際、再度相談に訪れました。あらためて引っ越し先の物件を選びましたが、その時は非常に慎重にこちらの意見を聞いていました。

第三十四章 対人占・痩身占・美容占・郵送占・求師占・真偽占

本章では、どの章にも区分し難い占的・占事をまとめました。

「対人占」は人間関係の問題や交渉・話し合いなどをまとめて対人占としています。

「痩身占」はダイエット占です。台湾の断易本やＳＮＳではいくつか例があり、新しい流行の占的です。

「美容占」も同じく新しい流行の占的です。

「郵送占」もネット通販の流行に伴い郵送物問題が社会問題化している中国ではよく見られる占例です。

「求師占」とは学ぶべき先生や自分に合った先生を選択する場合に有効な方法です。

「真偽占」は本物が偽物かの判断です。古物アンティークオークションなどが盛んな中国圏では昔から真偽占は重要な占的でした。現代では科学的検証で真偽を見分けることができるようになっているとはいえ、まだまだ需要のある分野でもあります。

対人占

対人占の用神

対人問題や話し合い・交渉などを占う場合を対人占としてまとめています。

《用神…応爻（世爻）》用神は応爻です。世爻と応爻の関係が重要です。

●対人占の解説

対人占は世爻と応爻の関係が大切です。応爻が月建・日辰から旺相して動爻となり世爻に物来就我するならば関係は良好となります。対人問題も解決に向かいます。交渉事や話し合いも円満となります。

しかし、応爻が旺相であっても静爻で、逆に世爻が動爻で応爻に生尅合冲するようならば、こちら側が相手に合わせるか妥協しなければうまくいきません。応爻旺相はうまくいく可能性だけを示すのです。

対人占では世爻・応爻の空亡は凶象でよくありません。応爻が空亡は「聞く気がない」「応じない」「すれ違い」などで話し合いが進みません。世爻・応爻が両方とも空亡では話し合いになりません。必ず破談になるでしょう。

●対人占の注意点

⑴対人占では応爻が旺相し動爻が望ましいです。現在の状況が悪ければ悪いほど静爻では変化が乏しいのです。応爻が静爻の場合は、原神が動爻して応爻を相生することで動きが出てきます。しかし用神・応爻と原神が静爻で忌神が動爻ならば、応爻の動きが止まり、一向に話が進まないでしょう。

⑵応爻が他の動爻から合や冲を受けるのは別の人物の手を取る感じで、世爻とまとまりがありません。

⑶対人占で世爻が動爻になり応爻へ働きかけるのは、たとえまとまったとしても不満足な結果となるでしょう。

⑷六合卦は世爻・応爻が支合するため吉です。六冲卦は話し合いには凶象ですが、応爻が旺相し動爻ならば物来就我で世爻を冲するため吉象になります。

⑸応爻が動爻で物来就我をしていても墓化・絶化は途中で暗礁に乗り上げやすいため時間がかかります。回頭尅では話が急に暗転するでしょう。

痩身（ダイエット）占

痩身占の用神

《用神…世爻》用神は世爻です。身体を表すのは世爻です。痩身占は疾病占に近く、健全な肉体を得ることが痩身になることを意味します。

《妻財》食物や食べる象である妻財は、休囚することで食欲が弱くなります。また菓子類・甘味・ジュースやビールなどは子孫です。通常占と逆で、子孫や妻財が旺相では栄養過多・食べ過ぎになりかねないため休囚が望ましいのです。

《子孫》子孫は自堕落のため痩身の敵です。甘味・ジュース・菓子類を意味し、運動もせずにだらだらしています。

《兄弟》兄弟は妻財を尅するため痩身では有益です。もともと食欲不振を意味する六親ですが、食欲抑制の役割を果たし、スポーツ・ジョギング・運動などの運動も表します。

《父母》父母は子孫を尅します。また、辛労の星ゆえに断食などハードなダイエット法を表します。世爻が父母を持世して休囚するならば、過酷ながら効果ないダイエットをしている形です。

《官鬼》官鬼は妻財のエネルギーを洩らします。管理・支配を意味するため、指導者の下のダイエットや長期的なマシントレーニングなどを表します。

●痩身占の解説

痩身占は一種希望占であり、目標達成が占的です。そのため用神は世爻です。世爻が旺相していれば目標を達成できる占断となります。また、世爻がどの六親を持世であるかが重要です。

妻財や子孫を持世している場合は、食欲を抑えられない（妻財）、自堕落な生活から抜けられない（子孫）、といった状態を表しています。そのため痩身占に限っては妻財や子孫は持世しない方が良いです。持世するとダイエットは非常に辛いでしょう。

世爻が兄弟を持世するのは妻財を抑制するため、食事制限も上手に進めることができ、運動も含め健康的な痩身が望めます。

また、兄弟・父母・官鬼が動爻となり世爻に物来就我するのも良いでしょう。

●痩身占の注意点

(1)痩身占では世爻や妻財が空亡は問題です。世爻が空亡は目標達成が進展せず、妻財空亡では食欲変化が難しいです。

(2)妻財や子孫が動爻となり回頭尅や退神は瘦身占では吉兆です。ですが進神や回頭生は食欲が増したり怠け心が強くなるなど、ダイエットに逆行してしまいます。

(3)妻財に付く地支・六獣にも注目すべきです。特に土行（丑・辰・未・戌）が付くのは土の味覚「甘味」と関連し糖質や炭水化物が強調されるため、瘦身占には不利です。特に「戌」は秋の土であり秋は「金」の五行が対応するため、金の色「白」が追加されます。「白砂糖・精白された小麦粉や白米」がイメージされるためです。六獣は勾陳は同様に土行の六獣で注意が必要です。青龍は酒食を象徴するため、土の地支に青龍では糖質の高いビールや日本酒などのイメージもされます。誘惑の強い象となります。

(4)瘦身では父母は辛労を表し、旺相して動爻となり世爻に物来就我するならば瘦身占には効果がありますが、非常に過酷なダイエットをイメージされます。簡単に成果がでない傾向です。ただし世爻に対する物来就我が冲や尅ならば比較的早く成果が出るでしょう。

(5)瘦身占では兄弟は世爻に持世したり物来就我が食欲抑制や運動療法が効果的に進む六親です。そのため兄弟が空亡や入墓・入絶や絶化するのは効果効能が得にくくダイエットは苦戦しやすいのです。

(6)官鬼は管理下でダイエットを行える状態を示すため、安全で上手に瘦身が可能です。世爻に持世するか物来就我するのは効果があります。

(7)「どのようなダイエットが効果的か」という占事でも世爻が持世するか物来就我する六親がポイントになります。

●様々な流派の痩身占

痩身占は新しい占的・占事のため流派というか、断易家によって様々な技法があり、紹介したロジックと全く別の方法も複数あります。今回は直近で著者が検証した中で最も実績のあった方法を紹介しています。

美容占

美容占の用神

《用神…世爻》用神は世爻です。身体を表すのは世爻です。世爻が旺相して原神動爻は良い美容法です。

《子孫》美容占では最も重要な六親です。子孫はサプリ療法やスキンケア商品によるケア。そして、医療を意味するため整形美容を表します。

《妻財》食物や食べる象である妻財は美容占では食事療法や薬膳などを意味します。

《兄弟》兄弟は食事制限や適度な運動療法などを表します。

《父母》父母は美容占の場合は子孫を剋する忌神的存在です。辛労と加齢や衰えを表します。

《官鬼》トレーナーなどの指導による運動や食事療法を表します。
《応爻》美容整形では病院や医師、またパーソナルトレーナーや美容に対する団体や会社を表します。

●美容占の解説

美容占は「〇〇美容法は効果があるか」「整形をしたいが〇〇クリニックで良いか」などの占事です。「私は美しくなれますか」という漠然とした占的はマトを得てないので注意が必要です。そのため、美容占も希望占の一種で用神は世爻です。旺相することが大切です。

「整形で望ましい結果が出るか」という占事ならば、世爻の状態だけでなく用神の子孫が旺相して世爻へ物来就我することが大切です。

「整形したいが〇〇クリニックは良いか」ならば、病院・クリニックを表す応爻が旺相して世爻へ物来就我するならば良いでしょう。さらに子孫が世爻・応爻に関わっているならば申し分ありません。

美容占は一口に美容といっても幅広いため、占的がズレないように注意して占断をしてください。

●美容占の注意点

(1)用神に関すること以外の注意点は、ほぼ痩身占と変わりません。

(2)若さを維持促進するような美容法を占った場合、父母は美容占では辛労と老いをイメージするため「若返る」という占的にはふさわしくありません。世爻が持世したり物来就我する時は、美容法としては適切とはいえないでしょう。

●様々な流派の美容占

痩身占と同じく美容占は新しい占的・占事のため様々な流派や技法があり、紹介したロジックと全く別の方法も複数あります。今回は直近で著者が検証した中で最も実績のあった方法を紹介しています。断易の用神に関しては日々進化していきます。試行錯誤の後に適切な用神が何か、どのようなロジックが最適かは、何十年もかけて確立する場合もあります。そのため、「卜筮正宗」が書かれた時代の用神が絶対とはいえないのも事実なのです。時代に即した用神取得を意識できるように断易を学んでいかれると良いでしょう。

郵送占

郵送占の用神

ネット通販が物流に大きく影響する時代となり、新たな占的として郵送占が確立されてきました。特にはがきや手紙だけでなく通販で購入する物品は幅広く、各物品が対応する六親五類が用神となります。

《用神…父母》はがき・手紙・封筒・証明書類・証明カード・保険証などの紙媒体を中心とした郵便物、通信機器（デスクトップPCや据置ルーターなど）や衣類・バッグ類・寝具

※配送業者を選んだり、配送に関する問題を占事にする場合の用神は主に父母となります。

《用神…妻財》現金書留・食品や日用品・一般家電品（洗濯機・クーラー・小型家電など）・宝飾品・アクセサリー・園芸品・スマホ・携帯用通信機など

《用神…子孫》玩具・酒・嗜好品・娯楽品・仏具・神具など

その他に関しては対応する六親五類が用神となります。

＊郵送占に関して、見解が割れる部分が「包装された未使用品」についてです。例えば、段ボールで郵送される場合、どのような物品であろうと段ボール包装された物品としてすべて妻財を用神とする考えもあります。令和2年にコロナ禍の中で国からマスクが国民に発送された件がありましたが、マスクの性能を占うならば用神は父母です。しかし袋に入ったマスクは郵送される物品として用神を妻財とする発想もあり、この発想を著者は比較的活用しています。見解が割れるところですが、用神選定のヒントになるかと思い、紹介しました。

●郵送占の解説

郵送占は用神が旺相し忌神が静爻休囚して、世爻に対して物来就我ならば確実に届くでしょう。郵送占に関して、他国と日本とでは郵送物に対する信頼が違うため、日本では「郵送物が確実に届くか」という占事は海外からの取り寄せでない限り少ないと思います。むしろ「いつ届くか」という応期占の方が主流になるかと思います。

●郵送占の注意点

⑴郵送占の場合、不変卦は動きがないため不吉です。用神が郵送していて世爻に持世していたり関係性

として用神が世爻に物来就我していれば、すでに到着しているか近くまで来ている可能性が高いです。しかし、用神が休囚していれば何らかの問題がありストップしている可能性があります。

(2)用神が月破ならば、日辰や動爻からの助けがなければ届かないでしょう。無用の空亡も同様です。

(3)有用の空亡や入墓は何らかの理由で発送が遅れています。応期が来れば届くでしょう。

(4)伏吟や反吟は郵送占では不吉です。発送が中止になったか発送元に返された可能性があります。用神が旺相し原神の助けがなければ届かない可能性があります。

(5)用神が旺相し傷ついていなくても、用神が世爻ではなく応爻に生尅合冲するならば、誤って別の場所に送られている可能性があります。

求師占

求師占の用神

《用神…父母》師事する・学校・セミナー・先生・教師・コーチ・インストラクターを表します。

求師占における世爻

すべての占事・占的で世爻とは相談者本人を表します。

求師占における応爻

対象の学校や学ぶ環境などを表します。

●求師占の解説

求師占は「受験のために候補の塾に通って成績上がるか」「英語の個人レッスンを受けたいが自分に合っているか」「占星術を習いたいがこの先生で上達するか」「コーチを変えて成績上がるか」などの学校や個人に師事して良いかという占事です。

用神は教育・指導を意味する父母です。用神・原神が旺相して、用神が世爻へ物来就我するならば良い学校や指導者です。また忌神が動爻となり父母を剋する場合、妻財は金銭であり、支払う受講料が得られる価値と見合わないことになります。旺相する忌神から剋されれば無駄な支出となります。兄弟が動爻になる場合も注意が必要です。忌神が動爻でも兄弟が動爻ならば、忌神は剋され力弱く、用神を剋することができなくなります。忌神静爻で兄弟のみ動爻であれば、用神・父母の力を洩らすため競争率が高かったり、スケジュールの工面が大変、教室に問題児がいるなどの事態が考えられます。

●求師占の注意点

(1)求師占では用神・父母の空亡は良くありません。特に日辰から休囚した空亡は、たとえ月建から旺じていても指導が本気ではありません。父母の空亡はやる気が弱いのです。空亡でも日辰から旺相することが大切です。

(2)父母が動爻となり回頭剋では長続きしません。化して墓・絶となるのも同様で、たとえ続いたとしても惰性で行っているような状態です。

(3)求師占で退神、伏吟は後々の成長が見られません。

真偽占

真偽占の用神

《用神…六親五類の分類》

真偽占の用神は六親五類の分類に準じます。例えば、

《用神…父母》書画の真偽

《用神…妻財》宝石やお金の真偽

●真偽占の解説

真偽占は用神選定も大切ですが、月建と日辰の役割の違いが最も重要です。

今現在、真偽を疑っていることから、月建から旺相しなければ「真」とは言えません。

そして、たとえ「真」であっても、日辰から旺相でなければ「質」が失われています。つまり本物だとしても欠損していたり保存状態が極めて悪い可能性があるのです。

●真偽占の注意点

(1)真偽占の場合、骨董品や書画に関する占断の時に用神の爻位は重要です。爻位が五爻にあれば貴重品・重要品です。用神が五爻にあり、月建・日辰から旺相するならば、本物で質も申し分ありません。
(2)用神が空亡・入絶・入墓の時は破損や傷みがある可能性があります。
(3)真偽占での応爻は修理者でもあります。用神が日辰から休か囚ならば、応爻が原神となって用神を助けることで修復できるでしょう。

タレントとして活動中。
方向性を変えたく所属事務所を退社して心機一転したいが、話はスムーズに決着するか？

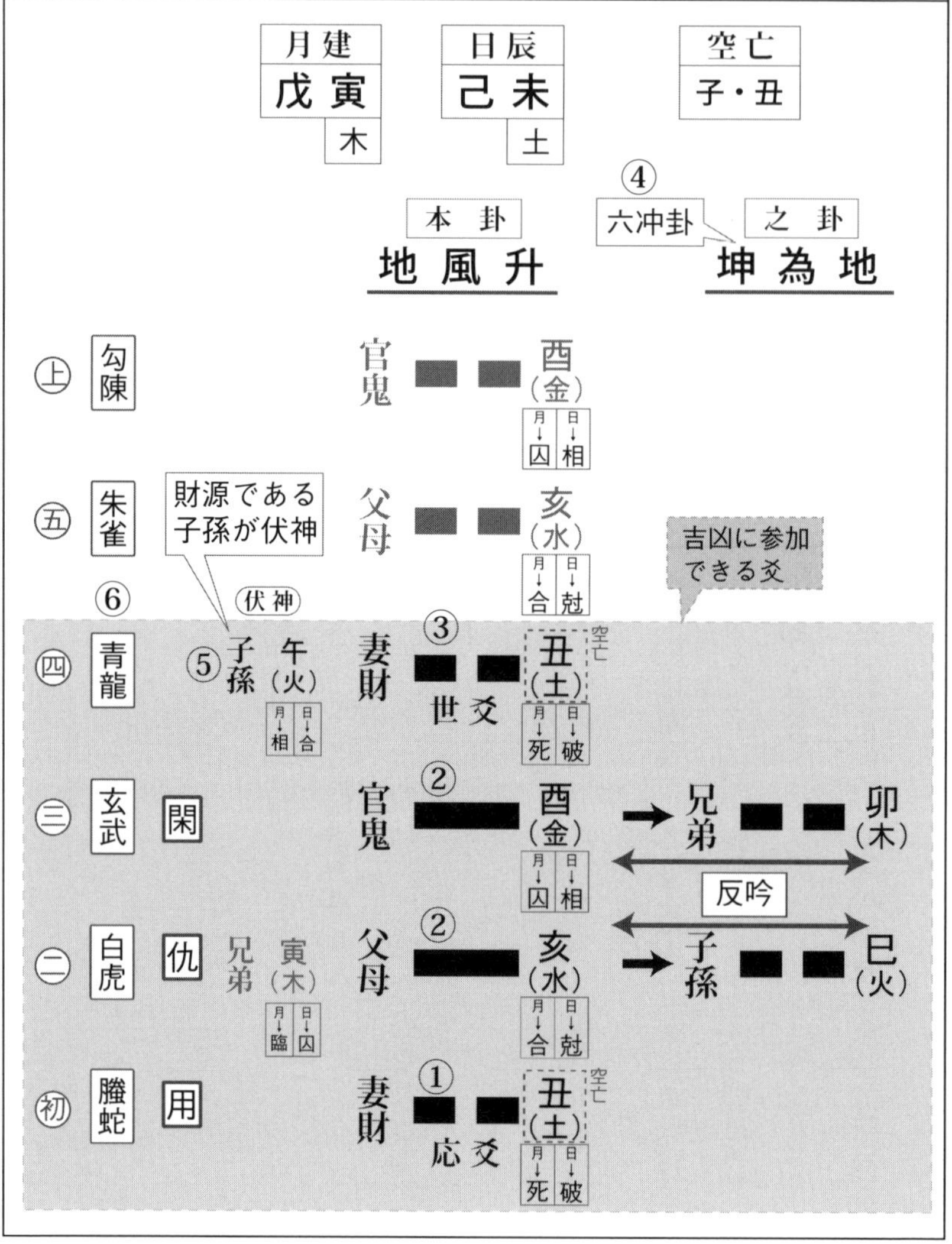

《断の部》吉凶の占断

対人の問題や関係性、話し合い、交渉事などは対人占として判断します。

立卦して得た本卦は「地風升《ちふうしょう》」で、二爻と三爻が動爻となり之卦が「坤為地《こんいち》」になりました。

対人占の用神は「応爻」となります。

吉凶占断に影響する爻は、
・初爻の応爻が乗る妻財・**丑土**（用神）
・二爻の動爻である父母・**亥水**（仇神）
・三爻の動爻である官鬼・**酉金**（閑神）
・四爻の世爻が乗る妻財・**丑土**。伏神の子孫・**午火**が付く
その他に暗動はありません。そのため、初爻・二爻・三爻・四爻が吉凶占断に影響をもたらします。

①初爻に用神である応爻が乗る妻財・**丑土**です。月建・寅木から死（剋）して日辰・未土から日破です。
さらに応爻は空亡です。静爻で月建・日辰から剋・冲では「無用の空亡」で凶となります。
②二爻と三爻は両爻ともに動爻となり対冲支に化しています。つまり「反吟」となります。反吟が卦中にあれば占事は話が安定せず二転三転、行ったり来たりになりやすいです。

③世爻は妻財・丑土を持世します。月建・寅木から死（剋）となり、日辰・未土から日破となります。さらに空亡で「無用の空亡」です。世爻も月建・日辰から剋・冲で、空亡では凶の状態です。
④之卦が六冲卦です。話をまとめたいならば六冲卦は対立の形のため不吉です。
⑤四爻の世爻に伏神で子孫・午火があります。世爻・応爻の原神ですが、月建から相生、日辰から合起し、飛神の丑土が空亡なので「有用の伏神」の可能性がありますが、二爻の仇神が動爻のため提抜するのは難しいでしょう。

【占断の結論】

対人占・交渉占で用神の応爻が剋・冲で空亡は非常に凶です。さらに原神・忌神がともに伏神、提抜が難しい状態で、仇神・閑神が反吟となり動爻です。世爻・応爻に対して吉の作用が弱く、之卦も六冲卦のため話は前向きに進まないでしょう。スムーズに希望した話し合いにはならず、揉めることになりそうです。

《象の部》状況分析と対策

対人占・交渉占では、世爻も応爻も空亡の卦は話し合いになりません。また世爻・応爻がともに月建・日辰から剋・冲では進展しようがありません。世爻には、六獣・青龍が付き世間しらずな配置です。

さらに原神が世爻に伏しています。反吟の仇神・**亥水**がなければ提抜できそうな子孫・**午火**は（⑥）世爻の妻財・**丑土**にとって財源です。世爻の陰に事務所退社をそそのかした人がいるかもしれません。話し合いの卦で反吟や伏吟は話がまとまらなくなる形で望ましくありません。

【結果】

本人の希望と違う仕事ばかり進める事務所に愛想が尽き事務所退社を願い出ましたが、事務所側も契約を盾に受け入れず、泥沼の状態になりました。後々に判ることですが、タレントには恋人がおり、事務所退社を強く勧めていたそうです。

結局、契約更新期である2年後まで事務所を辞められなかったそうです。

【例題2】瘦身占

相談者：40代 女性

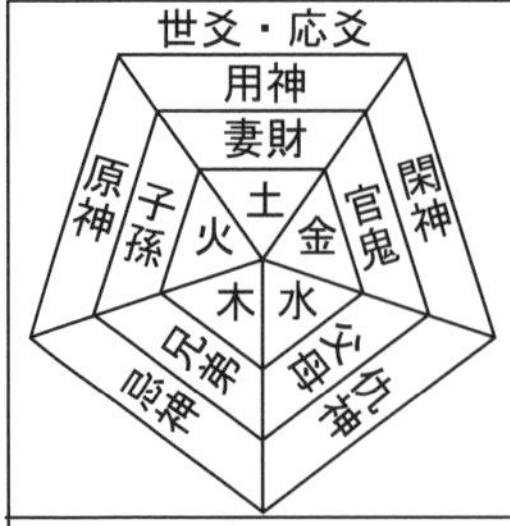

ここ10年で10kg近く太ってしまったのでダイエット目的でジムに入会した。真面目に通えば瘦せるか？

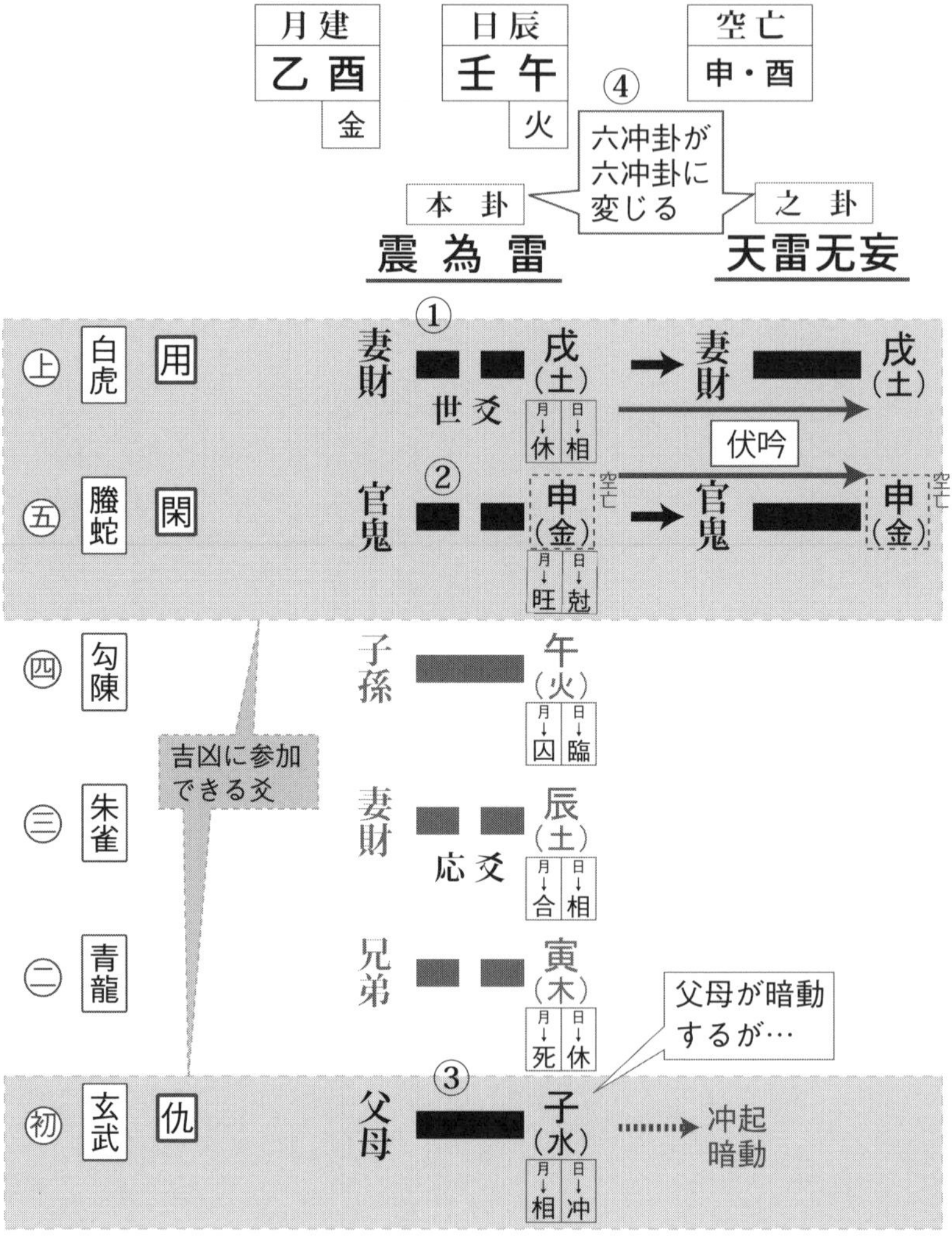

《断の部》吉凶の占断

ダイエットが可能かという相談内容です。「痩身占」として見ていきます。

立卦して得た本卦は「震為雷《しんいらい》」で、五爻と上爻が動爻となり之卦が「天雷无妄《てんらいむもう》」になりました。

痩身占の用神は「世爻」となります。特に太る六親の妻財もチェックしなければなりません。

吉凶占断に影響する爻は、

・上爻の世爻が乗る動爻の妻財・**戌土**（用神）

・五爻の動爻である官鬼・**申金**（閑神）

・初爻の冲起暗動する父母・**子水**（仇神）

その他に暗動はありません。そのため、初爻・五爻・上爻が吉凶占断に影響をもたらします。

①上爻の世爻は妻財・**戌土**を持世しています。妻財は食事の六親ですから痩身占には不利です。月建から休してますが、日辰から相生なので食欲は減りそうにありません。

②上爻と五爻が動爻となり、化爻が本爻と同じ地支です。つまり「伏吟」となっています。伏吟が卦中に現れる時は占事は何事も滞ります。特に上爻の世爻が伏吟になるのは、変化が起きないため痩身には不利です。

③初爻の父母・子水は月建・酉金から相生、日辰・午火から冲されるため冲起暗動となります。父母が動爻となり世爻へ物来就我ならばダイエットの効果もありますが、物来就我とならず暗動のため良い影響がないでしょう。

④本卦は六冲卦ですが、之卦もまた六冲卦です。瘦身は近病・久病でいえば長期的に太っている場合は久病の類です。そのため六冲卦は吉とはなりません。

【占断の結論】

ダイエットを願う占事で、世爻の伏吟は望ましい状態ではありません。また世爻が妻財持世では食事を抑制するのが難しいでしょう。父母も暗動していますが、物来就我せず効果が少ないでしょう。瘦身占としてはダイエットの効果は出ないでしょう。

《象の部》状況分析と対策

スポーツジムに行き始めたとのことですが、官鬼や父母が世爻に物来就我していません。特に官鬼が伏吟となっているため、ジムのアドバイスなどはあまり効果がないようです。父母も官鬼も月建から旺相していますが、日辰から剋冲です。最初はいいですが、その後は運動の効果がなかなか出ずにジム通いも減っていきそうです。何より世爻が伏吟は致命的です。

食物・食事を意味する妻財が世爻に乗り、妻財が土の地支は、炭水化物や糖質を制限できていないようです。**戊土**は秋の土のため秋の色である白のイメージがあり、白米・小麦粉・白砂糖などが相談者に付いて回りそうです。

【結果】
心機一転頑張ってスポーツジムに通っていましたが、なかなか体重が減らず、億劫になってジム通いの回数も減ってしまったそうです。結果的に体重はほとんど変わらなかったようです。

【例題3】郵送占

相談者：男性

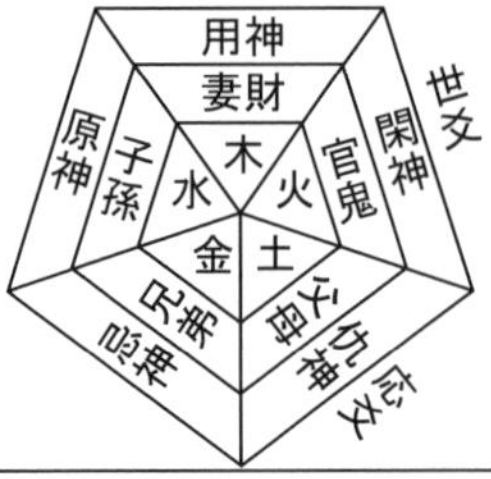

2020年コロナ禍で国が支給するマスクが届く予定だが、なかなか来ない。いつ届くか？

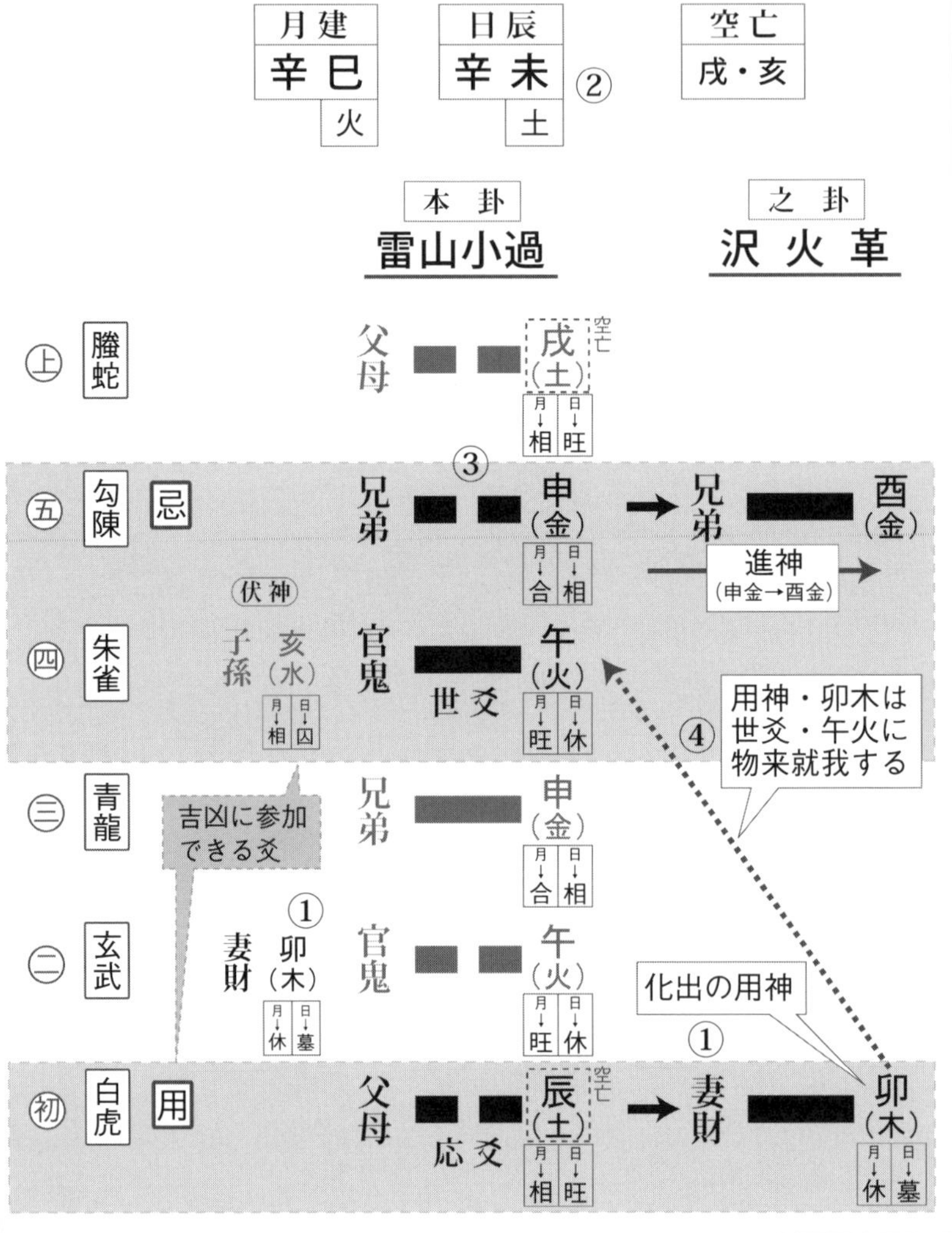

《断の部》吉凶の占断

「郵送占」は現代特有のケースです。ネット通販主流の時代として郵送物の状況を占的とみます。

立卦して得た本卦は「雷山小過《らいざんしょうか》」で、初爻と五爻が動爻となり之卦が「沢火革《たくかかく》」になりました。

郵送占の用神は郵送物の形態によりますが、物品ならば「妻財」となります（本書では物品の六親によらず、未開封の箱に入った物品は「用神妻財」とする判断を適用しています）。

吉凶占断に影響する爻は、

・初爻の動爻である父母・**辰土**、および化出された妻財・**卯木**（用神）

・四爻の世爻が乗る官鬼・**午火**

・五爻の動爻である兄弟・**申金**（忌神）

その他に暗動はありません。そのため、初爻と四爻・五爻が吉凶占断に影響をもたらします。

①「いつ届くか」が相談内容のため、吉凶は強く判断しません。しかし用神が休囚されている場合は届くのに時間がかかります。用神の妻財・**卯木**は本卦では二爻に伏神となっていますが、その後初爻の化爻に「化出の用神」として表に出てきます。

②用神の妻財・**卯木**は月建・巳火から休しますが、日辰・未土は「木の地支の墓」のため用神・**卯木**は

「入墓」します。用神は墓が開けるまで動きませんから届くのは遅くなるでしょう。

③五爻の兄弟・**申金**が動爻となっています。月建から合起し日辰からも相生し、動爻は「進神」となります。忌神は郵送を邪魔する存在です。吉凶占ならばこの卦では届かない可能性がありますが、「いつ届くか」という応期占であり、忌神が強く進神のため、予想以上に遅くなりそうです。

④四爻の世爻は**午火**です。用神の妻財・**卯木**は世爻・**午火**に対して相生するため物来就我です。郵送占では吉兆ですが、相生は冲尅に比べて遅い動きです。

【占断の結論】

郵送占としてはスムーズな動きではありません。五爻の忌神が進神となり邪魔をします。用神・**卯木**は日辰に入墓するため、墓を開けるまで動きはないでしょう。

《象の部》状況分析と対策

五爻は爻位として権威者を表し、政府や官庁側の対応がうまくいっていないのでしょう。忌神が進神、すなわち忌神が進展するため良くありません。用神が世爻に物来就我しているのでマスクは届くでしょうが、日辰入墓を開けるまでは届かないでしょう。

入墓が開ける応期としては、用神を冲する「酉の日」か日辰・未土を冲開する「丑の日」が候補です。忌神が強く進神のため日辰は未日ですから、２日後の「酉の日」は可能性が低いと思います。７日後となる「丑の日」が可能性として高いでしょう。

【結果】

マスクは遅れに遅れて「己丑の日」に届いたとのことです。

（この占例は、大阪の術友である占術家の方から頂戴いたしました。謹んで感謝申し上げます）

【例題4】求師占

相談者：40代 女性

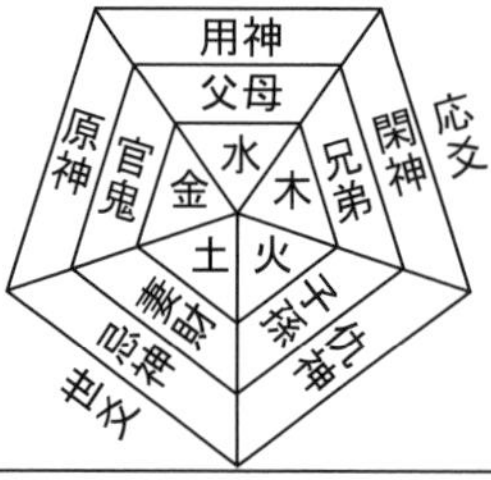

占いを学んでおり、ある有名な占術家の秘伝セミナーを受講する。
高額だが有益か？

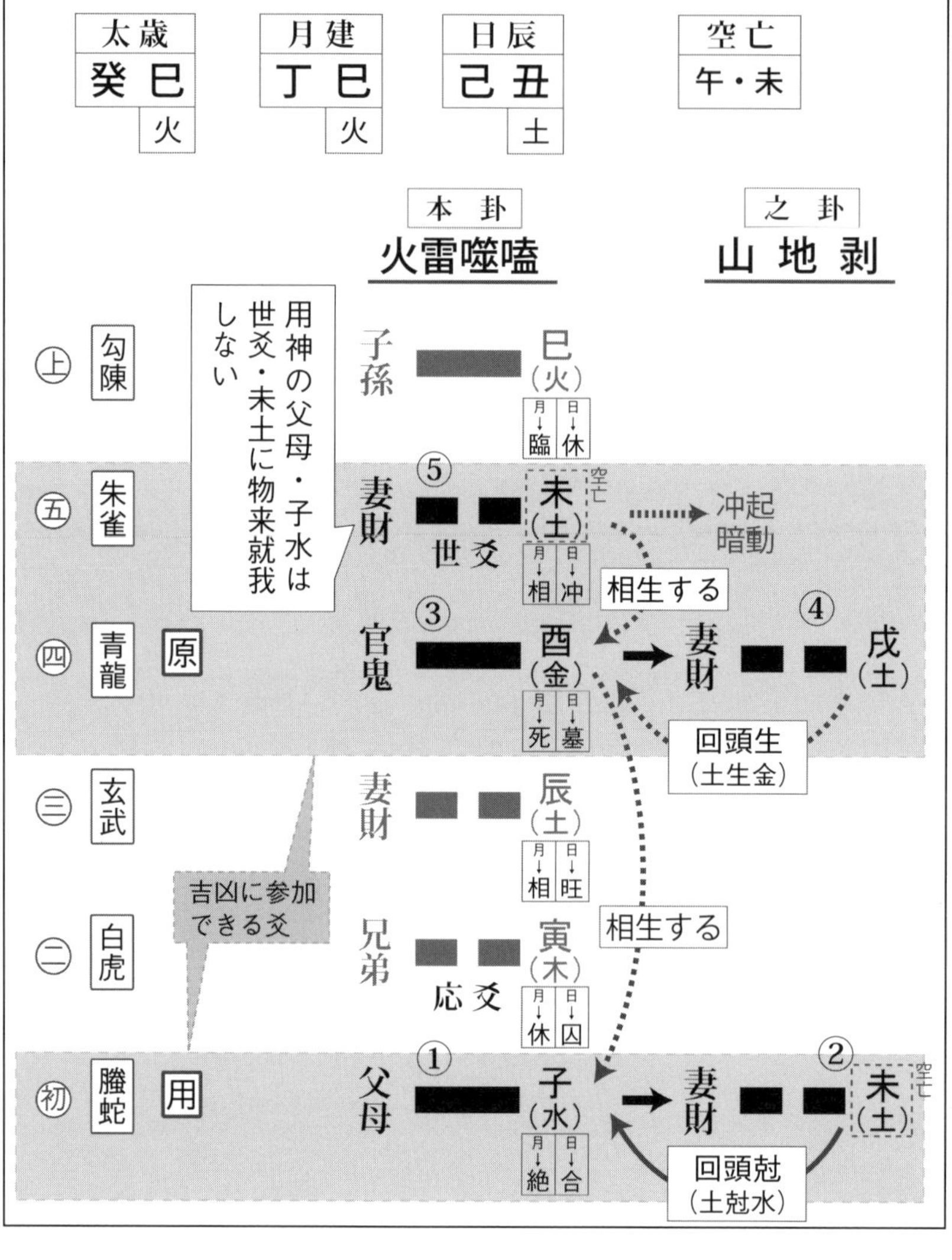

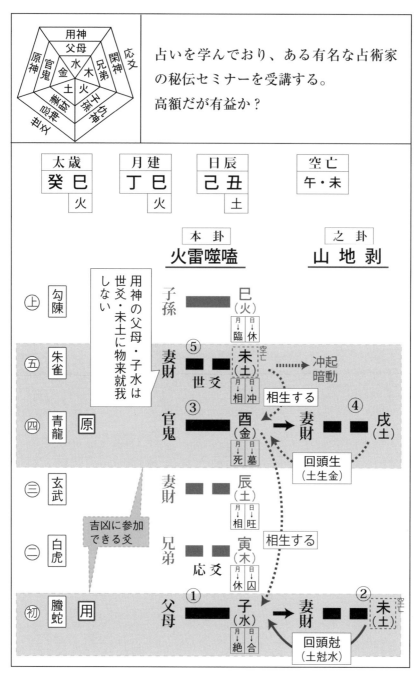

《断の部》吉凶の占断

コーチや先生、指導者が自分にとって適切か、または講習内容が正当か有益かを占う場合は「求師占」となります。

立卦して得た本卦は「火雷噬嗑《からいぜいごう》」で、初爻と四爻が動爻となり之卦が「山地剥《さんちはく》」になりました。

求師占の用神は「父母」となります。

吉凶占断に影響する爻は、

・初爻の動爻である父母・**子水**（用神）

・四爻の動爻である官鬼・**酉金**（原神）

・五爻の世爻が乗る妻財・**未土**（忌神）

その他に暗動はありません。そのため、初爻・用神と四爻・五爻が吉凶占断に影響をもたらします。

①初爻に用神である父母・**子水**です。月建・巳火に囚であり絶となります。日辰・丑土から合住するため動爻の動きは一時的に止まります。

②父母・**子水**は日辰に合住するため一時的に動爻は止まりますが、応期を経て再び動き出すときは化爻が未土のため回頭剋となります。父母・**子水**は長い目で見ると回頭剋となり良くありません。

③四爻の官鬼・**酉金**は用神を生じる原神ですが、動爻となるため用神を助けます。月建・巳火から尅（死）され日辰・丑土は「金の地支の墓」のため入墓します。

④同時に官鬼・**酉金**は動爻で化爻に戌土が出現しているため回頭生となります。日辰に入墓している**酉金**ですが、冲開すれば回頭生となり父母を助けます。

⑤五爻の世爻は妻財・**未土**を持世しています。月建から相生され日辰から冲ですので冲起暗動します。そのため四爻の官鬼・**酉金**を生じますが、有用の空亡のため開けるまで動けません。

【占断の結論】

この卦の問題は、用神の父母・**子水**が合住しながらも官鬼・**酉金**の相生を受けながらもその後は回頭尅となり自滅しやすいこと。そして、用神が世爻へ物来就我しないことです。長い目で見れば父母・**子水**は回頭尅で潰れるため有益とは言えず、世爻へも有益さがもたらされません。高額なわりに得られるものが少ないでしょう。

《象の部》状況分析と対策

この卦で間違ってはいけないのは、占術家のレベルの占断ではなく、講座の内容が有益かが問われているところです。つまり用神の父母は内容に対するものです。月建から絶ですが日辰から合ですから、内容的には有益です。しかし月建から絶ということは講座を受けた時によく理解できないことになります。つまり、相談者の人には高度な内容すぎる可能性があります。父母・**子水**は合住が解かれれば動爻の回頭尅が作用します。そのため太歳の翌年甲午年になれば**子水**を冲するため合住は解かれ回頭尅になります。これでは講座の内容である父母は回頭尅によって潰れます。おそらく翌年になったころには、習った内容を使えなくなっているのではないかと思います。

原神が動いて父母を生じていますから、評判の良い有名な占術家なのでしょう。ですが、それに釣られて参加しても、最終的には父母・**子水**は世爻の**未土**を物来就我しませんので、高度な内容に着いていけないのではと思います。

【結果】

期待をもって受講しましたが、内容が難しすぎて途中から全然着いていけず、終わってからも紹介してくれた友人に復習や解説をお願いして勉強しましたが、使えるレベルになりませんでした。

第三十五章　霊崇占《れいすう》

霊崇占は「鬼神占」「心霊占」といった別名もあります。いわゆる「オバケがいるか？　崇りか？　霊が憑いているか？」などの相談です。

突然体調を崩した時や、引っ越しをした後から奇妙な現象が起きた時など、「何かいるのかもしれない」と思い占い師を訪れるケースは比較的多く、霊崇占は軽視しできない占的です。

断易は霊崇占を得意とする卜占とも言われます。その特徴を解説していきましょう。

霊崇占の用神

《用神…官鬼》霊的怪異の用神は官鬼です。官鬼が旺相したり多現する場合は霊的現象・崇り・呪い・障りがあります。また、世爻との物来就我は重要です。

●霊祟占の解説

霊祟占の用神は官鬼です。霊障・祟り・呪いの用神ですから、月建・日辰から尅されれば霊障などではありません。しかし月建・日辰から旺相し、原神が動爻となり相生されていれば、障りがあります。ただし、官鬼が旺相していても静爻で、世爻（または卦身）と物来就我していなかったり世爻が官鬼を持世していなければ、霊的現象ではない可能性が高い、あるいは自分にそのような作用が届かないと判断します（一部例外があります）。

●霊祟占の注意点

(1)日辰・月建と官鬼が臨んでいて、世爻（または卦身）へ物来就我していれば、なんらかの霊的現象の悪影響を受けていると判断します。

(2)本卦・化爻・日辰（帯類）・月建（帯類）に官鬼が3つ以上出現しているならば、霊的な障りがあります。4つ以上なら世爻が物来就我していなくても、影響が届いている可能性があります（これが例外規定です）。例えば、本爻に官鬼があり、化爻にも官鬼が出現し、日辰が官鬼帯類ならば霊的障りがあるでしょう。

(3)世爻が動爻となり官鬼に化した場合も、なんらかの霊的現象の悪影響を受けていると判断します。

(4)官鬼が陽爻の場合は男の霊とし、陰爻ならば女の霊の障りとします。ご神仏も同様にみますが、如来・

菩薩は性別の判断がありません。

(5)呪い・生霊などは五行別によって傾向があります。

・官鬼の地支が寅・卯の木行だった場合は口舌の災いと言われます。言動の行きすぎ、行き違い、口げんか、悪口陰口などで恨みが生じ、生霊が飛んできている可能性があります。

・官鬼地支が午・巳の火行だった場合は、先祖の霊の障りと捉えます。そのため財産争いや土地問題などといった災いが表面化することが多いようです。

・官鬼地支が丑・辰・未・戌の土行だった場合は、前世の悪業が表面化している可能性が高いのです。前世や先祖の報いが財の形で出ていると判断できます。功徳・供養が必要です。

・官鬼地支が申・酉の金行だった場合は、殺傷因縁による影響を受けているとされます。怪我・事故など肉体的損傷を象徴します。

・官鬼地支が子・亥の水行だった場合は桃花の因縁が影響しており、恋愛や色情の問題を象徴しています。その念から生じる生霊の問題や数々の障害が起こりえます。

(6)その他、木行は毒殺・薬物障害、火行は焼死者の霊、土行は天災で亡くなった霊・不慮の死をとげた霊、金行は殺傷された霊・事故死の霊、水行は溺死者の霊です。

生霊・死霊の判断

霊祟占では、霊的現象や怪異があった場合、原因として生霊の仕業か死霊の仕業かの判別法があります。

・用神・官鬼の爻が陽爻（⚊）の場合は**生霊**の可能性が高いです。
・用神・官鬼の爻が陰爻（⚋）の場合は**死霊**の可能性が高いです。
・官鬼が多現する場合は、優先するのは化爻の官鬼です。次いで本卦の官鬼、最後に伏神の官鬼です。
・化爻に複数の官鬼がある場合は、世爻（占的によっては応爻）と合・冲する官鬼を優先、その他として爻位や六獣によって判断します。

●霊祟占の化解（厄を解く法）について

一般的な霊的現象の化解法として、神社・仏閣でお祓いや厄落としをするなどありますが、霊祟占の化解法として以下の方法は一つの手段として有益です。

霊祟占が時として方災（悪い方位へ移動したことの災い）による場合があります。方災ならば吉方位を用いて解厄していくこともできます。同じく立卦した卦中の**子孫**の地支が示す方位が吉方位になります。

応期は卦から導き出すだけでなく、気学等方位術の吉方・凶方も合わせるとより効果的でしょう。方位術的化解を用いるならば「お土取り・お砂取り」が効験あります。

また、霊祟占の化解として卦中の**子孫**の地支が示す方位にある神社・仏閣でお祓いや厄落としを願うのも効果があります。

【例題1】霊崇占① 相談者：30代 男性

同僚が去年引っ越しをしたが、今年2月から原因不明の体調不良で毎日早退している。引っ越したアパートに何か霊でもいるのか？

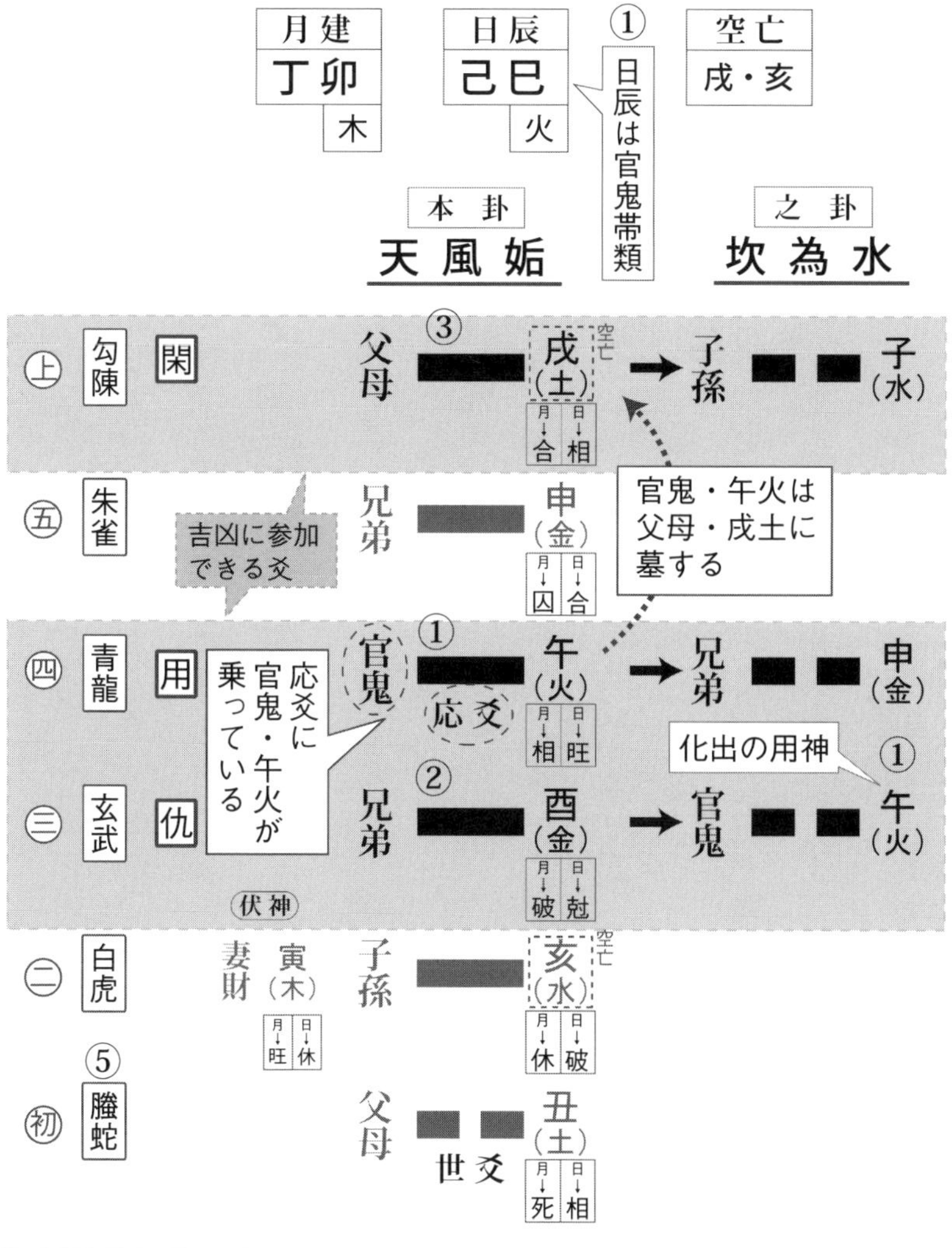

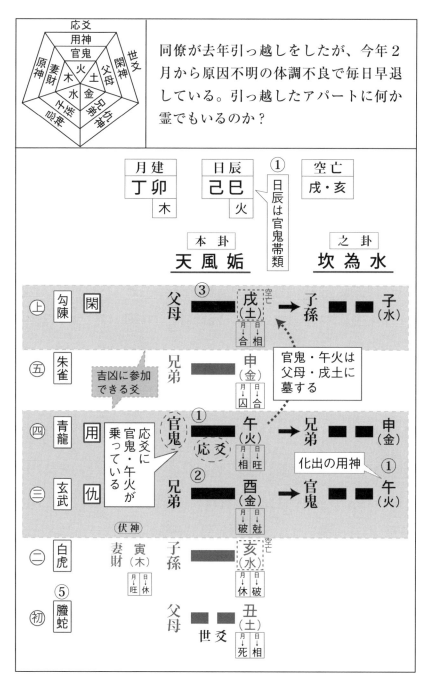

《断の部》吉凶の占断

去年の暮れに引っ越した同僚が、翌年2月から調子を崩し毎日早退するほど体調が悪化しているようです。「アパートに霊がいて悪い影響を受けているか」という相談のため「霊祟占」となります。

立卦して得た本卦は「天風姤《てんぷうこう》」で、三爻・四爻・上爻が動爻となり之卦が「坎為水《かんいすい》」になりました。

霊祟占の用神は「官鬼」となります。また、同僚に関する相談のため「応爻」が重要になります。

吉凶占断に影響する爻は、

・三爻の動爻である兄弟・**酉金**（仇神）
・四爻の応爻が乗る動爻である官鬼・**午火**（用神）
・上爻の動爻である父母・**戌土**（閑神）

その他に暗動はありません。そのため、三爻・四爻・上爻の3つの爻が吉凶占断に影響をもたらします。

①用神の官鬼は四爻にありますが、それ以外にも三爻の化爻の官鬼、日辰に官鬼帯類と、卦中に3つの官鬼があります。霊祟占として霊障が現れやすい状況です。用神の官鬼・**午火**は月建・卯木から相生、日辰・巳火から旺じるため非常に強く、しかも応爻に乗っています。

②三爻の兄弟・**酉金**は動爻となっています。この卦では兄弟・**酉金**は特に問題ではありません。化爻にある化出の用神・午火が重要です。四爻の官鬼と同じく旺相しています。

③上爻の父母・戌土は月建・卯木から合起し、日辰・巳火から相生です。また空亡ですが旺相し動爻なので「有用の空亡」です。四爻の応爻・官鬼は上爻の父母・戌土に墓することになります。

【占断の結論】

3つの官鬼が卦中にあり、官鬼は旺相します。霊障が起きる条件を満たしています。そして知人を表す応爻に官鬼が乗るため非常に問題のある状況です。

《象の部》状況分析と対策

霊を表す官鬼に知人の応爻が乗っているのは霊的影響を受けている状態で危険です。さらに住居を意味する父母・戌土に入墓してしまうのも、その住居に囚われている状態で不吉です。早めに引っ越しをすることをお勧めします。

【結果】

相談者は心配になって当事者の同僚とともに、そのアパートに関して調べたところ、数年前に灯油をかぶって焼身自殺した人がいることが判りました。その自殺した部屋が同僚の部屋でした。官鬼・午火なのは非常に意味深です。同僚はすぐに引っ越し、その後体調が戻りました。

【例題2】霊祟占② 相談者：40代 女性

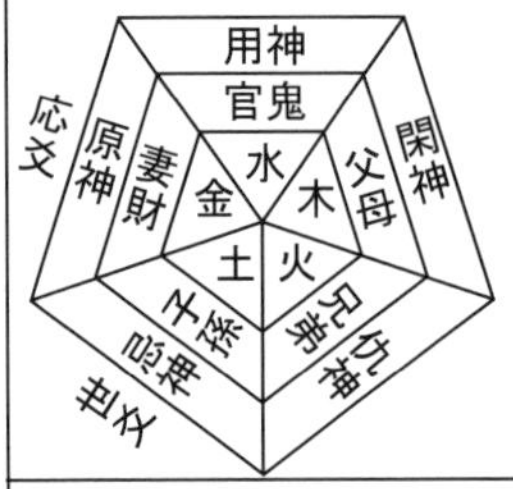

姉の家に遊びに行ったとき、敏感体質の姪（小学生）が「家に誰かいる」とたびたび言っていた。家の中に霊が来たのか？ いるとして害があるか？

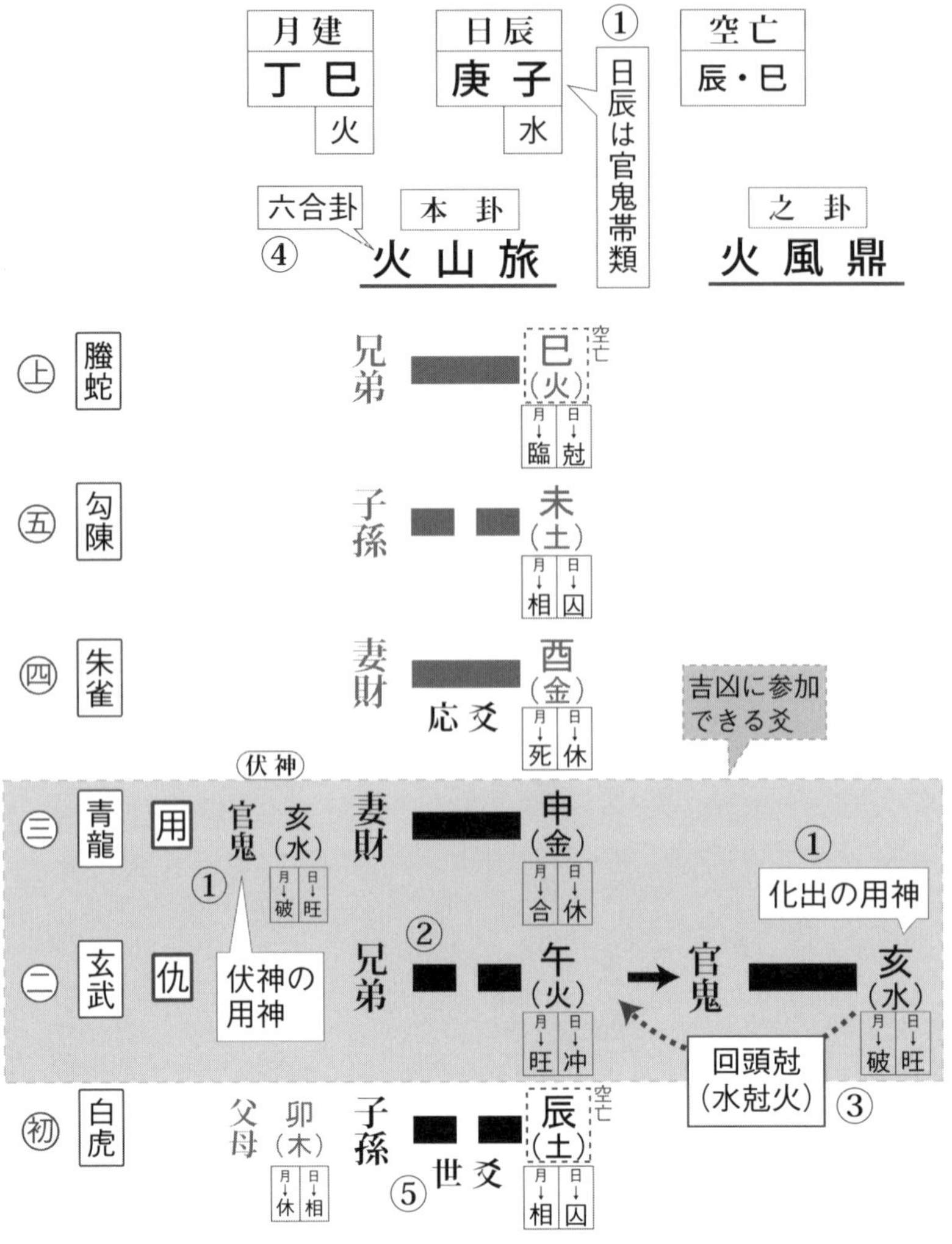

《断の部》吉凶の占断

姉の家に遊びに行ったとき霊感のあるらしい姪っ子が「家の中に誰かいる」としきりに訴えていたので心配になり相談に来られました。「霊祟占」として霊がいるのか実害があるのかを見ました。

立卦して得た本卦は「火山旅《かざんりょ》」で、二爻が動爻となり之卦が「火風鼎《かふうてい》」になりました。

霊祟占の用神は「官鬼」ですが、相談者の姉である「兄弟」と姪「子孫」についても官鬼との関係性を見ていきます。

吉凶占断に影響する爻は、

・二爻の動爻である兄弟・**午火**（仇神）。化爻の官鬼・**亥水**（用神）

・三爻の伏神である官鬼・**亥水**（用神）

その他に暗動はありません。そのため、二爻と三爻が吉凶占断に影響をもたらします。

①卦中に官鬼が３つ出現しています（日辰に官鬼帯類も含め）。霊的現象があり得ます。三爻の伏神に官鬼・**亥水**があります。月建・巳火から月破、日辰・子水から旺じています。飛神である三爻の妻財・申金からも相生しているので、月破ながらも提抜できそうな力を有しています。

②そして、二爻の兄弟・**午火**が動爻となり、化爻に官鬼・**亥水**が出現しています。つまり「化出の用神」です。化出の用神がある場合は伏神よりも優先します。こちらも月建・巳火から月破ですが日辰・子

水から旺じます。
③さらに「化出の用神」である官鬼・**亥水**は、本爻である兄弟・**午火**を回頭剋します。
④本卦の火山旅は「六合卦」です。霊崇占で六合卦は不吉です。合して離れにくいからです。

【占断の結論】

卦中に3つの官鬼が出現していること、官鬼が化出の用神として出現していること、官鬼帯類しており日辰から旺じることから、霊的現象はあるようです。

《象の部》状況分析と対策

二爻は「宅爻」でもあるため家の中にいます。相談者にとってその家にいる姉は「兄弟」ですが、化出の用神から回頭剋なので、多少影響されている可能性があります。初爻に子孫・辰土がありますが⑤、姪っ子は霊的に敏感でも特に霊障などはないようです。官鬼は世爻・子孫に物来就我しません。多少影響があると思うので、お祓いなどをしてもらった方がよいでしょう。

【結果】

姉は少々体調不良になったようで、早めにお祓いをお願いすることにしたようです。

第三十六章　断易の可能性（台湾断易に学ぶ）

実質的に最後の章になりますが、本章は台湾断易などで行われている断易に対するアプローチを若干紹介したいと思います。ここだけを抜き取って詳細に書いたら一冊の本が完成してしまうくらい様々な技法がありますが、断易発展における今後のヒントになる部分を中心に紹介していきたいと思います。

本書は繰り返し**断（吉凶判断）**と**象（事象説明）**の区分を説明してきましたが、断易の醍醐味である「断」に関しては日本でも十分紹介されていますし、優れた断易家が多く輩出されていますが、「象」に関しては消極的な姿勢を崩さないようにしてきたと思います。

著者自身も断易を学び始めた頃、断易は「象」は得意ではないのだろうと思い込んでいました。しかし、台湾の断易（米卦占も含む）を知って縦横無尽に「象」を展開していることに非常に衝撃を受けました。中には本末転倒と言えるモノもありましたが、知れば知るほど実用性に富んだ技法が多くありました。その中で最も衝撃を受けたのが、周易で使われる**卦辞**や**卦象**を積極的に用いていたり、「易林」や「納音」を活用するなど、日本の断易では考えられない使い方をしていたことでした。

日本で断易を習えば必ず「周易的な読み方をしてはならない」と教わると思います。ただ、これはこれで正しいのです。台湾でも「卦辞・卦象」を用いていても基本は「象（事象説明）」として活用していますが、「断（吉凶判断）」は断易のロジックで行っているのです。つまり、この「断」と「象」の区分を明確にしていれば、様々な易の技法を組み合わせることが可能だということです。

日本で断易を学ぶ中で一番の不満は「事象・状況説明」の部分でした。そして、状況をより詳細に分析・説明が可能ならば、吉凶に関してもより詳細な判断が可能になることでしょう。

卦象《かしょう》の技法

台湾の断易の書籍やサイトを見ていると**卦象**を用いて状況を詳細に説明している場面によく遭遇します。

例えば台湾の断易家の話ですが、ある男性から「妻が離婚したいと言ってきたがどうなるか」という相談があり立卦されたのが「**巽為風↓乾為天**」でした。

その卦に対して「妻財が休囚していて奥さんは離婚の意思を固めています」と伝えていたのは技法として基本的でありオーソドックスですが、その後「世爻が兄弟を持世していることもあって高額な慰謝料を要求してくるでしょう。そしておそらく貴方の不倫の証拠をつかんでいるでしょう。探偵をやとって尾行したのでしょう」と続けました。これはなかなか応用的技法がなければ説明が付かない解釈です。いったいどの部分を読んでそう分析したかですが、その後に卦象の説明が始まったのでした。

要約すると本卦は「巽」が重なる卦ですが、「巽☴」の形は「車」をイメージできる、そして**巽為風**は「巽☴+巽☴」が重なっていて「2台の車」があるように見える。「あなたの車を別の車が尾行したのだろう」と説明したのです。（図36A）

実際、この男性は不倫現場を探偵によって何枚も写真で証拠を撮られていたため離婚だけでなく多額の慰謝料を請求されました。

心易や象数易でよく見られる卦象の解釈の仕方ですが、断易でも十分活用可能だということがよくわかる占例でした。

また、他の占例もあります。

その占例も「巽☴」が使用されているのですが、卦象の用い方が全然違いますし、なおかつ納甲を知ら

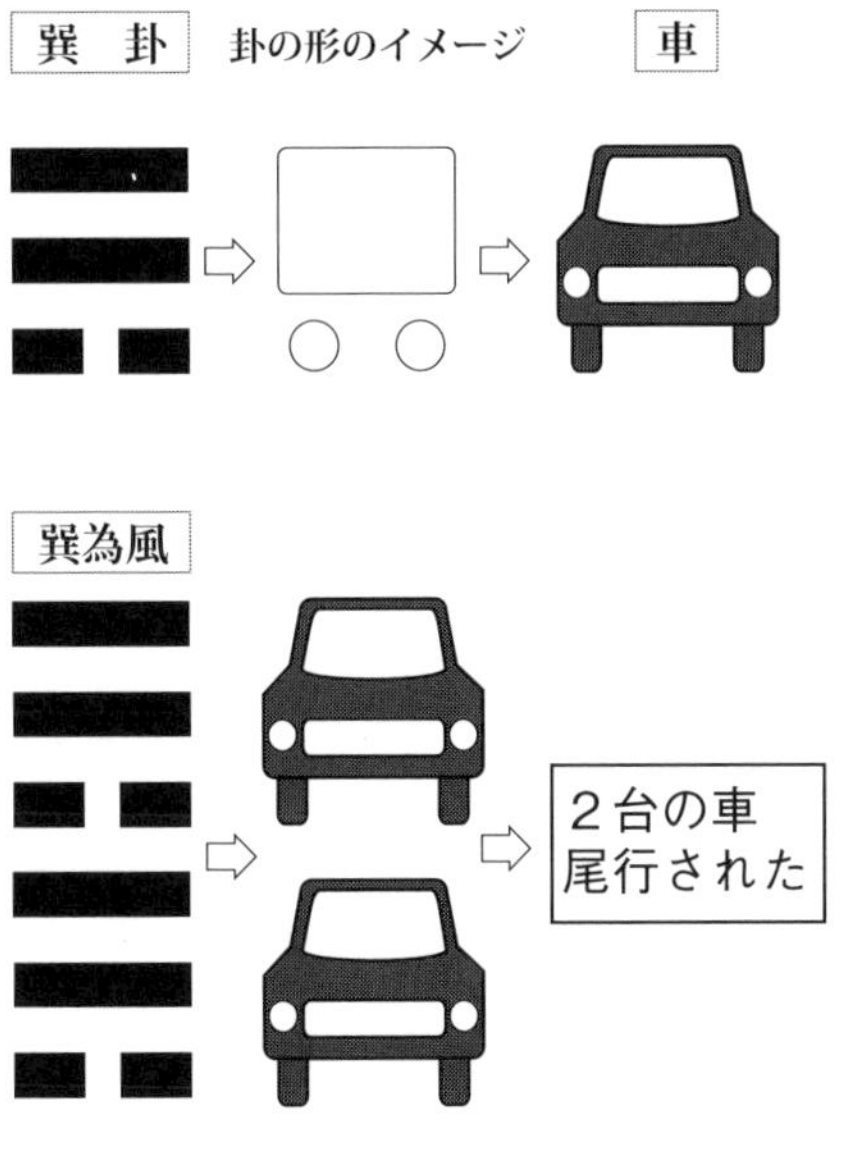

図36A　巽☴の象

なければ解釈できないという断易ならではの解釈法です。

相談内容が一風変わっていて「一人で生活していて家事に関していろいろ悩みが多い」という断易では答えにくい占事です。

詳細は省略しますが、立卦して「火風鼎→雷山小過」です。

二爻に世爻が官鬼・亥水を持世しています。二爻はまた宅爻でもあり、家を表す宅爻で官鬼（トラブルや問題）が動爻しています。

この官鬼を問題とするのは判りますが、相談を受けた断易家は「洗濯機が古くなっているのでまず良い洗濯機を買うのを最初にしましょう」と伝えます。確かに洗濯機が大変古く、洗濯にも時間がかかり面倒だったようです。

この洗濯機という形も「巽☴」の卦象から導いたものですが、宅爻の地支が亥水で六獣が玄武、そして動爻であることが「箱（☴）の中の水が動く（廻る）」と解釈して洗濯機というイメージを作り出しています。

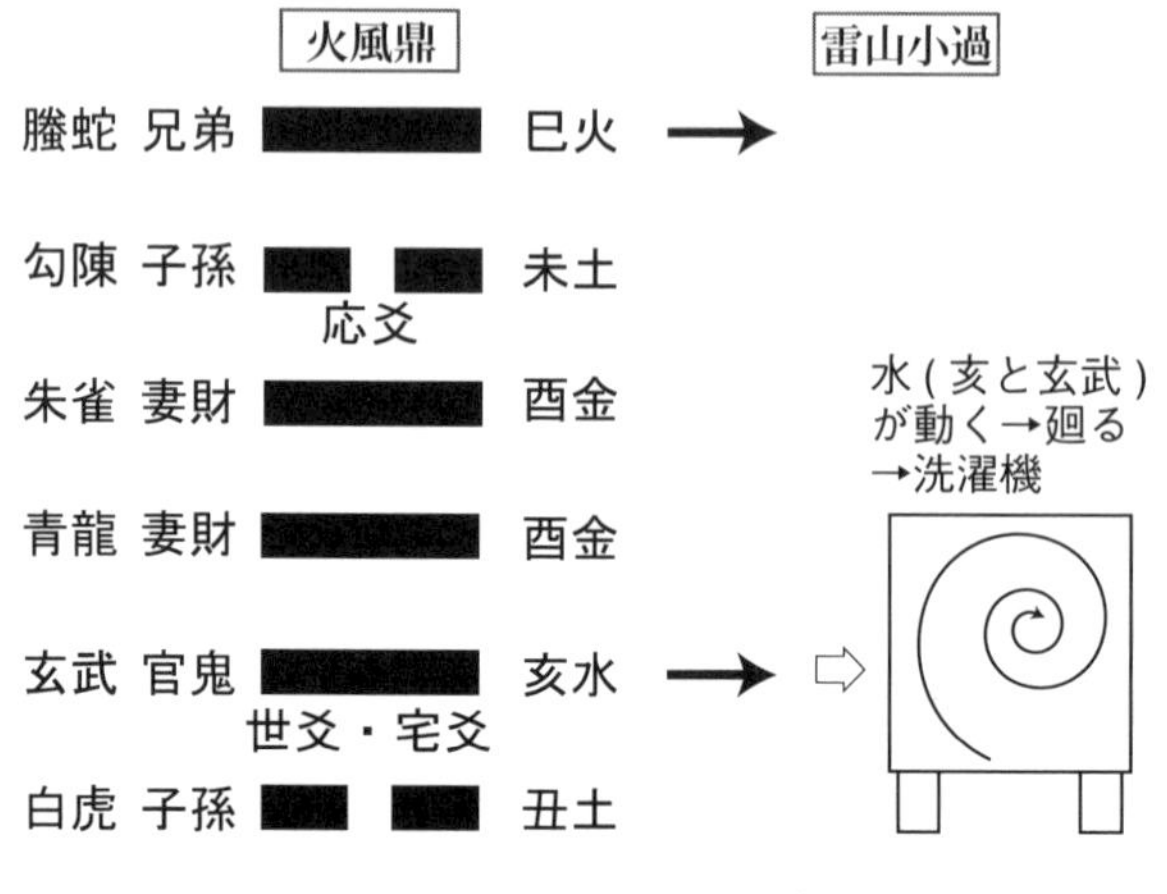

図36B 巽☴の象

このように用神・地支を中心とした「断（吉凶判断）」と卦象まで用いた「象（事象説明）」が見事に融合している解釈は日本ではなかなか見られないものです。

納音《なっちん》の技法

納音とは簡単に紹介すると、一般的に知られる「六十干支」を古代の音韻理論を応用して30種類の五行に分類したものです。例えば納音五行の金でも「海中金」「潤下水」「井泉水」など性質によって独自の名称がつけられたものがあり、これが全体で30あるわけです。江戸時代には「納音占い」という星座占いのような性格分類占いや相性占いが流行ったそうです。

本書では納音の解説をこれくらいにしますが、現在はネットなどで検索すれば何十とヒットしますので、知らない方はご自身で探してみてください。実際、断易の吉凶判断では納音は使われないため本書の範疇からはずれるのです。

ですが、六爻筮法の古典書『火珠林』という書の中で納音に関して紹介されていることもあって、台湾では断易の解釈技法の中に納音を含める断易家は少なからずいます。

例えば図36Cでは、「下腹部に痛みがあり重い病気か見てほしい」（台湾では日本の医師法と基準が違うため、このような診断占いは普通に見られます）という相談に対して「風火家人→水雷屯」が立卦されました。疾病の用神である**官鬼・酉金**は三爻に**伏神**となっています。飛神が亥水ということもあり**泌尿器系**の病気の可能性は通常の占断分析でも考えられますが、この占例ではもう一つ突っ込んで分析がなされています。

伏神の酉金は本来首卦である**巽為風**から借りてきた六親です。「巽為風」は外卦・内卦ともに天干は「辛」のため、酉に辛を加えます。「辛酉」の納音は**石榴木**《ざくろぼく》になります。

石榴＝ザクロの中には血色の石みたいな粒がたくさん入っていることから「あなたは尿道結石です。至急医者に行ってください」と説明していました。当然、断易らしい月建・日辰・動爻との兼ね合いなども見ていますが、この納音の使い方は日本では見られない方法論です。

このように卦象や納音など様々な情報を取得して解釈をしていくのですが、適材適所を見いだすためには経験

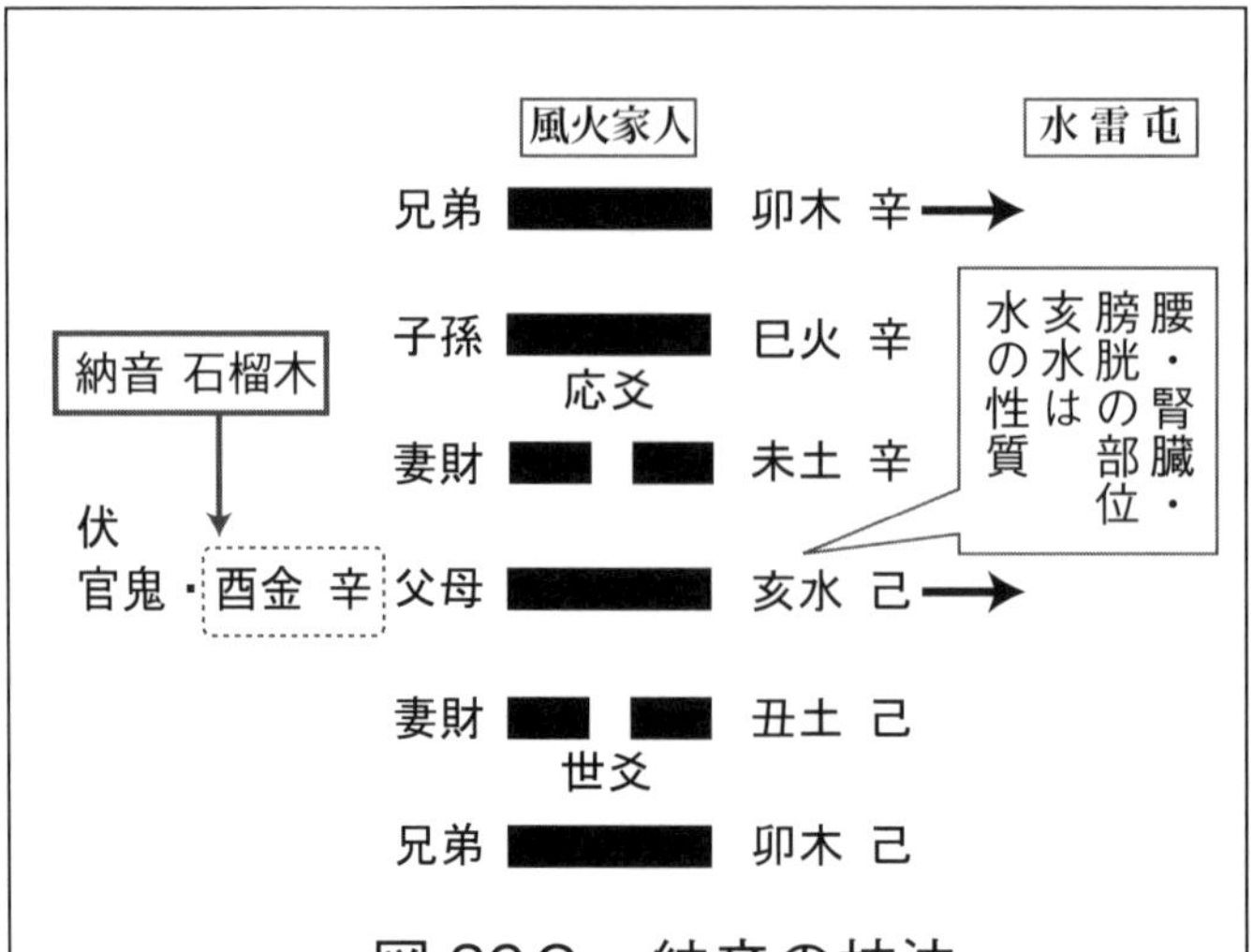

図36C　納音の技法

が必要だと思います。

慣れないうちはむやみに使用しない方が良いでしょう。ですが、解釈の幅を広げる上で易学を広く探求するのも大切になるでしょう。

化解法《かかいほう》に関して

化解法という名称は日本であまりメジャーではありません。いわゆる「開運法」に似たものですが、卜占や風水では、問題の解決法を「化解法」と言います。

中国や香港・台湾で、風水や奇門遁甲では化解法は対処法としてなくてはならないものですが、断易では化解法が書かれている書籍は多くありません。

そのため著者も、断易はもともと吉凶判断がメインの占術のため化解法を使わないのだろうと思っていました。

しかし台湾の断易家から、一部の書籍に化解法が書かれていると聞きました。その断易家自身も化解法を用いる場合があるとのことでしたが、詳細は語ってくれませんでした。

実際、台湾でも化解法が書籍化することは少ないようで、本格的な秘伝の領域のようです。

日本の断易家の著書にも化解法が若干書かれていますが、気学や方鑑などにみられる「方位取り」と組み合わせたものが多いようです。

1　方位を用いる化解法

方位術で吉方位を使い、「お砂取り」「お水取り」「吉方位参り」を行うという開運法は比較的ポピュラーですが、断易では特定の問題の改善法として、子孫を用神として立卦し吉方位を算出する方法があります。具体的方法としては問題の解決を願って立卦します。得卦した卦の子孫に付いた地支の示す方位が吉方位となります。この場合、子孫が旺相で世爻に物来就我していれば最良です。世爻へ物来就我がなければ化解の力は弱いでしょう。心情的な問題には「お水取り」、金銭的な問題には「お砂（土）取り」、願掛けには「吉方位参り」がお勧めです。

行う日取りは子孫を用神とした場合の応期の日、または世爻へ物来就我があれば、世爻の地支の日でも良いでしょう。

また、いわゆる方位術で言われる「五黄殺」や「暗剣殺」の方位が断易で出した吉方位と重なる場合がありますが、その場合は「お砂取り」「お水取り」は中止して「吉方位参り」のみにした方が良いでしょう。この場合はお札なども持ち帰らず祈願のみにする方が安全です。

2　神煞《しんさつ》を用いる化解法

断易独自の化解法として神煞を用いる方法があります。

断易において神煞は地支・六親五類・六獣などに比べれば存在感が薄いですが、神煞による化解法を知った時に神煞の価値観は変わりました。

例えば「貸したお金を返してもらえるか」という相談を受けた時、占断として良い結果ではなかったため神煞を用いた化解法を行ったことがあります。

図36Dのように**地山謙**（不変卦）を得卦しました。用神の妻財は二爻に伏神となっていて月建・申金から死となり

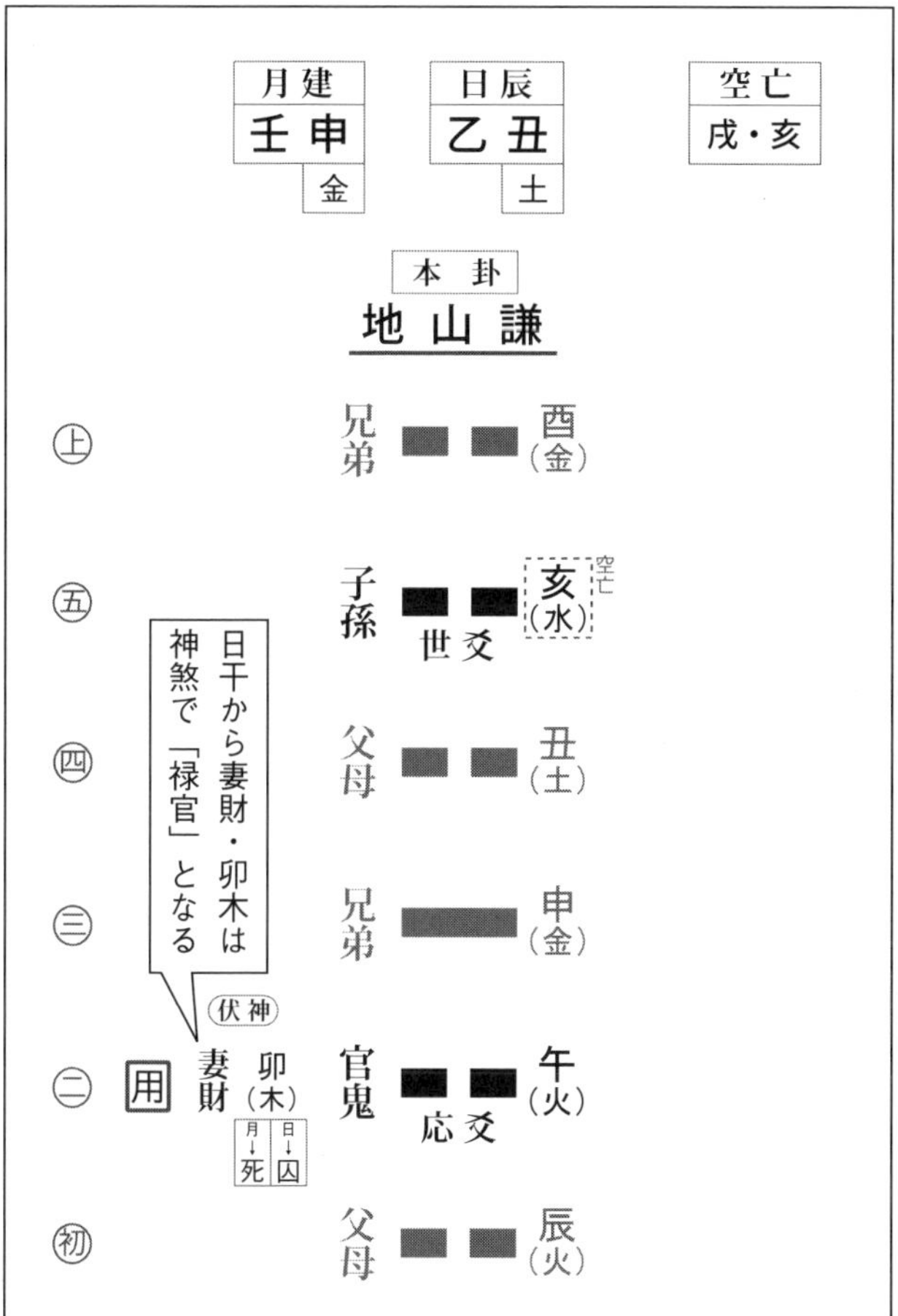

図36D　神煞の化解

日辰・丑土からも囚していて不利です。飛神・午火も伏神・卯木を洩らし助けていないため、お金の回収は難しい卦となっています。

さて神煞ですが、吉神である天乙貴人か禄官を用います。乙日の天乙貴人は「子・申」、禄官は「卯」です。金銭的なことならば禄官を用いるのは良いでしょう。特に卦中の卯は用神・妻財でもあります。

化解の用い方は、前述のように卯の方位を吉方位として方位取りするのも良いでしょう。今回は、卯の地支にちなんだ物、すなわちバンブー（竹）を花瓶に入れて北西方位（亥方位）に置きました。

申月は用神が死となり力量弱く、化解の効果が出ることを期待していませんでしたが、酉月の終わり頃に相手から「金策ができたから全額を返金する」と連絡があったそうです。相談者も期待してなかったので非常に驚いていました。

断易の化解法に関しては以前から地支を用いる化解をいろいろ試していたのですが、結果がまちまちでした。しかし、神煞を加えた方法では、より化解の精度が高まりました。

大切なのは、用神・原神または応期に関連する地支に貴人や禄官などの吉神煞が付いたり、忌神を尅する閑神が動爻となっていたならばは閑神に神煞が付くのも有効な場合があります。

地支の化解については、十二支に該当する動物の置物やぬいぐるみを置く方法や、例として申ならば金属製品や骨、子ならば水槽、寅ならば木製品、戌ならば瓦など、五行と地支に該当する対象物を選ぶことが必要です。ただしこれは易学や干支学を学ばねば得られないセンスでもあり、本書でリストアップするだけでは片手落ちになると思い、今回は省略することにしました。

まずは、化解法にはこのような可能性があるということだけでも知っていただけたら、と思います。

第三十七章　補記　納甲《なっこう》の仕組み

第五章で納甲に関して説明しましたが、細かい納甲の仕組みに関しては省いています。断易を学ぶ上で、理解が浅い時点で納甲の仕組みを説明してもなかなか理解が進まないのと、逆に断易という占術を小難しく感じて敬遠する人もいるためです。

そのため、補記として最後に載せているのですが、断易を学んでいくと納甲の仕組みを理解しているかどうかで、深い解釈ができるかに関係してくることも事実です。

断易入門者の方は、最初無理にこの補記を読む必要はありません。ですが、ある程度断易を使えるようになった時には必ず本章を読んでみてください。新しい発見があることでしょう。

納甲は「甲を納める」と書きますが、「甲（干支）を易卦に配置する」ための仕組みです。

また、近代では易卦に対して干支・世応・六親五類（十六獣）を当てはめることを納甲と呼んでいます。

納甲を理解するには、「干支の当てはめ方」「世応の当てはめ方＝宮八卦の配置」「六親五類の決定」という3つの仕組みを順に知る必要があります。

1　干支を易卦に当てはめる方法

断易の吉凶は易卦に配置された地支の吉凶によるものですから、地支をどう当てはめるかが先決です。

しかし、付属の納甲表をご覧になれば判ると思いますが、六十四卦すべてに天干が配置されています。

この干支の配置に関しては古来より伝わる「納甲歌」があります。

納甲装卦歌

乾内甲子外壬午　坎内戊寅外戊申

震内庚子外庚午　艮内丙辰外丙戌

坤内乙未外癸丑　巽内辛丑外辛未

離内己卯外己酉　兌内丁巳外丁亥

判りやすく現代語に訳してみます。

八卦の乾卦は内卦・初爻に甲子を入れ、外卦は四爻に壬午を配置する
八卦の坎卦は内卦・初爻に戊寅を入れ、外卦は四爻に戊申を配置する
八卦の震卦は内卦・初爻に庚子を入れ、外卦は四爻に庚午を配置する
八卦の艮卦は内卦・初爻に丙辰を入れ、外卦は四爻に丙戌を配置する
八卦の坤卦は内卦・初爻に乙未を入れ、外卦は四爻に癸丑を配置する
八卦の巽卦は内卦・初爻に辛丑を入れ、外卦は四爻に辛未を配置する
八卦の離卦は内卦・初爻に己卯を入れ、外卦は四爻に己酉を配置する
八卦の兌卦は内卦・初爻に丁巳を入れ、外卦は四爻に丁亥を配置する

もう少し具体的な例を挙げましょう。

まず、基本ルールとして八卦を男卦の４つ、女卦の４つに分けます。男卦は乾・震・坎・艮です。女卦は坤・巽・離・兌です。男卦は陽干支を順行で配置します。女卦は陰干支を逆行で配置します。

次に八卦の乾を例とします。乾は歌の通りに内卦の初爻に甲子を入れます。そして陽干支を順行に配置します。初爻＝甲子、二爻＝甲寅、三爻＝甲辰。続いて歌の通り外卦の四爻に壬午を入れ、順行に配置します。四爻＝壬午、五爻＝壬申、上爻＝壬戌となります。

内卦も外卦も乾ならば乾為天という卦になりますが、納甲は「初爻＝甲子、二爻＝甲寅、三爻＝甲辰、四爻＝壬午、五爻＝壬申、上爻＝壬戌」になるのです。

一覧にすると次の表のようになります。

男卦				女卦			
乾	震	坎	艮	坤	巽	離	兌
壬戌	庚戌	戊子	丙寅	癸酉	辛卯	己巳	丁未
壬申	庚申	戊戌	丙子	癸亥	辛巳	己未	丁酉
壬午	庚午	戊申	丙戌	癸丑	辛未	己酉	丁亥
甲辰	庚辰	戊午	丙申	乙卯	辛酉	己亥	丁丑
甲寅	庚寅	戊辰	丙午	乙巳	辛亥	己丑	丁卯
甲子	庚子	戊寅	丙辰	乙未	辛丑	己卯	丁巳

表37a　納甲八卦一覧

このように納甲されるのですが、表では今一つ理解しにくいと思います。

表では装卦歌通りに天干は配置されていますが、通常は地支のみを記述するので天干は今のところ無視してください。

むしろ、地支に注目して納甲を把握する方が重要です。例えば「乾」と「震」の地支に注目してくださ

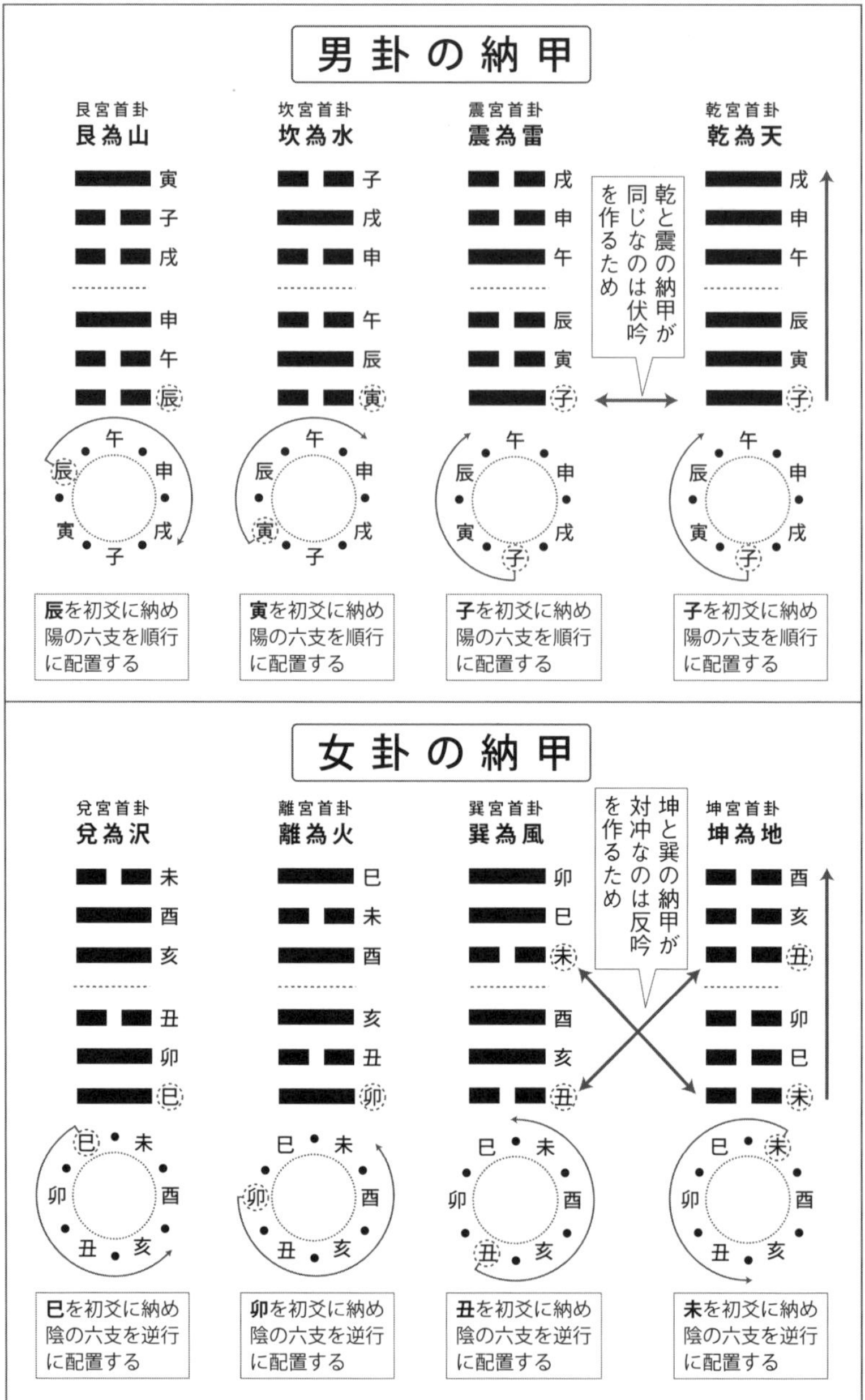
男卦の納甲
艮宮首卦
艮為山
寅
子
戌
申
午
辰
辰を初爻に納め陽の六支を順行に配置する
坎宮首卦
坎為水
子
戌
申
午
辰
寅
寅を初爻に納め陽の六支を順行に配置する
震宮首卦
震為雷
戌
申
午
辰
寅
子
子を初爻に納め陽の六支を順行に配置する
乾と震の納甲が同じなのは伏吟を作るため
乾宮首卦
乾為天
戌
申
午
辰
寅
子
子を初爻に納め陽の六支を順行に配置する
女卦の納甲
兌宮首卦
兌為沢
未
酉
亥
丑
卯
巳
巳を初爻に納め陰の六支を逆行に配置する
離宮首卦
離為火
巳
未
酉
亥
丑
卯
卯を初爻に納め陰の六支を逆行に配置する
巽宮首卦
巽為風
卯
巳
未
酉
亥
丑
丑を初爻に納め陰の六支を逆行に配置する
坤と巽の納甲が対冲なのは反吟を作るため
坤宮首卦
坤為地
酉
亥
丑
卯
巳
未
未を初爻に納め陰の六支を逆行に配置する

図 37 A　八卦の納甲

い。よく見ると地支が全く一緒ですね。ここに納甲の秘密があります。

今度は、もっとイメージしやすいように地支と易卦を入れた図で納甲を表してみましょう。八卦それぞれの納甲をまとめたのが図37Ａです。


どうでしょう？ 表で干支を一覧にするよりも見やすいと思います。

図37Ａでは上部に男卦の４つがありますが、初爻の地支が歌によって決定し、その後は上に向かって陽の地支のみを順行（地支の順番通り）で配置しています。図の円上の地支の矢印に注目してください。

それに対して、下部の女卦の４つは初爻の地支が決定され、その後は陰の地支が逆行（地支の順番が逆になる）して配置されています。

ここで注目なのが、乾為天と震為雷は同じ地支が配置されていること。そして坤為地と巽為風は内卦と外卦の地支が入れ替わっていることです。

これは図にも記している通り「伏吟」と「反吟」を発生させるためです。納甲の時点で伏吟・反吟を想定して納甲しているのが判ると思います。つまり伏吟・反吟というロジックは納甲に影響を及ぼす重要なものであることが判ると思います。図37Ａのように八卦を一覧にしてみると、乾為天と坤為地は他に比べてイレギュラー的な配置になっているのがよくわかります。

六十四卦の納甲はすべてこの八卦の納甲の組み合わせによって成立しています。

図37Bをご覧ください。図の右側の天沢履を例にとります。**天沢履**は外卦が「天」で内卦が「沢」です。

外卦は天（乾）ですので乾為天の外卦の地支を納甲します。そして内卦が沢（兌）ですので兌為沢の内卦の地支を納甲します。これで天沢履の納甲が完成しました。もう一つの例の**風水渙**も同様にやれば、外卦は風（巽）なので巽為風の外卦を納甲し、内卦は水（坎）なので坎為水の内卦の地支を納甲します。これで風水渙の納甲も完成します。

地支の納甲の仕組みはこのような形です。では、次に世爻・応爻の配置と八卦宮グループの分け方の仕組みを見てきましょう。

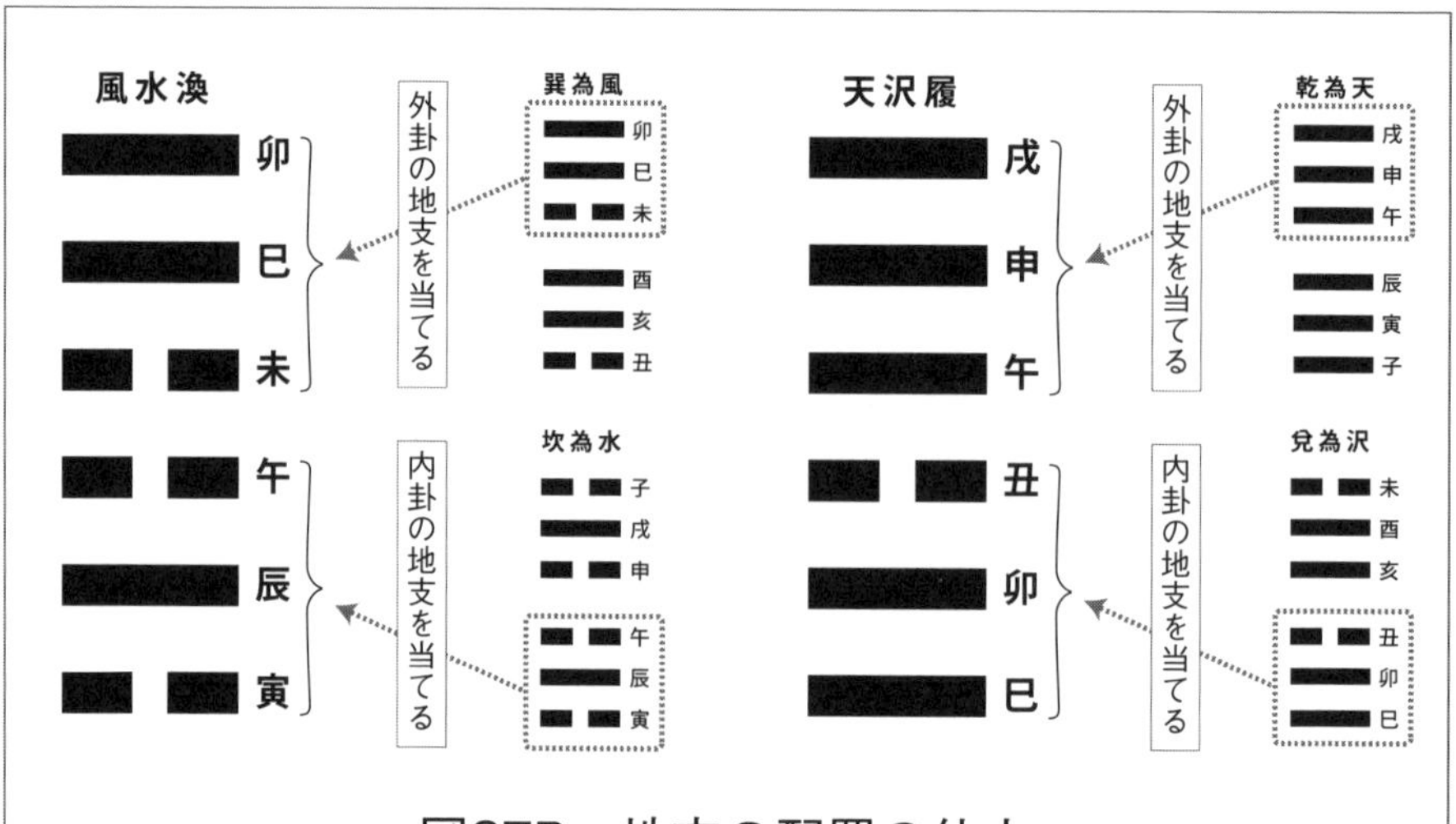

図37B　地支の配置の仕方

2　世爻・応爻の配置と宮八卦グループの成立

別冊の納甲表を見ると六十四卦は8つの宮グループに分かれています。これは無作為に分類しているわけでなく明確な法則にのっとって分類されているのです。

そして、宮八卦の成り立ちが断易の要である世爻の位置を決定しています。

まず宮八卦の中心の卦は「首卦」と呼ばれます。これが外卦と内卦が同じ八卦の乾為天や震為雷です。まず、例としての乾為天を首卦とする乾宮八卦のグループを見ていきましょう。

図37Cをご覧ください。

首卦である乾為天があります。そして

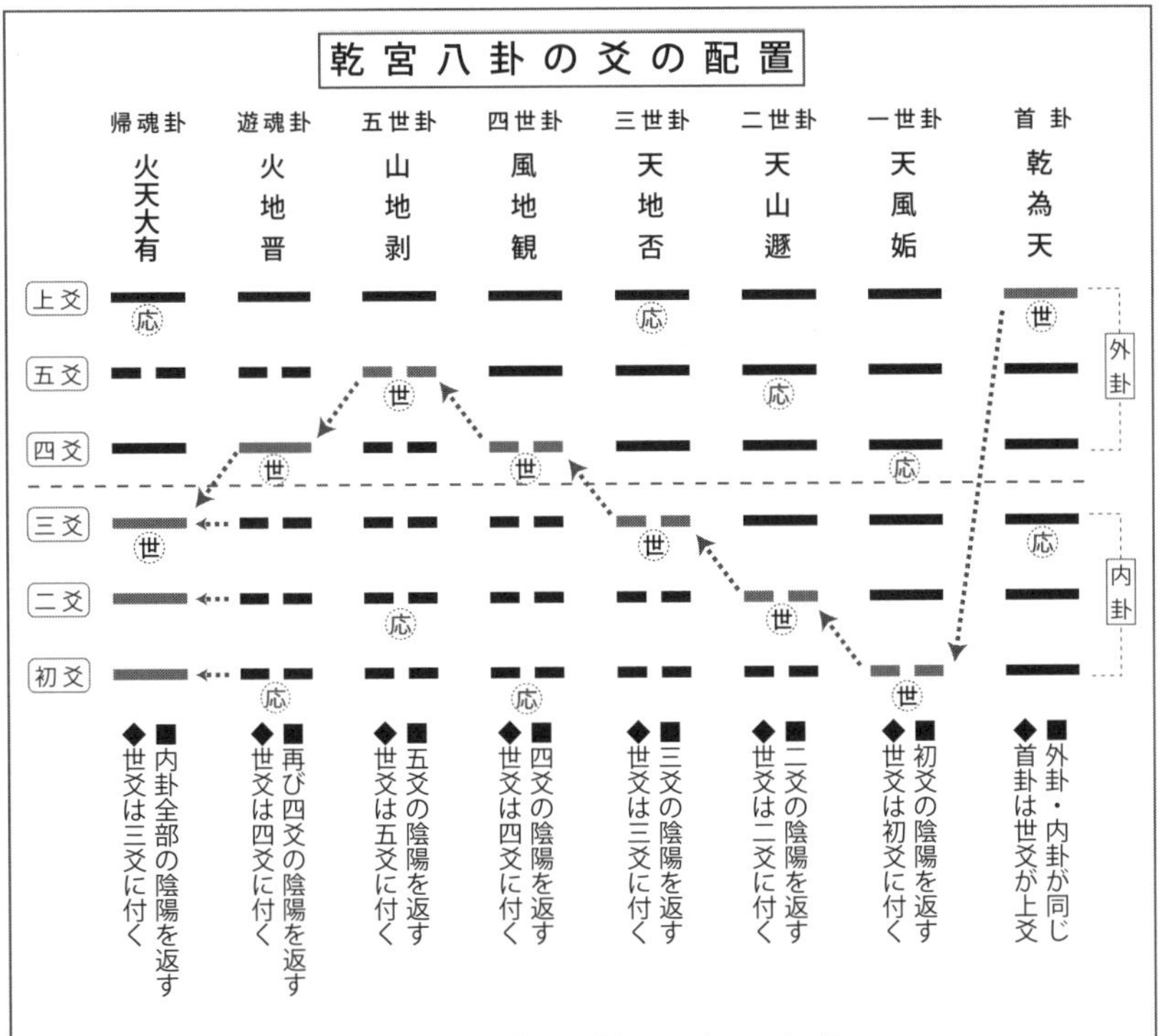

図37C　宮八卦の爻の変化

次に来る卦を「一世卦」と呼びますが、首卦の初爻の陰（⚋）陽（⚊）を返します。乾為天の初爻は陽（⚊）ですから、これを返すと陰（⚋）となり、この卦は外卦が天（乾）のままで内卦が風（巽）に変わり**天風姤**という卦が生まれます。そして返した爻に世爻が付きます。

次に一世卦の天風姤の二爻の陰陽を返します。内卦が山（艮）となり**天山遯**という卦が生まれます。これが「二世卦」です。そして返した二爻に世爻が付きます。

それでは世爻に対する応爻はどうなるでしょうか?

世爻と応爻のルールは明確で、応爻は世爻から間爻2つ離れた爻に応爻が付きます。これは図37Cを見てもらった方が早いと思います。乾為天は首卦です。首卦で世爻は必ず上爻に配置されます。そして2つの間爻をまたいで三爻に応爻が配置されています。

一世卦の天風姤では初爻に世爻が付きます。応爻は間爻2つまたいだ四爻に配置されています。

このように一世卦から五世卦まではその名の通り、一世卦は初爻の陰陽を返す~五世卦は五爻の陰陽を返す——ことで卦が生まれ、世爻の位置が決定します。

ですが、最後の2つの卦だけ特殊な動きになります。それが「遊魂卦」と「帰魂卦」です。この2つの卦は上巻335頁で技法としては述べていますが、世爻の配置と爻の陰陽の返しは五世卦までと変わります。

遊魂卦は上爻ではなくもう一度四爻を返すことで生まれる卦です。乾宮八卦では**火地晋**が遊魂卦となり世爻は再度四爻に付きます。そして最後の帰魂卦は、遊魂卦から内卦の３つの爻の陰陽を返します。すると**火天大有**という帰魂卦が生まれます。世爻は三爻に付きます。

このように首卦から爻の陰陽を変化させて生まれてくるのが他の７つの卦なのです。

これが８グループあり８×８で六十四卦が生まれるわけです。世爻・応爻も同じように決定されます。

3　六親五類の決定

最後の六親五類の決定は、干支の納甲や世爻の決定に比べればわかりやすいものです。

六親五類は宮八卦の五行によって決定されるためです。

図37Dをご覧ください。

例えば**乾為天**や**火天大有**は乾宮八卦のグループに属する卦です。乾は五行で「金」です。つまり納甲された金の地支が「宮八卦と同じ（兄弟）五行の地支」と考えるのです。乾

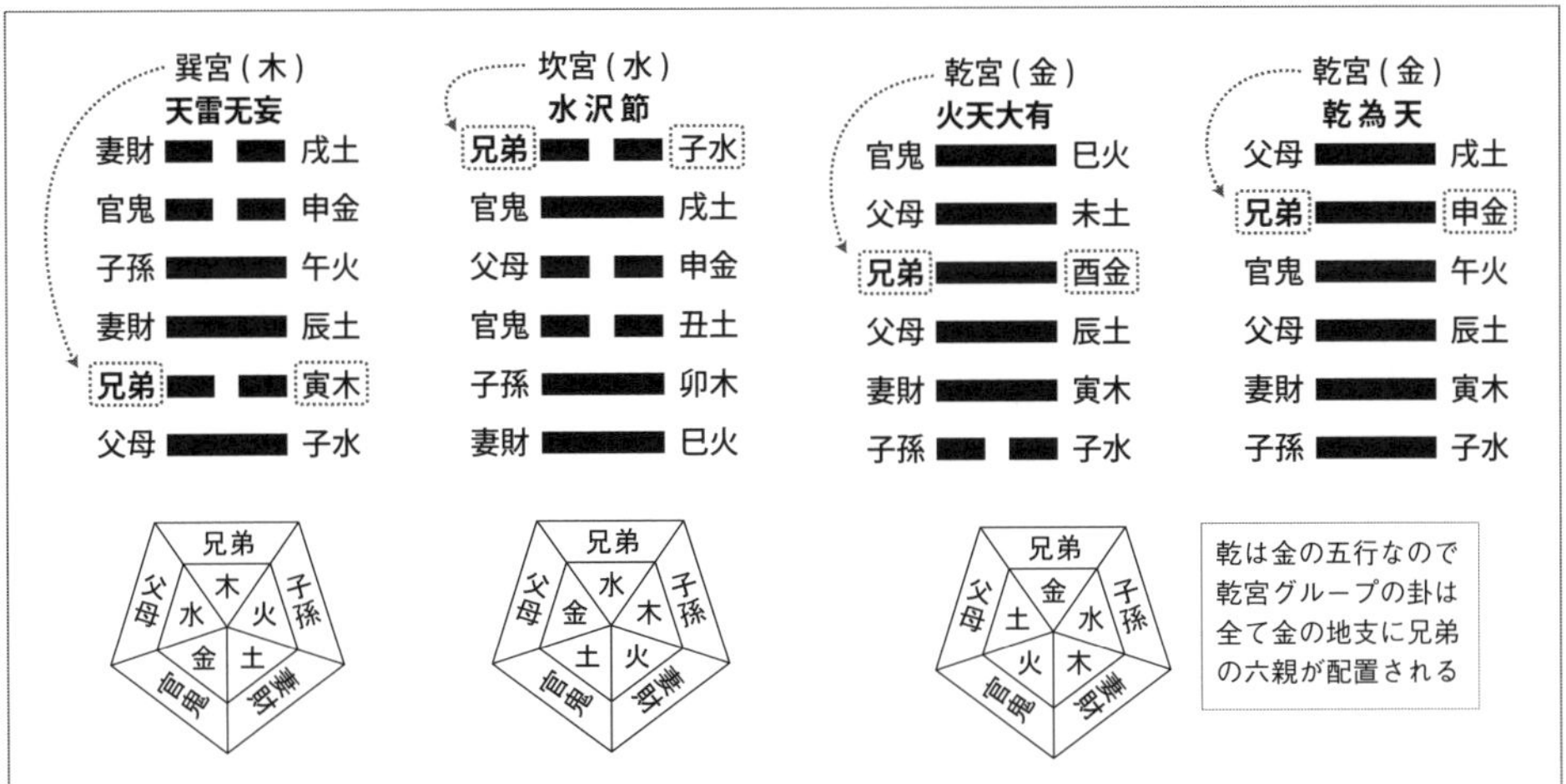

図37D　六親の配置の仕方

為天は五爻に申金の地支が納甲されているので、五爻に兄弟の六親を配置します。その他は五行と六親五類の関係を見れば一目瞭然です。子孫＝水、妻財＝木、官鬼＝火、父母＝土、という関連となり、それぞれの地支がある爻に配置されます。（地支がなければ伏神という形で配置されます。詳細は「第十一章 用神多現と不現」を確認ください）

同じように、**水沢節**は坎宮八卦グループに属しています。坎は五行で「水」です。そのため水の地支が兄弟の六親となります。水沢節は上爻に子水があるので上爻兄弟となります。

別の例として**天雷无妄**です。こちらは巽宮グループです。巽は五行で「木」ですので木の地支が兄弟の六親です。天雷无妄では二爻に寅木なので、二爻兄弟となります。

まとめ

納甲の仕組みは伝統的な書物では必ず八卦や五行とともに書の前半に記されていることが多いのですが、断易の醍醐味が判っていない時点で納甲の仕組みを学んでも深い理解は得られない可能性があります。まさに著者がそうでした。断易を学んで数年以上たってあらためて納甲の仕組みを熟読して、本当に感動した記憶があります。

学ぶ流れとしては邪道かもしれませんが、補記として最後に「納甲の仕組み」を記したのも一つの試みでした。

おわりに

近年、断易の出版物が増えつつあるのは良い兆候ですが、それでも四柱推命や算命学、気学、周易、風水などの東洋占術に比べれば圧倒的に少ないようです。

鑑定現場では断易を使用している占術家の人数は決して少なくないと思います。にもかかわらず、実践している人数に比べても非常に書籍が少ない印象なのです。断易を学んでいる人の苦労がしのばれます。

台湾の断易家と話していて感じるのが、現代にも通じる実践的な占例と出会えるチャンスの少なさです。おそらく日本では平成が終わるころまで、断易を学ぶ時のテキストは、昭和中期〜後期に書かれた『断易入門』や『新・断易教室』しかなかったかもしれません。古き名著や原書に触れることは大切ですが、導入部においてはやはりその時代に対応した占例が載っている入門書や教科書のような著書が必要だと思います。

若輩者ではありますが、断易を学びたい方々に少しでも役に立つ著作を、と書き始めました。丁寧に解説するため、図を増やしたり少々クドいくらいの解説を心がけていたら、想定の倍ちかくの文字数になってしまいました。ですが、独習を可能とする丁寧な解説を目指すと、これほどの内容にならざる得ないのが断易の奥深さではないかと思います。

本書では流派や断易家によって見解が分かれやすい技法についても、できる限り触れるようにしています。古典古書の中で表現が消極的な技法に関しては、どうしても見解が分かれますし、実占を通しても明確にできない部分もあります。なぜ見解が分かれるのかを断易家自身が調べ、その結果として自らの見解に到達するのが一番良いと思います。本書だけでも実用に耐える内容を網羅しているはずですが、これをきっかけに原書や古典書などを紐解いていくことで断易の技法をより深められることでしょう。

特に易経、そして周易・心易の理解は、ある段階から必要な領域です。本書で繰り返し述べている「断」と「象」の違い、その区別ができれば断易が歪むことはないでしょうから、占術家としての幅を広げる上でもいつか挑戦されることをお勧めします。

最後に、本書の編纂・校閲に当たってご協力いただいた術友である「大久保占い教室」田中俊平様、神道や東洋占術に精通した石嶋辰朗様、「ひなた網路台湾書籍部」店主・綾野結麻様、そして本書執筆の機会と御縁を作っていただいた東海林秀樹師には多大なる助力をいただき感謝に堪えません。

コロナ禍という前代未聞の逆風によって、執筆は大幅に遅れる事態となりました。遅延と変更に根気よくお付き合いいただいた東洋書院のスタッフの方々に感謝申し上げます。

令和三年丑月

丹羽 智保

参考文献（順不同・敬称略）

断易精蘊　九鬼盛隆 著
断易真義 全　九鬼盛隆 著
断易入門　菅原壮 著
新断易教室　萩原孝堂／冨樹麗舟 共著
卜筮正宗　藤田善三郎 著
増删卜易　藤田善三郎 著
易冒　藤田善三郎 著
五行易子弟問答　藤田善三郎 著
断易文法 天玄賦通解　鷲尾明蘊 著
断易精義　浜崎洋至 著
断易十八問答秘解　大熊光山 述／佐藤六龍 著
五行易の真髄　大熊光山 述／佐藤六龍 著
断易新義　龍羽ワタナベ／東海林秀樹
幹元佑奈 共著
五行易直載　易八大 著
奥伝 断易秘法〈上〉　叶世雪之靜 著
五行易断義　三田村祥山 著
日本近代五行易秘伝書　神作昴臣 著
五行易の学び方　角山素天 著
天山流五行易入門　佐方天山 著
五行易断法　松井啓峰 著
六爻予測学　黎光 著
卦技二十法　劉汶徳 著
六爻類象学理応用　孫海義 著
金寶卜占実例　黄金寶 著
火珠林評註　劉貢 評註
人生改運宝典　蘇国聖／蘇雙聖 共著
断卦精彩実例賞析　張光升 著
六爻実用予測学　張光升 著
象易旨微　侯景波 著
六爻預測自修寶典　王虎應 著

【著者紹介】

ＣＨＡＺＺ《チャズ》（丹羽智保）

10代より占術に興味を持ち独学を始める。

20代前半は音楽関係の仕事をする。引退後、多くの仕事を経験しながら占術の勉強を進めるが、当時は趣味程度であった。その後バブル崩壊のタイミングから人生観が変わり本格的に占術や神秘学を学びはじめる。

1995年から有料で鑑定を始める。現在は鑑定だけでなく占術講座も多く手がける。西洋・東洋を問わず運命学を探求・研究している。

古今東西運命学探求家 CHAZZ Website

http://chazz-fortune.com/

断易の教科書 下巻

２０２１年10月4日　第1刷発行

定　価――本体２、７００円＋税

著　者――丹羽 智保（ＣＨＡＺＺ）

発行者――斎藤 勝己

発行所――株式会社東洋書院

〒１６０－０００３

東京都新宿区四谷本塩町15－８－８Ｆ

電　話　０３－３３５３－７５７９

ＦＡＸ　０３－３３５８－７４５８

http://www.toyoshoin.com

印刷所――株式会社平河工業社

製本所――株式会社難波製本

ISBN978－4－88594－546－5

断易チャート

日付：　　　年　　月　　日　　時（　　曜）

相談内容

太歳　　年

月建　　月

日辰　　日

時

空亡

本　卦

八宮	卦名

変爻 →

之　卦

八宮	卦名

用神	六獣	伏神（六親五類）	伏神（十二支）	世応	六親五類	易卦	地支（月建／日辰）	之卦 六親五類	之卦 易卦	之卦 地支
		六親五類	十二支				月建　日辰			
		六親五類	十二支				月建　日辰			
		六親五類	十二支				月建　日辰			
		六親五類	十二支				月建　日辰			
		六親五類	十二支				月建　日辰			
		六親五類	十二支				月建　日辰			

備考

神殺	貴人	禄官	羊刃	駅馬	劫煞	桃花	天医	往亡

切り取ってお使いください